中国国家主席　珠玉のスピーチ集

習近平はかく語りき

日本僑報社

人民日報評論部　編
武吉次朗　監訳
日中翻訳学院　訳

推薦のことば

本書は、中国の習近平国家主席による数々のスピーチや評論の中から、その新理念や新戦略をうかがうポイントとなる「故事」（物語）を厳選し、まとめたものです。

「国内編」として内政や国政運営などについて、また「国際編」として外交や文化交流などについて、中国共産党の機関紙「人民日報」の評論部による詳しい解説と共に合わせて百あまりの話が紹介されております。この日本語版では、日中翻訳学院による優れた日本語訳によって、習近平主席の話を分かりやすく理解することができます。

中国の新理念や新戦略、さらには習主席の指導方針や思想の源を知ることのできる貴重な一冊です。皆様にぜひ読まれるようお薦めします。

元内閣総理大臣　福田康夫

まえがき——故事で語る国政運営の道

人民日報社社長　楊振武

故事を巧みに語ることは古今東西の著名な政治家、思想家に共通した特徴であり、中国共産党のリーダーたちの卓越した技量でもある。延安での共産党第七回大会における閉会式の席上で、毛沢東主席は大会の代表たちに向けて「愚公、山を移す」という故事を語った。愚公は日々自宅の前に立ちはだかる山を少しずつ掘り崩そうとしたが、ついには天の神様を動かすこととなり、神様は仙人を地上に送って愚公の家の門前にある二つの大きな山を担いで動かしてしまった。毛主席はこの例えを借りて、中国共産党も懸命に奮闘すれば必ずや、天の神様をも動かすことができると語った。神様というのはほかでもない、中国全土の人民大衆であり、人民大衆こそが帝国主義、封建主義という二つの大きな山を動かすことができるのだ、と。

習近平総書記（中国共産党中央委員会総書記、国家主席）もまた故事を語る大家である。会議の席上での発言であれ、調査研究の際の談話であれ、あるいは海外を訪問した際の講演や雑誌・新聞に掲載する文章であれ、遍く故事をもって真意を伝え、人の心の中に染み入らせることに長けている。これらの故事は具体性を帯びた生き生きとしたものであり、しかも言葉はわかりやすいが内容は深く、「中国の知恵」と「中国の力」に満ちたものである。こういった角度からも習近平という深みのある人物の心情と哲学的な含蓄を照らし出すものであり、これは正に氏がリーダーとして振る舞うスタイルの際立った特色といえよう。

一つの故事は十の道理に優る。二〇一三年と二〇一四年のそれぞれ五月四日の青年節の際、習近平主席は青年代表者たちに自身が経験したことを語った。習主席がまだ若かった頃、山に羊を追い田畑を耕しながらも懸命に読書に励み、三十里（十五キロメートル）もの道のりを歩いて本を借りに行った話で、時間を無駄にせずしっかり勉強するよう青年たちを激励したものだ。こんな風に自らが身を切って体験したことを語るのは、歴史上の著名な人物を例として挙げるよりもはるかに真に迫り生き生きとしていて、聞く者の心にも強く響くことだろう。

「人民日報」はかつて「信念の味」という一文を発表した。その中で、陳望道が「共産党宣言」の翻訳に没頭した際、墨汁を黒砂糖水と見誤って飲んでしまったが全くそれに気がつかず、結果として精神や信念の力を体現することとなったと書いた。習主席はあちこちの講演の場で何度もこの話を引用しているが、党史におけるこうした感動的な話によって、広く幹部たちに高い理想と党への信頼を保持するよう激励してきたのである。

二〇一四年三月二十七日、パリにおける中仏交流五十周年記念式典に出席した習主席は、その際の重要講話でこう述べた。「ナポレオンはかつて『中国は眠れる獅子であり、ひと度目覚めれば世界中が震え上がるだろう。ところがこの中国という獅子、すでに目覚めているが果たして、一向に平和的で親しみやすく、また高い文明さえ帯びた獅子だったのだ』と語った」――こんなにもしなやかで深味のある話し方でありながら、見事に「中国脅威論」に反駁して、「中国の夢」がいかに世界の中で価値あるものかを伝えたのである。

正によく言われる「故事を上手く語れば、事半ばにして功は倍」のとおりである。わが国の優れた伝統と文化の中で、諸子百家であれ、民間に伝わる伝説であれ、その一つひとつの中に生き生きとした故事が貫かれている。これらは遥かな時空を超え、また新たな形に刷新されて、世代ごとに観念や生活の上で影響を及ぼし続けてきた。故事を語ることがなぜこれほどまでにうまく作用するのか。それは故事を語る側とその受け手との間に情で通じた関係が構築されているからであり、それが思想上の共鳴を生みだしているからである。単なる抽象的な概念ではないから細部にわたって説得力があり、またどれほど多くの叙事的な技巧をもってしても真実に迫った感情ほど人の心を打つことはないだろう。

古人は「文以載道」、つまり「文章は道理を述べて思想を表現するためのものだ」と言った。国内であろうと、あるいは海外であろうと、習主席は故事の中で、中国の歴史・文化の「道」、中国の改革・発展の「道」、さらには中国が世界各国と協調して運命共同体を建設していく「道」を一貫して主張している。奥の深い内容を掘り下げてわかりやすく表現するやり方で「道」を説き、順序立てて丁寧に教え導くやり方で「道」を悟らせる。国内においては、大地や空気に触れているかのような自然な話し方で、党の方針や政策を耳と頭と心に届かせて改革・発展という統一した認識を凝集し、また国際社会においては、国内外に通用する新たな概念、新たな範疇、新たな表現手段を創出して、中国の経済発展の優位性と総合的な実力を言葉の上での優位性に転換する。これこそが正に、習主席の語る故事が人を魅了し、また人を啓発して深く考えさせる所以である。

故事を通して、中国の歴史や文化の「道」を語ることについて。

豊富な歴史的資料から経験や教訓を学ぶことは、習主席が得意とするところであり、政治を運営する上で大事なスタイルでもある。習主席はこう述べている。「歴史は現実の根源であり、いかなる国家も今日ある姿は過去から来ている。ゆえにある国がどこから来たかを知ることで初めて、その国の今現在がどうしてこんなふうであって別の姿でないのかがわかるのだし、この国が将来どこに向かっていき、あるいはどこに向かっていかないかもはっきり知ることができるのだ」と。習主席はしばしば古《いにしえ》のことを題材にして今に生かすが、古い時代の寓言や伝説、神話や故事、歴史的な事件を援用しては歴史上のことを今の話として巧みに引き入れることで、そこから人々の修養を強化し、事業を達成するための知恵や教養を汲み取ってもらうことをいつも願っている。例えば習主席は、時の米国大統領であるオバマ氏と中南海での「瀛台夜話《えいだいやわ》」の席上で、「瀛台」という特別な場所の歴史についてじっくりと話をした。清朝の康熙帝がかつて「内乱を平定し、台湾を取り戻す」という国家戦略を正にこの同じ場所で定めたこと。あるいは時が下って光緒帝の時代には、国家衰亡の危機に際して皇帝自らが「百日維新」を推進したがこれに失敗し、慈禧《じき》太后（西太后）によってやはりこの場に幽閉されたことなどである。この故事に深く感じ入ったオバマ氏は、「米中の歴史は改革が常に抵抗に遭うものだという点でとても類似している。しかしこれは不変の規律でもあるから、われわれは勇気をもってこれに立ち向かわないといけない」と返した。習主席はこれに対して「中国の近代以降の歴史を知ることは、中国の人たちがいま何を理想とし、どこに向かって進もうとしているかを理解する上で大変重要である」と締めくくった。

故事を通して、中国の改革・発展の「道」を語ることについて。

中国共産党第十八期全国代表大会以来、習近平主席を核心とする党中央は国政運営のための新たな理念、新たな思想、新たな戦略を策定した。そして習主席の一連の重要講話は、党中央による国政運営のための新たな理念、新たな思想、新たな戦略が最もよくまとまった形になったものである。氏の講話でけ故事や例えが巧みに使われ、また事実を列挙する形で共通した認識を凝集し、疑問や疑念を解き放ち、さらに抽象的な理論が平易に説明されて、奥深い道理もとてもわかりやすい内容となっている。例えば習主席は、一九八〇年代にアモイで海水浴をした話を持ち出して、改革には「識水性」（親水性）が大事なのだと説いたが、これはトップダウンによる迅速な進め方とともに、川底の石を確かめながら川を渡るような慎重さの両方が改革を進める上で大切な手段だということである。習主席はまた陝西省北部での講話「梁家河の記憶」を通して、第一線で活躍する人々への想いや、改革・発展に初心を忘れてはならないということを伝えてこう述べた。「われわれ共産党員からすると市井の人たちは私たちの生活を支えてくれる宝であるのだから、こうした民衆たちのために奉仕するという精神をわれわれはしっかりと心に銘記しなければならず、自分が人民の公僕であること、あるいは人民大衆の日々の暮らしといったものを常に心に刻みこまなければならないのだ」と。

故事を通して、中国の大国外交の道を語ることについて。

飾らない質朴さと温かみがありながら、洗練さと深みも兼ね備えた習近平主席の演説は、国際舞台においても爽やかな文体と独特の魅力で国際政治におけるひとつの「ブランド」となっている。「中国の夢」「協力とウィンウィン」「正しい義利観（あるべき義と利に基づいた外交観）」「アジアの安全観」「人類運命共同体」「平和的発展の道」等々、これらはみな「中国の特色ある大国外交」の理念であるが、習主席が語りかける生き生きとした故事を通してわかりやすく記憶に残り、さらに広く伝達されて受け入れやすい形となっている。二〇一四年八月二十二日、モンゴル国家議会における講演の中で習近平主席は次のように述べた。「中国はモンゴルを含む周辺各国と共に発展するための機会と場を提供したいと願っている。皆さんが中国の発展という列車に乗ることを心より歓迎するが、それは急行でもいいし、あるいは同じ方向への『便乗』であってもいい。正によく言われるとおり『一人で行くのは気軽で早いが、みなで一緒に行けば遠くまで行ける』ということだ」。「便乗」という言葉は本来、国際社会で中国を揶揄・風刺する際の論調だが、習主席はこれを逆手にとって、本来の意味が変質してしまった「中国責任論」にユーモアを交えて反駁しつつ、「協力とウィンウィン」という中国の外交理念を巧みに伝えたのである。

ある賢人は、故事を巧みに語る者が民衆からの支持を勝ち取って、発言権も持つことになるのだと言った。歴史と現実からわかることは、政治家というのは何より、自国の歴史や文化を熟知すると同時に、世界的な文明の潮流を洞察することが必要だということだ。国内外の人たちに向けて国政運営についてわかりやすく丁寧に説明し、広く民衆の理解と合意が得られて初めて、優秀な舵取りを務めることができるし、険しい激流にあってもうまく乗り切って、国を勝利の対岸に導くことができるのだ。

未来をどこまで遠く見通すことができるかは、過去をどこまで遠く遡ることができるかによって決まる。理論は常にモノトーンだが、故事は実に色彩が豊かだ。『論語』にいう「本立ちて道生ず」（根本が定まって初めて進むべき道もはっきりする）のとおり、私たちが編纂した『習近平はかく語りき』という本によって、読者の皆さんが世論やオピニオンを扱う上での技術を習得し、また故事の背後にある国政運営の道を体得することで、中国の故事をもっと生き生きと語り、優れた故事をたゆまず書かれんことを心より願っている。

これをもって序言とする。

目次

国内編②

品性を語る「身を修め心を治め、その後に天下の政治を執ることができる」……61

国内編③

自己啓発を語る「学は才を益す所以なり、砺は刃を致す所以なり」……105

国内編④

国政運営を語る「言葉でなく実践によって国を治める」……157

国際編①

人民の友好を語る「国の関係は人民の親しさにあり」……229

＊本文中、一部敬称略

国内編①

清廉政治を語る

「廉潔なくして善政ならず」

国内編①

清廉政治を語る

楊震の四知

有名な故事に、後漢の時代、楊震という荊州刺史から東莱太守になった人物の話があります。彼が任地へ赴くとき昌邑県で宿をとりましたが、当地の県令（県知事）の王密は、楊震がかつて荊州刺史の時に推挙して昇進した者でした。王密は楊震が近くを通過すると聞くと、かつて引き立ててもらった恩に報いるため、明るいうちは挨拶だけしに行き、日が暮れるとふたたび訪れて「こんな夜更けですから、だれにも知られはしません」と言って金十斤を差し出しました。楊震は「天知る、地知る、我知る、汝知る。誰も知らぬことなどあろうか」と言い、それを聞いた王密は自らをたいそう恥じたということです。楊震は役人として清廉潔白で、友人らが子孫のために蓄財するよう勧めても、「後世で清廉潔白な役人の子孫だと称えられるだけで十分でしょう」と語ったといいます。これこそ信念と呼ぶにふさわしいでしょう。

「中国共産党第十八期中央紀律検査委員会第七回全体会議での演説」（二〇一七年一月六日）

解説

中国には古くより清廉な役人についての故事があまたある。羊続の「懸魚拒賄」（清廉（魚を吊るして賄賂を拒む）、子罕の「以不貪為宝」（清廉を宝とする）、孔備の「身処脂膏不自潤」（高官となっても懐は温めず）、包拯の「不持一硯帰」（硯ひとつも持ち帰らず）などだ。楊震の「四知拒金」（四知）、「清白吏子孫」（清廉な役人の子孫）も、同じく後世まで語り継がれている。

楊震は字を伯起といい、陝西省華陰（現在の陝西省渭南市）出身で後漢の有名な学者だ。五十歳にして初めて仕官し、不正を嫌い清廉な姿勢を貫き、当時の最高位の三公にまでなった。「四知拒金」の初出は『後漢書・楊震伝』にある。闇に紛れて賄賂を送ろうとした王密を、「二人だけの秘密といっても、すでに天が知り、地が知り、自分が知り、相手が知っている。どんなに隠そうとも、いつかは漏れるものだ」と厳しく正し、王密は自らの行いを恥じて立ち去ったという。『後漢書』にはこうも記されている。「楊震は高潔の士で、こっそり便宜を図ってやるようなことはしなかった。一族も粗食につとめ馬車にも乗らず、古くからの友人らが財をたくわえるよう勧めても、『清廉潔白な役人の子孫だと語り継がれる誉れを残す以上のことがあるでしょうか』と、決して首を縦に振らなかった」

のちに楊震は、「四知拒金」の故事によって「楊四知」「四知太守」「四知先生」と称えられ、明代まで莱州府庁舎があったところには今も楊公祠、四知堂がある。唐の詩人・胡曽は『詠史詩・関西』のなかで「楊震の魂は北邙の煙となり 関西の栄華も夢と消えぬ。ただ四知の誉れ世に聞こえ、天地のごとく久し」と詠み称えた。

楊震は清廉で世俗に染まらないだけでなく、官界の悪弊も正そうとした。たとえ皇族であろうと直言してはばからず、漢の安帝のおじの耿宝や皇后の兄の閻顕などが縁者を朝廷で任用するように命じても、楊震は彼らの無能ぶりを知るや、決然とこれを拒絶した。

このような人柄や家風こそ、子や孫たちへ残した最高の贈り物となった。『史書』によると、楊一族は四代にわたって清廉潔白で公正を重んじる家風を引き継いだ。子の楊秉は遁世して郷里で学問を教えていたが、四十歳を過ぎてようやく仕官し、父の気概を受け継ぐ仕事ぶりだった。旧知の部下が多額の賄賂を持ってきても、「帰ってもらいなさい。廉潔をもって一族の誉れを守るのです」と言ったという。楊秉の子の楊賜は太尉となり、楊震のひ孫の楊奇と楊彪も代々の気風を受け継いだ。こうして楊震の望んだように「清廉潔白な役人の子孫」という家風は長く称えられ語り継がれることとなった。

習近平国家主席は中国共産党第十八期中央紀律検査委員会第七回全体会議において「党の指導者たる者は強い信念を持ち、決して軽んじてはならない。強い信念を持てば、それが自らの行動規範となる」と厳しく述べた。楊震の「四知拒金」の、子や孫にまで清廉の家風を伝える故事を引き合いに出し、人の上に立つ者が身を立て徳を修めるには信念を持つことがいかに大切であるか語ったのだ。確固たる信念があれば、是非を見極め、公私のけじめをつけ、公明で道にはずれることもない。公と私、義と利、是と非、善と悪、苦と楽といった矛盾と相対したとき、人となりを問う試金石となり、どちらを選ぶか決めるもの、それこそが信念だろう。

国内編①

清廉政治を語る

要言妙道

前漢の枚乗《ばいじょう》が著した『七発』には、深く考えさせられます。病に伏した楚の皇太子を診た呉客は、皇太子は気鬱の病におかされているので「要言妙道」をもって治さねばならないと説き、心を養生させました。すると皇太子は少しずつ生気を取り戻し、ついに病は消え去ってしまったということです。党全体を引き締めていくには、外面的・物理的な強制をともなって厳しく取り締まるだけでなく、根源的な解決を図って強い自制心をもち、政治の根幹を確固たるものにしなければなりません。

「中国共産党第十八期中央紀律検査委員会第七回全体会議での演説」（二〇一七年一月六日）

解説

漢代の文人・枚乗による『七発』は、読む者を諭し考えさせる風刺作品だ。病気になった楚の皇太子のもとを訪れた呉客が、病状やその原因を見てとり、二人で七つの話題について次々と語り合う構成になってる。

皇太子は恵まれた暮らしで遊びほうけ、出かけるときは乗り物に乗り、美女をはべらせ、ぜいたくな食事をとり、ぬくぬくと過ごしていたことで生気が奪われ、気鬱の病に冒されたのだと呉客は考えた。そこで、体ではなく心が衰えたことが原因であるから、薬や鍼灸ではなく、「要言妙道」（的を射た言葉と奥深い道理）によって治すべきだと説いた。

まずは音楽・美食・乗馬・酒宴・狩猟・観潮の六つの楽しみについてそれぞれ語り、皇太子が暮らしぶりを改める気になるよう少しずつ導いた。しだいに皇太子の表情が明るくなってきたのを見ると、最後にもうひとつ、才知ある者たちを召し出して天下国家や物事の是非について語らせ、国を治めて徳を高める道をともに論じ合う楽しみを述べた。ここまで聞いた皇太子は、ついに起き上がり、流れる汗とともに病はすっかり消え去ってしまったのである。

『七発』は、実在しない人物との問答を通して、貴人の子弟らが道楽の限りを尽くして遊び暮らし、享楽にふけることを戒めており、文中で取り上げた七つの楽しみは、心と体は密接につながっていることを示している。人間は、退廃的に暮らし、思想を深めて品性を磨くことを怠ると、楚の皇太子の精神が衰え病を呼び込んだように、体に不調をきたす。つまり、精神が充足してこそ、ほんとうに健康になることができるのだ。毛沢東もこの『七発』を好み、廬山会議では自ら長い解説までつけて出席者に配った。

『七発』は、華やかな文体と生き生きとした表現で含蓄に富み、漢賦（中国の韻文における文体のひとつ）の先駆けとなり、後に続く作品に大きな影響を与えた。劉勰《りゅうきょう》は『文心雕龍《ぶんしんちょうりゅう》』の中で「美文の名手である枚乗は、新しい表現方法で『七発』を著し、あまたの美辞麗句をたくみに並べた」と記している。のちに傅毅の『七激』、張衡の『七辯』、王粲の『七釈』、曹植の『七啓』、陸機の『七徵』、張協の『七命』など、この文体を受け継いだ作品が次々とつくられ、「七体」という賦の新形式が生まれた。

習近平国家主席はこの『七発』を例えとして、修養を積み、揺るぎない信念を持ってこそ、政治の礎を築くことができると述べた。これはまさに「本理則国固、本乱則国危」（基本が固まってこそ国は安泰であり、基本がぐらつけば国も危うくなる。『官子』より）であり、習主席が常々口にしている「固本培元」につながる。〝本〟は根本や本質、〝元〟は精神や生命力のことで、大地にしっかり根を張ってこそ枝葉を繁らせることができるように、精神が充足してこそ悪気を払って強い生命力を保つことができる、という意味だ。そして党の根幹となるべきは、揺るぎない理想と信念、党員としての自覚を高めることにあるのだ。

国内編①　清廉政治を語る

「紙牌屋」ではない反腐敗闘争

反腐敗闘争が進むにつれ、見過ごすことのできない世論と風潮が生まれています。「反腐敗は民衆の利益と結びつかない」「役人を給料泥棒にするだけだ」「経済発展の妨げになる」「権力闘争にすぎない」「手を緩めるべきだ」などです。このような誤った認識や世論にしかと目を光らせ、否定的な意見や偏見、誤解を取り除かねばなりません。我が党が推し進める反腐敗闘争は、権力や利益をうかがう「日和見主義」でもなければ、利権を奪い合う「紙牌屋」でもなく、中途半端なまま工事が中断している「未完成ビル」でもありません。清廉政治を実現し反腐敗闘争をなおいっそう推し進めるべく、より良い世論を形成していかなければなりません。

「中国共産党第十八期中央紀律検査委員会第六回全体会議での演説」（二〇一六年一月十二日）

解説

「紙牌屋」（原題「House of Cards 野望の階段」）はアメリカの政界を題材にしたドラマで、冷酷非道な政治家と野心的な妻が、手段を選ばず権力を求めて野望を抱くストーリーだ。

主人公のフランク・アンダーウッドは権謀術数にたけ、あくなき執念を持つ下院議員。国務長官候補を失脚させるため、過去を知る男のもとに部下を送り込み、酒とドラッグで懐柔して偽の証言をさせたり、教員組合を抑えて教育改革法案を通過させるため、理想に燃えるベテラン議員を善人のふりをして裏切ったり、過去の弱みを握り忠誠を強いていた若手議員が離反しそうになるとさっさと葬り去ったりする。現実のアメリカ政界を彷彿させるこのドラマは、大いに人気を博した。

二〇一三年二月一日から始まったシーズン1は、政界にうずまく権力・金・情欲をめぐる危険な駆け引きがリアリティー豊かに描かれているため、放映されるや各国の政界でも巷でも話題をさらった。アメリカのオバマ前大統領やイギリスのキャメロン前首相もファンだという。二〇一六年のアメリカ大統領選挙の混戦ぶりは、まるでドラマの実写版のようだった。すでにシーズン5の製作も決まっており、どろどろとした密室での企みや汚い手口などがまた繰り広げられることだろう。

ドラマの原作小説を書いたマイケル・ドブズは、イギリスの政治家でもあった。一九七五年に政治の世界に入り、政府特別顧問やサッチャー政権の主席補佐官を歴任し、保守党副議長を最後に引退した。欧米政治の当事者である彼が書く政治小説は、現実さながらに生き生きと描かれている。この『House of Cards』は「最高にエキサイティングなストーリーと圧倒的なリアリティーで読む者を惹きつけ、政界への痛烈な皮肉に満ちて、臨場感たっぷりだ」と海外メディアに評された。

第十八期中央紀律検査委員会第六回全体会議において習近平国家主席は、反腐敗闘争は相手をうかがう「日和見主義」でもなければ、利権を奪い合う「紙牌屋」でもなく、この闘争を中途半端に終わらせることなどないとし、「反腐敗は民衆の利益とむすびつかない」「権力闘争にすぎない」などの誤った認識や言論をきっぱりと否定した。これは習主席を中心とした党中央委員会の、腐敗は徹底的に排除するという強い意志の表れである。

習主席が「紙牌屋」を引き合いに出したのはこれが初めてではない。二〇一五年九月にアメリカを訪問した際、「貴国の反腐敗闘争は権力闘争ではないのですか」と記者に問われ、「腐敗は厳しく取り締まり、〝トラもハエも一緒に叩く〟（大きな腐敗も小さな腐敗も見逃さない）方針を堅持し、人民の要望に応えます。そこには権力闘争もなければ、『紙牌屋』のようなこともありません」と答えた。故事を語ることに長けた習主席が、アメリカの人気ドラマを引き合いに出してデリケートな内政に関する質問にうまく切り返したため、会場は笑いに包まれた。「紙牌屋」を引き合いに出し、中国共産党は正々堂々と反腐敗闘争を貫いていると公言したのである。

国内編①
清廉政治を語る

民の膏血《こうけつ》

蘭考（河南省蘭考県）に、張伯行という歴史上有名な清廉な役人がおります。福建、江蘇の長官や礼部尚書を歴任しましたが、方々からの貢ぎ物を断るために『却贈檄文』を書き残しました。その中で「ささいなことも我が名節にかかわり、全てのことは民の膏血による。小さな情けも民にとっては大きな恵みとなり、わずかな私心も清廉を汚す。いま悪弊がはびこるさまを見よ。この貢ぎ物は誰の血と汗によるものか」と言っています。この話はわれわれの模範となるでしょう。

「河南省蘭考県委員会常務委員拡大会議での演説」（二〇一四年三月一八日）

解説

清朝の清廉な役人といえばだれもが知っている于成龍だが、もう一人忘れてはならないのが河南省蘭考の張伯行（一六五二～一七二五年）だ。福建、江蘇長官を歴任し、礼部尚書の任にも就いた。康熙帝も「伯行の清廉公正は天下の知るところだ」「伯行の徳の高さは天下一である」と評した。

彼が福建長官に在任中、貢ぎ物に来る者があまりに多かったため、これを断ち切るために書き記したのが『却贈檄文』（贈賄を禁ずる通達）であり、自宅や役所の門前に貼り出した。この通達は、言葉は簡潔ながら伯行の考えがよく表れている。「たった一筋の生糸、一粒の米でも、それを受け取ることは私の名節を汚す。わずかな金であろうが、それは民の膏血だ。すこしの情けでも民にとっては大きな恩恵となり、その逆にわずかでも私腹を肥やせば、私の信頼は地に堕ちる。今のように悪弊が横行するのは道を外れている。貢ぎ物は、元をたどれば民の血と汗によるものではないか」。貢ぎ物を持ってきた者はこの厳しい通達を目にし、恥をかく前にこっそり立ち去ったという。この話はあっという間に広まり、清廉政治の「鉄の掟」として人々に称えられたという。

そんな伯行だったが、飢饉に見舞われると自分の郷里から米や金を運び、着る物を用意し、窮する民を救った。また、倉を開け放って困った者たちに食料を分け与え、それを独断だと非難する者がいると、「倉の食料と人々の命、どちらが大切だと思っているんだ」と切り返した。このように清廉にして人格者であったため、人々の大きな敬愛を集めた。江蘇長官を辞するとき、揚州の民は彼を慕って果物や野菜を手に見送りに来たが、それでもなお伯行はやんわりと断ろうとしたので、人々は「あなた様は在任中、なにひとつ貢ぎ物を受け取ることもなく、ただこの江南の水を飲んだだけです。今この地を去ってしまわれるのですから、どうぞ今日くらい私たちの気持ちを受け取ってください」と涙ながらに懇願した。やむをえず伯行は一株の青菜と二丁の豆腐だけ受け取った。こうして「一青二白」といえば清廉潔白の例えとなった。

中国共産党の第二次大衆路線教育実践活動（民衆に寄り添う政治の実現に向けた活動）において、習近平国家主席は河南省蘭考県を関係づけた。蘭考県委員会常務委員拡大会議に参加した際に、この張伯行のエピソードを引き合いに出して、廉潔を保つには小さなことがらが第一の防御線となり、良い気風はそこから生まれると説いた。不正をはたらく者の多くは、はじめはささいなことだったのが次第に大きな腐敗へと堕落していく。『却贈櫢文』を引用し、少しずつの目立たない変化でも高じれば大きく変わってしまうということを全党員の心に深く刻んだのである。

習主席はまた、この故事はわれわれの模範となるとも述べている。権力を行使するには厳格さを以って行い、官職に就く者は襟を正さねばならないことを示すとともに、歴史上の清廉政治のありようや、それを求めて繰り返された成功や失敗は、現代の反腐敗教育に多くの教訓を与えている。習主席はほかの場面でもよく清廉な役人の故事を取り上げ、格言を引用する。二〇一三年には中央政治局で習主席が中心となって、我が国の歴史における清廉政治について学ぶ勉強会が行われた。

国内編①　清廉政治を語る

覇王別姫となるなかれ

われわれは中国国内において多くの支持を得ており、中国共産党に勝る政治勢力はありません。しかし党の政治基盤がいかに硬固であっても、襟を正して望まねば「覇王別姫」となってしまうでしょう。つねに危機意識をもって臨まねばなりません。

「河北省にて党の大衆路線教育実践活動を調査研究、指導した際の演説」（二〇一三年七月十一〜十二日）

解説

秦末期、秦に反旗を翻した項羽と項梁は向かうところ敵なし、鉅鹿《きょろく》の戦いにおいて秦軍を大破した。秦朝が滅び十八路諸侯を封じた項羽は、気迫に満ちて武勇に優れた天下の豪傑とされ、鉅鹿の戦いによってその名を天下にとどろかせたのち「西楚の覇王」と号していた。

そんな項羽であるが、鴻門の会でライバル劉邦を殺す絶好の機会を得たにもかかわらず、己を過信し、卑屈な態度で小さくなっている劉邦に惑わされ、その部下の樊噲の釈明もあり、将来の禍根を絶つべきだという家臣の范増の献言を聞き入れなかった。范増は幾度も目くばせして劉邦を殺すよう合図を送ったが、項羽は見て見ぬふりをした。劉邦は結局、部下らの手助けでまんまと抜け出し、こともあろうに劉邦からの贈り物をご機嫌で手にする項羽を見た范増は「青二才とはかりごとなぞできるものか」と激怒したが、お構いなしだった。そののち、劉邦と天下を争い敗れ、三十一歳の若さで自ら首をはねて命を落とすことになるのである。

『史記・項羽本紀』には、敵に追いつめられた項羽が愛姫虞美人との別れに悲嘆にくれて歌った歌がある。「力は山を抜き気は世を蓋う、時に利あらずして騅《すい》逝かず。騅逝かざるを如何せん、虞や虞や若を如何せん」（抜山蓋世の意気と力があれども、時に見放され愛馬の騅も進まない。騅が走らないのをどうしたらよい。虞よ虞よ、お前の身をどうしたらよいのだ）。この悲しい歌に、そこにいた者みな涙が止まらなかったという。

司馬遷は項羽のことを「自尊心が強く、おのれを過信して古人を顧みなかった」「危機に陥ってもなお悟らず、過ちを自責しなかった」、事ここに至りてなお「今ここに苦しむのは、天が私を滅ぼそうとするからであり、戦いに敗れたからではない」と責任逃れをしたと指摘して、敗戦の憂き目を見るのも当然だと酷評している。

毛沢東も『七言律詩・人民解放軍、南京を占領する』の中で「勇気あふれる解放軍は敵を追いつめ、項羽に学びて名誉を追うべからず」と、項羽のようにおごり高ぶることなく突き進むよう戒めている。一九六二年の七千人大会でもまた「覇王別姫」を例に挙げ、異なる意見を聞き入れなければ項羽と同じ道をたどることになりかねず、苦言も聞き入れる大きな度量をもつようにと指導者らを激励した。

習近平国家主席は、党の政治基盤や存亡に関わる問題として綱紀粛正を大変重視しており、国政の行く末は民意にかかっていると主張する。ゆえに党員幹部たちに対し、襟を正して職務にあたらなければ民心は離れて党や国の未来はないと、「覇王別姫」を引き合いに出して警鐘を鳴らしているのだ。また、「襟を正さず悪弊に染まり続ければ、我が党と人民の間には見えない壁ができ、党の基盤や信頼関係、影響力は失われてしまうでしょう」とも言っている。これらの力強い言葉には、歴史から学んだことを総括するとともに、全党員の綱紀粛正を図り、人民と深い信頼関係を築きたいという切なる期待が込められている。

国内編①　清廉政治を語る

三たび命じられてなお腰低く

当たり前のことながら、あえて責任を負うということは、党と人民の事業のためであって、出しゃばり主義のことではありません。勝手な振る舞いをしたり、自分ほど偉い者はないとうぬぼれたりすることは、決して責任を負うことではないのです。春秋時代の宋国の大夫だった正考父は、いくつかの王朝で元老を任じましたが、己に厳しい人で、一族の祖先を祭る廟《びょう》に置いた鼎《かなえ》に次のような銘文を刻みました。「一命して僂《ろう》し、再命して傴《う》し、三命して俯《ふ》す。壁に沿って歩くも、侮る者はおらず。粥をすすり、生計を立てて暮らす」と。つまり、重要な任務に抜てきされるたびに、ますます慎重になり、一たび命じられれば頭を下げ、再び命じられれば背を曲げ、三たび命じられれば腰を折り、道を歩くときは壁沿いを進み、この鼎で粥を煮れば糊口《ここう》をしのぐことができるということです。私はこの故事を読んで感銘を受けました。われわれ幹部は全て党の幹部であり、また権力とは党と人民の賦与したものである以上、仕事では思い切ったことをなして一生懸命向上に努め、人としては謙虚かつ慎重に、おごったり焦ったりしないよう戒めなければならないのです。

「全国組織工作会議での演説」（二〇一三年六月二十八日）

解説

政の要は廉潔にあり、廉潔の基礎は己を律することにある。二千年以上も昔、孔子は「利によりて行えば、怨《うら》み多し」（利益だけに頼って事を行うと、多くの恨みを買うことになる）、「君子、食飽くを求むることなく、居に安きを求むることなし。事に敏にして言に慎み、有道に就きて正す。学を好むというべきのみ」（君子というものは、ぜいたくな食を求めることはなく、居心地のよい家を求めることもない。仕事は機敏だが、言動は慎重を期して、徳の高い人について学ぶよう努める）と述べた。孔子の遠い祖先に当たる正考父は、もっと早くに、厳しく己を律するというこの命題を事の道理としていたのである。

正考父は春秋時代の宋国の大夫で、孔子の七代前の祖先に当たる。戴公、武公、宣公という三人の君主に仕えた。君主三代の信任が厚く、官職を上卿まで上り詰め、「一人の下、万人の上」とまで称されたが、謙虚な君子という姿勢を貫き、人柄も生活態度も極めて丁重で控えめだった。おごり高ぶることを戒め、子孫を教育するため、一族の祖先を祭る廟に鼎を鋳造し、銘文を刻んだ。それが「一命而僂、再命而傴、三命而俯」という美談である。銘文には「僂」「傴」「俯」という文字が一つずつあり、「傴」は「僂」より恭しく、「俯」は「傴」よりさらに恭しく、三つの動詞は地位が高くなればなるほど恭しくなる正考父の人柄を生き生きと表している。「任命が三つ」続いて、少しずつ地位が上がっても、謙虚さと礼儀正しさは絶えることがなかった。続いて、銘文は話が突然変わり、「循墻而走、亦莫余敢侮」と刻まれている。つまり、壁沿いに歩いても、誰も侮る者はいないということで、これこそまさに人格の力であり、人徳の力である。

正考父の名声と故事は『史記・孔子世家』『春秋左氏伝』などの古典に記されている。『孔子世家』には「正考父は戴公、武公、宣公という三人の君主に仕え、三度の命を受けるたびに恭しくなった」と書かれている。厳しく身を修め、清廉に政に当たるという彼の人徳を顕著に表している。子女や家人に対して徳を守って正しい道を歩み、慎み深く質素であるように教育したことも、同様に美談として伝わっている。司馬光は『訓倹示康』で「昔、正考父は粥をすすって、どうにか生計を立てて暮らしたが、その子孫が必ず達人になることを孟僖子《もうきし》は知っていた」と述べている。春秋時代の魯国の大夫、孟僖子は「正考父が粥をすすって、どうにか生計を立てて暮らした」ことに基づき、正考父の子孫に才知にあふれ名望のある人が現れると予見したのである。今、北京京劇院と国家大劇院が制作した新編歴史京劇「正考父」では、正考父の功績が舞台で演じられている。官僚として清廉で、権力をふるうことに謙虚で丁重であり、忠義の心を代々伝えるという正考父の優れた品格は、さらに多くの人に影響を与えている。

正考父の謙虚で丁重、かつ清く正しく慎重であることは、権力の誘惑に対する思想の防御線のようなものであり、人として道を外れず、権力を逸脱しないことを確実に保証するものである。習近平国家主席は全国組織工作会議で「三命而俯」の故事を引き、多くの党員や幹部層に対して正考父と同じように、厳しく修養を積んで己を律し、権力を行使する際にも厳格さをもって、常に自らを低い位置に置くよう注意を促した。

権力を正しく扱い、規範に沿って行使することは、幹部層を試す最初の関門ということができよう。習主席は幹部層の権力観の問題について多くの重要な論述をしている。中央党校での演説では、マルクス主義の権力観を「権力は民に賦与され、民のために用いるものだ」と概括した。全国組織工作会議では「役人となって事を避けるのは生涯の恥だ」と述べ、党の幹部は仕事をするときは思い切って事をなし、一生懸命向上に努め、人としては謙虚で慎重であり、おごったり焦ったりすることを戒めなければならないと強調した。中央党校の県党委員会書記の研修生との座談会では「心の中には党があり、民があり、責任があると同時に戒めもある」と「四つの有る」を要求した。これらの重要な論述は、幹部層が権力観を正すために進むべき方向を指し示している。

国内編①
清廉政治を語る

二代目で滅ぶ

秦の始皇帝は初めて中国を統一した封建制の皇帝であり、当初は歴史発展の要請に応えていましたが、大きな仕事で手柄を挙げようとして重税を取り立て、民衆の恨みを買ってしまい、秦王朝はわずか二代で滅亡してしまいました。杜牧は「阿房宮賦」の中で「秦人、自ら哀れむに暇《いとま》あらず、後人これを哀れむなり。後人これを哀れむも、これを鑑みずんば、また後人をしてさらに後人を哀れましめん」と記しています。唐王朝ができてから、太宗は政治に精励し、賢人の諫言《かんげん》を受け入れて、貞観《じょうがん》の治と呼ばれる王朝の基礎を築きました。しかし、後の統治者は次第に有頂天になって忘れてしまい、道楽の限りを尽くし、玄宗は「春宵短きに苦しみ、日高くして起き、これより君王早朝せず」（春の宵はあまりに短く、日が高くなって起き出す。これより王は朝の執政をやめてしまった）といいます。官僚の不正、賄賂が横行し、その結果「漁陽の鼙鼓《へいこ》地を動かして来たり、驚破す霓裳《げいしょう》羽《う》衣《い》の曲」（突如、漁陽の陣太鼓が地を揺るがして迫り、霓裳羽衣の曲を楽しむ日々は砕け散った）と言われるように、安史の乱が起こり、唐王朝は繁栄から衰退の道をたどり、最後には王仙芝や黄巣が反乱を起こして長安に攻め入り、ほどなく唐王朝は滅びてしまったのです。

「中国共産党第十八期中央紀律検査委員会第二回全体会議での演説」（二〇一三年一月二十二日）

解説

「盛衰の道理は天命というが、人としてなしうることではあるまいか」。欧陽脩は『新五代史・伶官伝』の序文でこのように記した。欧陽脩は後唐の栄枯盛衰、突然の興亡の過程を分析し、「憂いと苦労が国を興し、安逸と享楽が身を滅ぼす」「災禍は常にわずかなことの積み重ねであり、知恵や勇気は多すぎておぼれてしまうと苦しむものである」との結論を導き出した。秦朝の二代での滅亡や唐朝の安史の乱からはいずれも、安逸と享楽をむさぼれば身を滅ぼすという歴史の教訓を得ることができるのである。

秦朝は歴史上、中国を初めて統一した王朝である。秦の始皇帝は中国を統一するという功績を成し遂げ、「文字、荷車の幅、度量衡、貨幣を同じものにした」という功績があった。しかし、『史記』には「天下の人々は秦朝の統治に長い間苦しんだ」と記されている。始皇帝は即位すると陵墓の建設に着手し、紀元前二〇八年に完成させた。三十九年もの年月をかけ、七十二万人が動員されたという。試算によれば、始皇帝陵の建設に従事した人数は、エジプトのクフ王のピラミッドの八倍近くにもなる。『漢書』には「秦が二代十六年で滅びたのは、不老長寿にぜいを尽くし、死後の待遇も手厚かったためである」と記されている。賈誼は「過秦論」で「兵卒が反乱を起こし、七つの寺を壊し、皇帝の子孫も殺されて、天下の笑いものになったのは、なぜか。それは、仁義を重んじず、攻守の情勢が変化したためだ」と述べている。杜牧も「秦を族滅する者は秦なり。天下にあらざるなり」と嘆いた。つまり、秦を滅ぼしたのは、ぜいたくで自堕落な暮らしをし、仁義をなさなかったためであると言うことができる。

唐朝が繁栄から衰退したのは、支配層が享楽にふけり、腐敗し堕落したことが主因である。「長安回望すれば繡は堆と成り、山頂の千門次第に開く。一騎の紅塵に妃子笑み、人の是れ茘枝の来たるを知る無し」。杜牧の「華清宮で過ぐ絶句」は、楊貴妃のために茘枝を取り寄せたということを題材に取り、唐の統治者が飲み食いの欲を満たすために、民衆を動員することも惜しまず、民衆を酷使し財貨を浪費することを如実に表している。『旧唐書』の記載によれば、玄宗は「宮中で楊貴妃に贈る錦織の刺繍をするのにおよそ七百人、その像を作るのに数百人を使った」とされる。このように多くの人を使っているのを見ても、ぜいたくな暮らしをして浪費していたことがわかる。玄宗が享楽におぼれて、楊国忠らの奸臣に災難や騒乱、政治を任せ、その結果、安禄山が挙兵し、唐朝は安史の乱を経て繁栄から衰退に向かったのである。

廉潔は政を興し、腐敗は政を途絶えさせる。これは歴史の鉄則である。習近平国家主席は、秦が二代で滅亡したことや、唐王朝が衰退した例を挙げて、腐敗は社会の癌であると強調し、全党の同志に対して、歴史を鑑《かがみ》にして、歴史の教訓をくみ取り、反腐敗闘争を断固として貫徹するよう呼びかけた。「われわれの党が清廉政治という党風建設と反腐敗闘争を党と国家の存亡に関わるものと強く認識しているのは、古今東西の歴史の教訓を真剣に総括したからである。中国史上、統治集団の深刻な腐敗によって政が途絶えるという例はどこにでもある。現代の世界においても、執政党が腐敗堕落し、民衆が離れてしまうことで政権を失う例は枚挙にいとまがない」と指摘した。

反腐敗問題に対して、習主席は一貫して深刻な憂慮の念を抱いてきた。「わが党が執政党として直面している最大の脅威は腐敗である」「腐敗問題が深刻になれば、最後には必ず党と国家が滅びる」と何度も表明した。民衆が憤りを感じているのはさまざまな腐敗現象や特権現象であり、これらの現象こそが党と民衆の緊密な関係を破壊する力が最も強いものであると繰り返し強調している。習主席はかつて福建省寧徳で任に当たっていたとき、こう述べた。「ここに誰が誰を貶《おとし》めるかという問題がある。あなたが党規や法に違反して土地を占拠し建物を建てて、自己の利益のために党の権威とイメージを損なったのは、あなたが党を貶め、民衆を貶め、党規や法律を貶めたということである。党と人民の利益を代表し、あなたを取り調べるこの幹部があなたを貶めたということではない」

国内編①

清廉政治を語る

亡国の詩

南北朝時代、南朝陳国の皇帝、陳叔宝は在位の間、ぜいたくな暮らしをして政を顧みず、後に隋の軍が南下すると、陳の軍隊はひとたまりもなく、皇帝はとらえられて病死しました。彼の作った詩「玉樹後庭花」は後の人に「亡国の詩」と言われるようになりました。唐の詩人、劉禹錫《りゅううしゃく》は「金陵五題・台城」で「台城にある六朝の宮殿は豪華さを競い、中でも陳国末代の王と妃の宮殿は最もぜいを尽くしたものだった。しかしいまや、広大な宮殿だったところには野草が生い茂り、後庭花の曲がかすかに聞こえるかのようだ」と詠みました。国民党は抗日戦争に勝った後、多くの地方を接収管理し、「五人の子がそろって科挙に合格するように万事順調だ」と大いに宣伝したが、その結果民衆の怒りを買って人心が完全に離反し、最後はわが党が指導した革命によってまたたく間に追い払われることになったのです。

「中国共産党第十八期中央紀律検査委員会第二回全体会議での演説」(二〇一三年一月二十二日)

解説

文才を基準に歴代王朝の皇帝を並べると、南朝陳国の末代の君主である陳叔宝、南唐の末代君主である李煜《りいく》、北宋の徽宗趙佶《きそうちょうきつ》は、間違いなく上位に挙げられるだろう。

陳叔宝は詩歌に造詣が深く、いつも宴会で大臣と詩を吟じて競い、詩歌の形式と韻律、規範を促し、隋唐の詩歌の基礎を定めるのに重要な役割を果たした。「玉樹後庭花」などの詩作は彼が文学に造詣が極めて深いことを示している。李煜は書画、音律に精通し、詩文はいずれも造詣があり、とりわけ詞は最高水準とされる。「雕欄《ちょうらん》玉砌《ぎょくせい》、まさになほあり、ただこれ朱顔改まる。君に問う、よく幾多の愁ひ有りや。恰《あたか》も似たり一江の春水の東に向かって流るるに」（彫刻を施した欄干と大理石の階段はきっとまだ残っているだろう。ただ、若い顔立ちが改まって、年を取っただけだ。君に問うが、愁いはどれぐらいあるだろうか。ちょうど川いっぱいの春の流れが東に向かって流れていくようなもので、尽きることがない）。その一首「虞《ぐ》美人」はずっと歌い継がれ、「詞中の帝」との名声を得ている。趙佶は書道の字体である「痩金体」を作り、花鳥画は独自の技法を究め、古代では数少ない万能の芸術家だった。

清代の沈雄は『古今詞話』で「国家の不幸は詩人の幸であり、世の転変を詩にすることが立派なのである」と述べた。陳叔宝、李煜、趙佶が文学や芸術に造詣が深くても、国を治め繁栄させることについてはいずれも落第で、愚昧《ぐまい》で酒色におぼれ、国家滅亡に至らしめ、彼らの人生の履歴は色あせてしまった。陳叔宝は酒色におぼれ、戦に敗れ国を滅亡させた。「玉樹後庭花」は後世の人に「亡国の詩」と呼ばれ、劉禹錫は「広大な宮殿だったところには野草が生い茂り、後庭花の曲がかすかに聞こえるかのようだ」と嘆いた。杜牧はある夜、秦淮に泊まったときに、女たちが「玉樹後庭花」を歌うのを聞いて「酒場で歌う女たちは亡国の恨みを知るまい。川の対岸で後庭花の歌をいまだに歌っている」と嘆息を禁じえなかった。

まさに「ぜいたくの始まりは危急存亡のとき」と言われるとおり、歴代王朝で、ぜいたくの気風が起こると、必ず衰退の前兆となった。「五子登科」はもともと中国の民衆が祝福するときに使う俗語である。五代後周の時代、燕山府に竇禹鈞《とううきん》という名前の人がいて、彼の五人の息子はいずれも品行、学問ともに優れ、相次いで科挙に合格したので「五子登科」と言われた。抗日戦争に勝ってから、国民党員は失地回復の機に乗じて「金子（黄金）、房子（家）、票子（紙幣）、車子（車）、女子（国賊の妻妾）」を、接収担当の高官が詐欺や暴力で取り上げる対象とし、新たな「五子登科」と皮肉られることになった。その結果、民衆の憤りが高まり、国民党は人心を失い、最終的には台湾に敗走して退場したのである。

陳叔宝の「亡国の詩」をもって、ぜいたくにおぼれ享楽にふけることの危害を警告し、「歴覧す前賢、国と家と。成るは勤倹に由りて、破るるは奢に由る」（古の賢人たちの事績や国家の歴史を通覧すると、勤勉と倹約こそが成功の鍵であり、奢侈は滅亡のもとであることが明らかとなる）をもって、刻苦奮闘の精神を堅持することの重要性を忠告し、「朱門酒肉臭く、路に凍死の骨あり」（朱塗りの門の中では富貴の者がぜいたくざんまいの暮らしをして余ったものが腐敗臭を出し、路傍には凍えて死んだ人の骨が横たわっている）をもって、享楽主義と奢侈《しゃし》浪費の風潮を排除する。習近平国家主席は古典を借りて今を戒め、詩を借りて志を語り、党員幹部に風紀の乱れについて具体的に深く理解させてきた。習主席から見れば、民衆と親密な関係を保ち、党の長期執政の条件下で堕落するのを防止することは「われわれが力を入れなければならない重大な政治任務なのである」。

「亡国の詩」にはもう一つの寓意がある。すなわち、作風建設（模範的態度の構築）のためには必ず、為政者から始め、「鍵となる少数の者」がまず自らをきちんと置いておくことで初めて「上これを行えば、下これに習う」ことができるということである。第十八回党大会からほどなくして、習主席は広東省を視察したが、その行程で厳重な警戒態勢は敷かれず、歓迎の横断幕もなかった。河北省阜平の貧困地区を訪ねて苦難の話を聞いたときには、随行者とともに簡素な食事をした。湖北省武漢で雨の中、武漢の新港、陽邏《ようら》コンテナ港区を視察した際は、ズボンのすそをまくり、自ら傘をさし、現場で状況を把握した。このように身をもって努力実行し、率先して模範を示すことは、党中央が党をしっかり管理するという断固たる決意と、自らが手本を示すべきという政治の任務を幹部や民衆に見てもらうことにほかならない。

国内編①
清廉政治を語る

追従《ついしょう》か諫言《かんげん》か

『古文輯要』には次のような故事が記されています。唐の初期の名臣だった裴矩《はいく》は、隋で官僚を務めていたときには、主君の煬帝《ようだい》にこびへつらい、手立てを尽くしてその求めに応えていました。唐になると、手のひらを返して太宗と論争し、主君をいさめる忠義の家臣となりました。司馬光はこれについて論評し、「裴矩が隋の主君には追従し、唐の主君には諫言したのは、その性格が変わったからではない。主君がその過ちを聞くのを嫌がれば、諫言は追従となり、主君が過ちを聞くのを好めば、追従は諫言となる」と述べました。この故事は、真実を聞くことを願い、聞くことができる人の面前では、あえて真実を語り、語ることを願い、喜んで語るものであることを教えてくれます。われわれ幹部層は「言う者には罪がなく、聞く者はこれを戒めとすべきである」という原則に基づき、真実を語ることをぜひとも喜んで受け入れ、奨励しなければなりません。

「実事求是の思想路線を堅持しよう――中央党校二〇一二年春学期第二次研修生の始業式での演説」
（二〇一二年五月十六日）

解説

古人は「誠実な言葉は飾らず、飾った言葉は信じられない」と言った。厳しい批判、耳に痛い言葉というものは、その価値が高ければ高いほど受け入れるのは難しくなり、それを聞き入れる度量が必要だが、話す方も度胸が必要になる。しかし、真実を話す「指揮棒」は真実を聞く人の掌中に握られていることを、歴史と現実がわれわれに教えてくれる。

唐初の名高い家臣だった裴矩は、かつて隋の家臣でもあった。隋の煬帝の気持ちを忖度《そんたく》し、ご機嫌をとるのにたけていた。煬帝は「朕の心をよく理解し、上奏することは、朕が思っていることである。朕が言わなくても、裴矩が言ってくれる。国家を治めることに心を用い、さもなければ、どうしてそのようになるだろうか」と裴矩を賞賛したことがある。煬帝は功名心にはやり、裴矩は東の都である洛陽で盛大な元宵節祝賀の儀式を挙行しようと提案した。煬帝は「周囲の異民族がひれ伏し、諸国が貢物をささげるため拝謁する」ことを渇望し、裴矩は外敵との戦いを発動することを支持した。隋は滅亡し、裴矩は部下を引き連れ、唐に降参した。唐の太宗は朝廷への諫言を受け入れたので、裴矩は別の人物に生まれ変わったかのように直言や諫言をするようになり、太宗のために進んで誤りを正した。太宗は「裴矩は立派な役人として激しく論争し、面と向かっても決して屈服しない。いつもこのようならば、国を治められないなどと憂えることもないだろう」と賞賛した。

司馬光は『資治通鑑《しじつがん》』で「古人は言う。君が明らかならば、臣は正直なり。裴矩は隋にはおもねったが、唐には諫言した。これは性格が変わったわけではない。君主が自らの過失を聞くことを憎むと、忠の心を持つ者も悪賢くなり、君主が直言を聞くのを楽しむと、悪賢い心を持つ者も忠義の人となる。これによってわかるように、君は表であり、臣は影である。表が動けば、影も動くのである」と述べた。言い換えれば、裴矩は隋では悪賢い者だったが、唐では正直になった。これは性格が変わったわけではない。君主が自らの過失を聞くことを望まなければ、正直な人であっても悪賢くなり、君主が直言を聞くことを望むならば、悪賢い心を持つ者も正直になる。大臣は君主の影のようなものである。体が動けば、それに合わせて影も動くのである。

習近平国家主席が裴矩の例を挙げたのは、真実を話す「指揮棒」を指導者の掌中に握らせることを強調するためである。指導者が進んで本当の話に耳を傾け、本当の話をするよう励まし、批判を受け入れる度量を持ち、「誤りがあれば改め、なければさらに努力する」という誠実な態度があってこそ、初めて本当の諫言が盛んになるのである。

習主席はこの演説の中で、幹部層が真実を追求し実務を重んじることを堅持しようと指摘したが、「真実の追求」に力を尽くすだけでなく、「実務重視」にも工夫を凝らさければならない。とくに、実情重視、事実追求、実務遂行、実効追求を目指さなければならない。実情を重んじるということは、事物の本来の姿を語ることであり、本当の話をして真理を語ることである。本当の話をすることは、幹部層が真理を身につけ、正義を手にし、公正な心と公明正大さを身をもって示すことである。習主席は、本当の話をすることの前提は本当の話を聞くことであると強調した。裴矩の故事のほか、英国の哲学者ベーコンの話も引用して、真実の話を聞くことは一種の知恵であることを説いた。すなわち「ほかの人が自分自身に本当の話をするのを聞くことができるということは、自ら回り道をできるだけ避け、誤りを減らし、大きな誤りをしないということであり、これこそが本当に幸せなことなのである」

国内編①

清廉政治を語る

上行えば下習う

風は上から吹き、俗は下から形づくられます。幹部層の生活の作法や趣は、本人の品行やイメージに関わるだけでなく、民衆に対する党の威信やイメージにも関わり、社会の風潮を形づくり、大衆の生活風情を育てる上で、「上に立つ者がすることは下の者がまねをする」という手本となる機能があります。この分野の逸話は多く、今でも読み継がれ、強く警告する意義のある二つの故事があります。一つは『宋人逸事匯《かい》編』に記載があり、それによると、銭俶《せんしゅく》がサイの角をはめた貴重な腰帯を贈ったところ、太祖は「朕は三本の帯を持っている。それとは異なるが」と述べました。銭俶が教えを請うと、「一本は汴河《べんが》、一本は恵民河、もう一本は五丈河だ」と言って笑い、銭俶は恥じ入り感服しました。もう一つは『南村輟耕《てっこう》録・纏足《てんそく》』に記され、それによると、最後の王だった李煜の側室・窅娘《ようじょう》は、見目麗しく舞が上手で、王は窅娘の足を布で固く縛って、小さくした足で舞わせ、回った姿は雲をしのぐような美しさでした。「誰もがこれをまねるようになると、小さな足が最高とされ、小さな足にしないことが恥となった」と記されています。この二つの故事はプラスとマイナスの意味がありますが、指導者の生活の細部に現れる態度が決してささいなことではないということを示しているのです。

「生活の趣は小事にあらず」（二〇〇七年二月十二日）
『之江新語』（浙江人民出版社、二〇〇七年）より

解説

「上に立つ者がすることは下の者がまねをする」ことは、昔から風習を正し、国家を治めるための重要な手立てである。昔の人は「自らが行わなければ、庶民の信頼を得ることはできない」と言った。『論語』には「政とは正なり、子ひきいるに正をもってすれば、たれか敢えて正しからざらん」（政治とは正しいことです。上位の者が、率先して正しいことをすれば、いったい誰が敢えて悪いことなどするでしょうか）とある。『孟子』には「上位の人が好きなものは、下位の者も必ずもっと好きになる。君子の道徳は風のようなものであり、庶民の道徳は草のようなものである。風が草の上に吹けば、草は必ず倒れる」と記されている。「上の梁《はり》が曲がっていれば、下の梁もゆがむ」ということわざもある。宋の太祖と李末代君主の二つの故事は、プラスとマイナス両面からの有力な裏づけとなる。

銭俶は銭鏐《せんりゅう》の孫で、五大十国時代最後の呉越王である。宋の太祖が江南を平定すると、銭俶は南唐の最後の王である李煜の援軍要請を断り、宋に加勢して南唐を滅亡させ、後に自らも宋に帰順した。史書の記載によると、投降した銭俶が珍しい器や衣服を宋の太祖に献上したところ、太祖は「いずれわが物になるのに、何を献上するというのか」と言ったという。『宋人逸事匯編』には、銭俶が宋太祖に貴重な腰帯を贈ったところ、かえって（賄賂を暗にいさめた）皮肉を言われた故事が収録されている。宋の太祖が国家の土地の神と穀物の神を重んじるという清廉公正なイメージを浮き彫りにしている。銭俶は国を滅ぼした王だが、銭鏐の遺訓を守り、庶民の安否を気にかけ、宋に帰順しても戦争になることを避けた。呉越の庶民はその恩に深謝し、西湖のほとりには銭王祠や保俶塔など、彼を記念する旧跡が今も残されている。

纏足という悪い習慣がいつ始まったのかは諸説ある。『南村輟耕録・纏足』の記載によると、纏足は五代に始まるとする説がある。南唐の最後の王だった李煜は唐の人たちが「弓鞋」という弓の形をした小さな靴に夢中になっていることを美意識ととらえ、「弓靴」に工夫を凝らし、長い布をぐるぐる巻きつけ、纏足にして舞わせたところ、その姿はさらに美しくなった。世の人は誰もがまねをし、纏足が美しいものとされ、上の者が好きなことを下の者がまねるという威力が人を驚かすことがわかる。

習近平国家主席が浙江省に赴任していたとき、プラスとマイナスの二つの故事を論じ、為政者が果たすことのできる「上行下効」（上位の行いを下位がまねる）の手本となるべき役割について説明した。習主席は、作風建設（模範的態度の構築）では各レベルの幹部層が率先垂範しなければならないと繰り返し求めた。第十八期中央紀律検査委員会第一回全体会議では「影を正しくしたいなら、その表を正さなければならず、下位の者を廉潔にするなら、まず自らが廉潔でなければならない」という言葉を引用し、幹部層、とりわけ高級幹部の作風がどうなっているかは、党風や政治の風、社会の全ての風が重要な影響力を持っていることを強調した。第十八期中央紀律検査委員会第二回全体会議では「禁令で社会を統治するのに長けている者は、まず己に対して禁令を課してから、ほかの人に課さなければならない」と改めて表明した。

ほかの人に完遂を求める人は、己がやり遂げなければならず、ほかの人にしないよう求める人は自らも決してやってはならないのである。習主席は青年のころからこの理念を実践してきた。第十八回党大会以降、党の心と民意が共振する良好な局面を作ることができたが、その一つの重要な要因は中央指導者が自ら実践し、上位の者をもって下位を率いてきたからである。倹約・簡素化などを求める「八つの項目」の順守から、官僚主義など「四つの風潮」の取り締まりまで、あるいは、私心をはさまない他人への批判や自己批判から、厳しく身を修める「三厳三実」の実践まで、党中央政治局は、己を掌握して自ら手本を示すことを堅持し、大衆の信頼を勝ち取ることで、全党全国で強大なモデル効果を生み出してきた。

国内編①
清廉政治を語る

三つの「欺かず」

『史記』の「西門豹治鄴」（西門豹《せいもんひょう》、鄴《ぎょう》を治む）は皆さんもよくご存じの故事と思いますが、この故事に「子産治鄭、民不能欺。子賤治単父、民不忍欺。西門豹治鄴、民不敢欺」ということが書かれています。子産は春秋時代の人で鄭《てい》（河南省新鄭県）を治めていました。眼力があり、どんなに小さなことでも見逃さないので、民は彼を欺くことができませんでした。子賤は孔子の弟子で単父《ぜんほ》（山東省単《ぜん》県）を治める役人でした。教育を重視して、自らが出ていくことなく琴を奏でながら国を治めたので、民は感化されて、彼を欺くのが忍びないと思いました。西門豹は戦国時代の魏の人で、鄴（河北省邯鄲市）を治め、賢者でありながら利口ぶらず、「能ある鷹は爪を隠す」という様相で登場します。決して民の敵にならず、「黄河の神にいけにえを捧げる」という悪習を巧みな手段でやめさせました。また、民を率いて水利工事を行い、一方で厳しい刑法で乱世を治めたので、民は彼を欺こうとしませんでした。これらの道理は、われわれが幹部と人民の関係をより深く理解し、仕事のやり方を改善し続ける上で大いに利することですから、しっかり理解すべきでしょう。

「瑞安市地方公務員座談会の席上における談話」（二〇〇四年十二月二十六日）
『実践的に行動し、先頭に立つ——浙江省の新しい発展を推進する思考と実践』
（中共中央党校出版社、二〇〇六年）より

解説

民「欺かず」、すなわち「民服す」というのは、時代と認識によって解釈に違いがあるが、昔の官吏は民を服従させることを施政の目的とした。『史記』には「子産治鄭、民不能欺。子賤治単父、民不忍欺。西門豹治鄴、民不敢欺」との記述があるが、三つの事例は三つの政治戦略を表している。一つは人に任せず自分で行い、一つは能力のある人を求めて自分でも行い、一つは威信で民を徳化することである。それぞれの施政の風格と理念の違いは大きいが、いずれも「民服す」の効果があった。

子産は春秋時代（紀元前七七〇年～前四〇三年）の鄭の有名な政治家である。民に政治を論ずることを許し、更にはその中から有益な提案をくみ取ろうとした。国の改革に利があると自分が認めた事柄については、世論の反対を顧みず、強硬に推し進めた。子産は「鋳刑書于鼎」（法律を鼎に鋳造する）により、成文法を公布して、経済改革の政策を積極的に推進した。事柄の大小を問わず自らが実践し、「門不夜関、道不拾遺」（夜も戸締りの必要がないほど治安が良く、拾った落とし物を盗む人はいない）という国にしたので、民は彼を欺くことができなかった。

子賤は春秋時代末期の魯（現在の山東省）の人であり、「孔門七十二賢」（孔子の弟子のうち六芸に精通した七十二人）の一人である。単父を統治していた時、毎日琴を弾いて楽しみ、自分のしたいようにして生活していた。政治の場に出ていく機会はほとんどなかったが、国はよく治められていた。子賤の施政方針は「躬敦厚、明親親、尚篤敬、施至仁、加懇誠、致忠信」（積極的に人々を厚遇し、近親縁者の世話をし、心から慎ましく行動し、至上の仁徳を施し、懇切丁寧に心から務めを果たし、終始誠実さを保つ）であった。地元の賢人や志が高く立派な人格を備えた人物の登用を重視し、「不忍人之心」（人の不幸を見過ごすことができない気持ち）をもって「不忍人之政」（人の不幸を見過ごすことができない政治）を行った。このため、民は「不忍欺」（欺くに忍びない）と思い、「鳴琴而治」（琴を奏でながら国を治める）ができたのだ。

西門豹は戦国時代（紀元前四〇三年～前二二一年）の魏（山西省南西部から河南省北部）の人である。鄴県では、下級官吏が呪術者と結託して、「為河伯娶婦」（黄河の神に女性を嫁がせると称して、若い女性をいけにえに差し出させていた）を口実に民から財産をだまし取っていた。西門豹はこの土地の県令（県知事）を務めていた時に、このことを調査の末につきとめた。そこで、「河伯娶婦」

の時に、黄河の神に申し上げると称して、呪術者たちや役人たちを黄河に投げ込んで、この悪しき風習を一掃した。その後、民を指揮して水利工事を行い、十二本の用水路を造り、漳水（華北地方を流れる川）の水を田に引いて灌漑した。また、法令を発布して呪術を禁止し、厳しい刑法で国を治めたので、民は彼を欺こうとしなかった。

後世から見ると、子産はどんなことでも必ず自分で行うという見本、子賤は人に責任を持たせて任せるという模範、西門豹は厳しく処罰するという代表を示している。

大衆工作をうまくやるには、態度と感情が基礎になり、形式や方法が鍵となる。方法が間違っていると、善意が裏目に出る。習近平国家主席が「三不欺」の故事を引用したのは、まさしく形式や方法が大衆工作をうまくやるのに重要であるということを説明するためである。「欺く能わず」は政治を人任せにせずに自ら行い、眼力を持ち、どんなに小さなことでも見逃さないようにするべきで、公開して透明性を担保し、公平正義を最大に明らかにしなければならないことを示す。「欺くに忍びざる」は才徳のある人物を重用し、広く教育することにあり、実際的な効果で人を奮い立たせ、真心で人の心を打ち、崇高な価値で人を鼓舞することを示す。「敢えて欺かず」は、法治という形と勢いのある仕事ぶりは、社会の頑固な病を監督し、点検し、処罰するための優れた方法であり、厳罰を用い、慎重に法を執行することによってこそ、汚職をなくし、治安が良く安定した世の中にできるということをわれわれに教えてくれる。

大衆工作については、習近平主席はすでに若い頃に精通していた。福建省寧徳の地方書記時代、彼は全ての村々を駆け巡った。車や徒歩で数時間かけて最も辺鄙な山村を視察し、人々の生活に気を配るだけでなく、布団が温かいかどうかを手で触って確認し、鍋のふたを開けて普段食べている物を知ることで、人民の実際の生活状況を理解した。これは「欺くこと能わず」である。陝西省北部の農村の生産隊では、土地を耕し、石炭を運び、土手を造り、肥を担ぐなど、あらゆる仕事をやり、どんな苦しいことも経験した。ため池の土手を造り、鉄工所を設立し、メタンガスのタンクを造り、人民と共に善を行い、人民のために利を図るということを、彼は最もうまくできるように努力した。農村の人々の目には、彼は「苦しみに耐えよく働く若者」とか「貧農の優れた書記」と映っており、これは「欺くに忍びざる」である。河北省正定で働いていた時には、農村財政の厳格化を進めて、経済的な犯罪を徹底的に取り締まった。福建省福州では、市の指導者を率いて二日間で七百人以上の人民の訪問を受け、二百件近くの問題をその場で裁決したり、期限を切って解決した。さらに浙江省党委員会書記時代には、汚染防止政策という大切な仕事を最優先にして、環境の安全を確保したが、これは「敢えて欺かず」であろう。

国内編①　清廉政治を語る

民心の向かうところ

米国ハーバード大学のフェアバンク教授は、その著書『偉大なる中国革命』（原題『The great Chinese revolution, 1800-1985』）において、このような問題を提起しています。「一九二八年、中国の希望は国民党の側にあったようだが、なぜ二十年後に形勢が逆転したのか」。彼の答えはこうです。「国民党の指導者たちが腐敗して」「そのために民心を失った」。一方、中国共産党の指導者たちは「全員が自らの仕事に極めて熱心で誠実であり、パイオニアとして偉大な民族の奮起のために戦闘準備を整えた」。ブルジョアジーの学者である彼が、民心が立ち向かう問題を見い出したことは貴重であり、これは中国革命の勝利の根本的な理由、つまり中国共産党と広範な大衆の間の密接な関係についても見事に言い当てています。

「幹部の基本的技術——人民大衆との密接な連携」（一九八九年一月）
『貧困からの脱却』（福建人民出版社、一九九二年）より

解説

ジョン・キング・フェアバンク（中国名・費正清）は、ハーバード大学の名誉教授で、アメリカで最も評価の高い中国問題のオブザーバーであり、「最高の中国通」と呼ばれている。彼は、自分は「過去五十年の長きにわたり、一途に中国を理解することに力を注いできた」と自伝の中で率直に述べている。フェアバンクは一九三〇年代に中国に来て、清華大学で教え、また梁思成、林徽因夫妻と知り合った。費正清という中国名は、梁思成が名付けたものだ。『偉大なる中国革命』はフェアバンクの代表作の一つで、一八〇〇年から一九八五年までの百八十五年間における中国の政治情勢と社会の変遷を描いたものである。

国民党がなぜ大陸から潰走し、また共産党がなぜ勝利を勝ち取ったのかは、国内外の歴史学界で論争の絶えない問題であり、現代中国の発展において非常に考察に値する問題でもある。早くも一九四六年に、アメリカの雑誌『タイム』の中国駐在記者であったセオドア・ホワイト（Theodore Harold White 中国名・白修徳）、およびアンナリー・ジャコビー（Annalee Jacoby 中国名・賈安娜）は、『中国の雷鳴』（原題『Thunder Out of China』、中国語タイトル『中国的驚雷』）を出版し、中国国民党政権の腐敗を客観的、全面的に、アメリカの人々の前にさらけ出して見せた。フェアバンクはこれに関する書評の中で『中国の雷鳴』は「本当にふたを開けた」と評価した。彼は国共内戦を大胆に予測して、大衆路線で中国共産党が村々に深く入り込み、大衆を動かし、最終的な勝利は中国共産党のものであろうと考えた。

アメリカの政府高官が、イデオロギーから中国問題の違いを取り扱いがちであるのと異なり、フェアバンクは中国の歴史を熟知していることから、その深遠にして明晰な観察により、民心を掌握することこそが政権の存亡の鍵であると指摘している。フェアバンクは、これらの観察と判断を、『偉大なる中国革命』の中に盛り込んだ。これと同様のことを、アメリカの学者ロイド・イーストマンは著書『崩壊の根源　戦争期と革命期の国民党中国一九三七～四九年』（原題『Seeds of Destruction : Nationalist China in War and Revolution, 1937-1949』）の中で以下のように指摘している。すなわち、国民党の失敗の原因はアメリカからの対中華資金援助の不足ではなく、党自体の欠陥と分裂、例えば腐敗や能力のなさ、規律の緩みのために民心を失い、政権を失ったのである。

『貧困からの脱却』には、習近平国家主席が福建省寧徳で仕事をしていた一九八八年から一九九〇年までの演説や論文が収録されている。わずか十二万字ほどの書籍であるが、清廉潔白な政府を作り、大衆路線を歩み、共に豊かになるなどの多くの重要な問題に対する習近平主席の考え方が見て取れる。また、人民の力をしっかりと把握するということも見いだせる。「われわれが進む道には多くの困難や問題がある。解決のために一体どこから着手するか、何を頼りに困難に打ち勝つのか。さまざまな角度からさまざまな考え方と手法を語ることができる。しかし、その根本は、大衆を動員し、大衆を頼りにしなければならないということだ」。習主席のこの重要な判断は、現在でも非常に重みがある。

「人心の向背」、つまり民の支持が得られるかどうかは、習主席が一貫して考え続けてきた問題である。「人民政府の前半の〝人民〟という二文字を決して忘れてはならない」「常に人民と深く理解し合い、人民と苦楽を共にし、人民と団結して奮闘する」「自らの両親を愛するように、人々を愛する」等々。習主席はあらゆる時期に、あらゆる場面で、シンプルな言葉で人民に対する深い思いや党と人民の関係への深い理解を表明している。さらにフェアバンクの研究成果を間接的な証拠として、中国革命の勝利は民心の向背の歴史的啓示によって決定されることを解明し、そのことで党員や幹部に対して人民のために初心を忘れず、人民や大衆との密接な関係を常に保つように強く警告している。

国内編①

清廉政治を語る

黄炎培の問い

黄炎培氏はかつて毛沢東同志にこう言いました。どんな人も家も、団体や地域、ひいては国家も、歴史的サイクルの支配力から逃れられないものは多くある、と。およそ始める時は一生懸命になってやるもので、何事もおろそかにせず、また骨身を惜しむ人はいません。その時は苦しく困難でも、その中から活路を探すものです。そのうち、だんだん状態が良くなってくると、気持ちもだんだんとだらけて惰性に陥ります。だらけた人間が少数からやがて多数に変化し、良くない傾向が醸成されると、大きな力をもってしても是正できないのです。黄炎培氏は「中国共産党諸氏」が新しい路線を見つけて、歴代の統治者が苦労して創業してから民衆を離れてしまうというサイクルから逃れることを望みました。毛沢東同志は即答していわく、「われわれはすでに新しい路線を見つけてこのサイクルから逃れています。この新路線こそが民主であり、大衆路線を行くのです」。人民に政府を監督させてこそ、政府は気を引き締めるものです。それぞれの人が責任を負ってこそ、権力者が死んでもその政策は生き続けるのです。毛沢東同志は、中国共産党の理論と実践を高く総括し、「誠心誠意、人民に奉仕する」という厳格で偉大なスローガンを提起し、併せてそれを我が党の唯一のモットーとして党規約の中に書き入れました。人民大衆と密接につながることは、われわれの党の性質と使命によって決定されるものであり、われわれの党が長期の革命闘争において形成し堅持している優れた伝統的な方法でもあります。

「幹部の基本的技術——人民大衆との密接な連携」（一九八九年一月）
『貧困からの脱却』より

解説

抗日戦争勝利の前夜、毛沢東と黄炎培の「延安対」（延安での対談）は、中国共産党と民主党派の交流の美談となった。

黄炎培は著名な教育家であり、社会活動家である。若いうちから「教育による救国」という志を立て、中国の職業教育について常に模索し続けた。抗日戦争が勃発すると、積極的に抗日運動に打ち込み、社会的な名望のある人という立場で国民参政会に加入し、民主的団結の擁護と抗日闘争の促進に力を注いだ。一九四五年七月、民主的団結を強化し、国共の話し合いを促すため、黄炎培ら六人の国民参政会の委員は延安を訪れた。わずか五日間の訪問であったが、中共の指導者の素朴さと着実さ、共産党支配下にある延安の民主的な和やかさに、黄炎培は感嘆を禁じ得なかった。「延安での五日間で見たものは、当然ながら私の理想にかなり近いものだった」

訪問中、毛沢東は黄炎培に感想を尋ねた。黄炎培は率直に言った。「私がこれまで生きてきた六十年あまりで、耳にしたものはもちろん、この目で見たものは、本当にいわゆる「其興也勃焉」（瞬く間に栄えて阻むことができない）、「其亡也忽焉」（滅ぶのも早く、突然に滅ぶ）、人も家も団体、地域、ひいては国家も、歴史的なサイクルの支配力から逃れられないものは多くある……一部の歴史では、「政怠宦成」（皇帝の権威が失墜し、宦官に実権を握られる）ということもあり、「人亡政息」（権力者が死ぬと政治が停滞する）ということもあり、「求栄取辱」（名声を求めると同時に恥を受けている）ということもある。要するに、歴史的サイクルから逃れることはできないということです」。毛沢東主席の回答は、きっぱりとしていた。「われわれはすでに新しい路線を見つけてこのサイクルから逃れています。この新路線こそが民主です。人民に政府を監督させてこそ、政府は気を引き締めるのです。それぞれの人が責任を負ってこそ、権力者が死んでもその政策は生き続けるのです」。黄炎培からすれば、「この話は正しい」。なぜなら、「一つの地方のことを全ての地方の人に公表してこそ、その土地その土地で人材を得て、全ての人は事を得られるからだ。民主によって歴史的サイクルを打破するのは、おそらく効果のあることだ」。

毛沢東と黄炎培の「延安対」は、党の歴史上でも、国の歴史上でも、最も重要な意義を持つ。これは、中国共産党と民主党派が互いに親しくしていたということを描写しているだけでなく、中国共産党の人民民主に対する模索や人民福祉に対する追求の証明でもあるからだ。

党第十八回全国代表大会が終了して間もなく、習近平国家主席は八つの民主党派中央と全国工商聯合会を訪問した。彼は話し合いの中で、毛沢東と黄炎培が延安のヤオトン（黄土高原に多く見られる横穴式住居）で行った歴史的サイクルに関する対話は、今でも、中国共産党に対して大変良い励ましであり、警告であることを強調した。重ねて、「歴史的サイクル」の警告を提起し、「二つの〝務必〟」（謙虚さを保ちおごらないという気風と困難の中を頑張り続けるという気風）の忠告を学び直し、「覇王別姫」（傲慢に振る舞った結果、大切な物を失う）のやり方は良くない問題を出現させると警告しているが、これらはみな同じことである。つまり「党成立時の中国共産党員の奮闘精神を永遠に保ち、人民に対する赤子のように純真な心を永遠に保つ」ことである。心に人民を置いて、人民のために奮闘することは、我が党九十年あまりの困難の歴史の中に蓄積された貴重な財産である。習近平主席が中国共産党成立九十五周年の記念大会の中で表明したように、どれほど先に進もうとも、中国共産党は何のために創始されたのかということを忘れないだろう。

国内編①
清廉政治を語る
民の憂いを去る

現在、われわれは社会の安定を非常に強調しています。最も重要な保証とは何か。それは大衆、つまり四つの基本原則と改革開放を誠心誠意支持する何百万何千万の大衆です。「治政之要在于安民、安民之道在于察其疾苦」（政治の要は民を安《やす》んずることにあり、民を安んずる道はその疾苦を調べることにある）。昔の人が政治について述べたこの言葉は、今日も依然として手本とするに値するものです。われわれは人民の苦しみを理解し、正しく対処してこそ、「去民之患、如除腹心之疾」（民の憂いを去ること、急所の病を除くがごとし）であり、われわれが人民の根本的な利益を真に代表できてこそ、「以百姓之心為心」（民の心をもってわが心と為す）であり、われわれの周囲には多くの大衆が引き寄せられ集まってくるでしょう。これにどんな社会的不安定があるというのでしょうか。明代の顧炎武の詩にいわく「勾践栖山中、国人能致死」（勾践《こうせん》山中に栖み、国人死に到るに能う）とあります。越王・勾践は会稽《かいけい》の山中に住み、臥薪嘗胆により広く人民の信頼を得て、民は勾践のためならその命を投げうつほどだったという意味です。封建君主と人民の根本的な利益は相矛盾するものですが、君主が人民の中に入り、進んで人民の願いをくみとり、進んで人民と同じ喜びと苦しみを味わえば、人民はそのために「致死」なのです。我が党の幹部と人民大衆の根本的利益は一致しており、われわれが人民と密接な関係を持ち、真に人民と共に苦しみ、共に憂えば、われわれは必ずやわれわれと大衆の密接な関係を構築し直して、人民全体との一致団結を勝ち取ることでしょう。

「幹部の基本的技術——人民大衆との密接な連携」（一九八九年一月）
『貧困からの脱却』より

解説

「民惟邦本、本固邦寧」（民は惟れ邦の本にして、本固まれば邦寧し）というが、民本思想は中国の長い歴史に大きく影響を与えている。「治政之要在于安民、安民之道在于察其疾苦」「去民之患、如除腹心之疾」という二つの古い教訓は、民本思想を端的に表したものと言える。

明の万暦一〇年（一五八二年）、社会の矛盾を緩和するために、宰相張居正は神宗皇帝に対し、全国で徴税を停止し、民の滞納した税の徴収を免除するように上奏した。その提案の理由は、「致理之要、惟在于安民、安民之道、在察其苦而已」だった。つまり、国家の安定を実現する鍵は、人民の生活や仕事を楽にすることであり、そうするためには、彼らの苦しみをよく観察しなければならないという意味だ。この「安民」という措置こそ、まさしく民本思想の体現である。

蘇轍は蘇洵の子で蘇軾の弟である。生涯学問を続けたのはその父や兄の影響が大きく、儒学を主として「第二の聖人」孟子を最も慕った。蘇轍は王安石の改革に対して異なる意見を持っていたので、神宗皇帝に上奏して、その改革に対する考えを力説した。『上神宗皇帝書』の中で、蘇轍は重要な観点を多く提起しており、「去民之患、如除腹心之疾」はその中の一つである。蘇轍はこれで皇帝をいさめ、民の苦しみを自分の「腹心之疾」（内部にひそむ、命取りとなる病）として扱い、民の身になって考えて憂いを取り除くべきだとしている。

「勾践栖山中、国人能致死」は、明代末の思想家、顧炎武の詩『秋山』が出典である。一六四五年、清軍は南に進軍し南明（明朝滅亡後、明王朝の一族が華南地方に立てた政権）の弘光政権を攻め滅ぼし、顧炎武の親戚数名が嘉定での虐殺の犠牲になった。作者は悲憤を詩に詠み、南明滅亡の悲しみと国の再興の決意を述べた。越王勾践は雪辱のために、会稽山に住み、臥薪嘗胆した。越国の民は死んででも従いたいと望み、国のために命を投げ出した。顧炎武はこの勾践の国の再興の故事を引き合いにして、南明の君臣を鼓舞した。敵に対抗し国を再興する決心があれば、人民はそれに呼応して集まり、国を復興できるのだ。

習近平国家主席は、人民の苦しみをよく調べ、人民の憂いを取り去るという道理を述べて、それにより広く幹部が大衆工作を確実に実行するように気付かせた。真に自らを大衆の立場に置き、民心の向かうところ、人民の苦しみのあるところ、人民の苦しみの生まれるところを親身になって体験し、仕事を人民の心の奥底にまで至らせなければならない。人民の生活の問題を解決することを、各種工作の第一に置き、大衆の希望をよく理解し、困った人に援助の手を差し伸べる事業を多く行わなければならない。

「以百姓之心為心」（民の心を以って我が心と為す）。習近平主席は多くの場面でこのような観点を表明してきた。彼は心から感慨を覚え、貧困を助けることは彼が最も精力を傾けてきた事業である。彼はかつて、零下数十度の極寒の中、凍りつくような寒空と雪に覆われた辺境の地に深く入り込み、貧困にあえぐ地域を行き、民の状態を観察し、民意を聞き、日々の生活について尋ねた。彼はまたこうも書いている。「一人の人民の公僕として、陝西省北部の高原は私の原点である。なぜなら、この地が私の変わらない信念を培ったからだ――人民のために実に即したことをしなければならないという信念を」「たとえどこに行こうとも、私は永遠に黄色い大地の子だ」

国内編①

清廉政治を語る

清廉貧を言わず、勤勉苦を言わず

中国の歴史には、清廉で勤勉な官吏が数多く登場します。「鞠躬尽瘁、死而後已」（心身を尽くして国家に仕え、死ぬまで全力で働く）と言った諸葛孔明は、自身が「不使内有余帛、外有贏財」（内に余分な絹を持たず、外に余財を貯めず）であろうとしました。北宋の司馬光は「欲以身殉社稷、躬親庶務、不舍昼夜」（身を以って国家に殉ずるを欲し、自ら国事に当たり、昼夜を問わない）、「于物淡然無所好」（物に淡然として好むところなし）、「悪衣菲食以終其身」（粗末な衣食でその身を終わる）。封建時代の官吏でさえこのようだったのですから、われわれ無産階級の幹部にできないことはありません。毛主席に代表される上の世代のプロレタリア革命家たちは、みな清廉で真面目な政治家の模範です。われわれ各レベルの幹部は、必ずこの上の世代の革命家たちに学び、「廉不言貧、勤不道苦」（清廉貧を言わず、勤勉苦を言わず）の努力をしなければなりません。このようにしてこそ、われわれは永遠に大衆の中に根を下ろすことができるのです。

「幹部の基本的技術——人民大衆との密接な連携」（一九八九年一月）

『貧困からの脱却』より

解説

河南省内郷県の役場跡の東側の帳場に一対の対聯が掛けられている。上の句は「廉不言貧、勤不道苦」、下の句は「尊其所聞、行其所知」とある。上の句の意味は、「真に清廉な人は自分がいかに清貧であるかを言わない。真に勤勉な人は自分がいかにつらいかという恨みごとを言わない」、下の句の意味は、「民から聞こえてくる声を傾聴することに重きを置き、自分が認識している理念の実践に努力しなければならない」である。「廉不言貧、勤不道苦」は、上の句の引用である。この、清廉を重視し真面目な政治を重視するという政治への戒めは、現在の党の気風と運営を清廉にする活動の中で、依然として現実に即した価値が大いにある。

蜀（二二一〜二六三年）の丞相　諸葛亮孔明は、厳しく己を律し、生涯を倹約に努めた。二十七歳で籠っていた山から出てきて、五十三歳で五丈原にて病死するまでの二十六年間、ひたすら勤勉に劉備と劉禅を補佐したのは、正に「鞠躬尽瘁、死而後已」の見本といえよう。記述によれば、諸葛孔明は臨終に際し、劉禅に「自表後主」（自ら後主に上表す）を書き残している。内容は「成都に桑の木八百本、痩せた田畑十五頃（一項は約五ヘクタール）、子弟の衣食には余饒あり（余るほどある）。臣、外地において任に至っても、別に調度の用なく、身に随う衣食は悉く宮に仰ぎ、別けて尺寸の土地で生業を治める必要もありません。もし臣が死んでも、内には余分な絹を持たず、外には余財を貯めず、陛下に（面倒を）負わせることはございません」。

北宋の司馬光の幼い頃の「砸缸救友」（水がめに落ちた友達を、かめを割って助けた）は、機知に富み勇気があるという美談になっている。彼は、「日力不足、継之以夜」（昼だけでは足らず、夜になっても続ける）で自分を励まし、何事にも一生懸命になり、生涯を主に歴史の編纂と官吏の仕事に精力を傾けて、中国初の編年体の歴史書『資治通鑑』を著した。司馬光は四十年あまりを官吏として勤めたが、若い時の地方官吏の時代から、後に高官の要職につくまで、一貫して清廉潔白であり続け、「食不敢常有肉、衣不敢常有純帛」（肉があっても食べず、純絹があっても衣服としない）であった。老いてからは『訓倹示康』（倹約を尊ぶように諭した家訓の書）を書いて息子の司馬康を教育した。「由倹入奢易、由奢入倹難」（倹約からぜいたくをするのは簡単だが、ぜいたくから倹約を始めるのは難しい）、「以倹立名、以侈自敗」（倹約すれば出世し、ぜいたくに陥れば失敗を招く）という至理名言は、今日でも警告の意義を持つ。

毛沢東ら上の世代のプロレタリア革命家たちは、清廉で真面目な政治の模範と言える。このようなエピソードがある。一九三六年、エドガー・スノー（アメリカのジャーナリスト。一九〇五～七二年）は陝西省、甘粛省、寧夏回族自治区の辺境地区に来て、現地でインタビューを行った初の西側の記者となった。スノーは、毛沢東が制服二組とつぎはぎしたコート一着しか持っておらず、個人的な財産は全く持っていないことに気付いた。また、紅軍では士官も兵士も平等な待遇を受け、給料はごくわずかだが、個人的に金儲けや汚職、私情による不正な行いをする者はいなかった。スノーは、中国共産党およびその指導者の人民軍隊は「堅忍卓絶、任労任怨」（この上なく我慢強く、どんな苦労もいとわない）であり、これを打ち破る方法はないと結論付けている。

諸葛孔明から司馬光に至るまで、習近平国家主席は人によって人民の憂いを解き、具体的な事柄で道理を説明し、党幹部の政治的な素養に関する問題を提起した。清廉は政治の基本であり、真面目は善政の要であり、清廉でありまた真面目であればこそ、官吏の道徳は申し分なく、良い政治が現実のものとなる。

習近平主席はかつて、焦裕禄（河南省蘭考県の県委員会書記。風砂防止、治水、土地改良に尽力。一九二二～六四年）が人民のために政治を尽くした心情に感じ入って詩を作ったことがある。また、自ら谷文昌（福建省東山県の県委員会書記。土地改良に尽力。一九一五～八一年）を称えて「彼の業績は人民の心の中に深く刻み込まれている」と書いたこともある。党の大衆路線教育の実践活動総括大会の席上、彼はやさしい言葉で深い内容を語った。「党の幹部はみな人民の公僕である。いかなる立場にあってもそれぞれに責任があり、清廉で真面目に、てきぱきと事をなさなければならない」。このことからわかるように、真面目で清廉な政治という優れた本質は、習主席の心の中で最も重きを占める政治的な素養である。清廉で真面目な政治の建設は、清廉で効果の高い革命であり、思想観念の深い部分の革命でもある。思想の深い部分に、清廉で真面目な政治を人民のために行うという自発的な意識を構築し、「緑我涓滴、会它千項澄碧」（自分の身を清廉に保つことで天下も全て清廉になる）してこそ、幹部は良い幹部となり、また人民大衆の支持と信頼を勝ち取ることができるのである。

国内編②

品性を語る

「身を修め心を治め、その後に
天下の政治を執ることができる」

国内編②
品性を語る

半分の綿入れ布団

紅軍による長征の歴史は、軍と人民の非常に親密な関係を映し出した歴史でもあります。湖南省汝城県沙洲村で、三名の女性紅軍が徐解秀という老婦人の家に宿を借りました。出発に際し、女性紅軍は唯一の所持物である一枚の掛け布団を切って半分を老婦人に残しました。老婦人は「共産党とは一体なんですか」と尋ねましたが、共産党とはつまり、自分が一枚の布団を持っていたら、半分を人民に分け与えるものでなくてはなりません。

「紅軍長征勝利八十周年記念大会での演説」(二〇一六年十月二十一日)

解説

一枚の綿入れ布団を切り裂いて二つにし、決して置き去りにせず永遠に連なる。紅軍戦士と人民の親密な友情を記録し、共産党と人民が片時も離れることのできない非常に親密な深い仲であることを象徴している。

この物語は一九三四年十一月、中央紅軍が国民党軍第二封鎖戦を突破し、各軍団が続々と湖南省汝城県文明圩に到着した時のものである。紅軍は文明、秀水、韓田、沙洲などの地に駐留し、一週間休息させ整備した。この期間三人の疲れ切った女性紅軍が沙洲村の古くてぼろぼろのあばら屋に身を寄せた。あばら屋の主人は老婦人の徐解秀さんとその夫だった。しかし徐さんの家はひどく貧しく、竹を釘付けしてできた寝台の枠が一つしかなく、床の上には稲わらを敷き、その上に破れたゴザを敷いてぼろの詰め綿をかけていたが、きれいな掛け布団は一枚もなかった。女性紅軍たちは強行軍で旅装を捨ててきており、ただ一枚の掛け布団だけを持っていた。女主人と三人の女性紅軍は床の上に寄り添って、一枚の掛け布団をかけて眠り、男主人は入り口の草の上に眠り、四人の番をした。

三人の女性紅軍と徐解秀さんは同じ様に食べ、眠り、そして働いた。炊事を手伝いながら、時間が空いたときは徐解秀夫婦に革命の道理を語った。数日後の早朝、女性紅軍たちは出発しなくてはならなくなった。女性紅軍たちは一枚しかない掛け布団を徐夫婦に残そうと決めたが、夫婦は何も受け取らないと言った。村の出口に見送られるまで三人の女性紅軍と徐夫婦の主張は平行線だった。この時一人の女性紅軍がリュックサックからハサミを取り出し、その掛け布団を真二つに裂いた。女性紅軍は徐さんに、革命が成功した暁には、必ず新しい綿入れの掛け布団を送りますと言った。徐さんは半分の掛け布団を受け取ったが、何も言葉にならず、ひたすら涙を流した……。

八人の子全員を紅軍に参加させたソビエト区（一九二七年～三六年の第二次国内革命戦争期革命根拠地）の老農夫にしても、急流の中、命をかけて船を対岸に渡した紅軍の大渡河の水夫にしても、三本の松、柏、花で作った祝賀用の屋根付きアーチ形の建物で紅軍を迎え入れた磽磧《ぎょうせき》のチベット族にしても、長征の道中には至る所に紅軍に親しい人がいた。これが長征に勝利した秘訣である。

紅軍長征勝利八十周年記念大会で、習近平国家主席は多くの党員幹部に長征における半分の掛け布団の物語を語り、「人民と力を合わせて困難を乗り切り、血を通わせ、生死を共にした、これが中国共産党と紅軍が長征で勝利を勝ち取った根本的なよりどころです」と説明した。これは、偉大な長征の精神を発揚し、今日の長征の路が良い方向に向かい、人民を心の中で最高の位置に置き、一切を人民のためにやり通し、一切のよりどころを人民とする、という訓戒を全党員に与えるためにほかならない。

国内編②　品性を語る

康熙帝は霊芝《レイシ》を取り上げず

歴代の統治者たちはみな、いかに着実に政治を執り行うかに神経を注いできました。あるとき広西の巡《じゅん》撫《ぶ》（長官）である陳元龍が康熙帝に「桂林の山中に霊芝が生えていて、いつも瑞雲がその上を覆っています。採ってみると高さが一尺あまりあり、形は雲霧のようで、その上『神農経』の中に王者の仁慈は霊芝を生やすとあります」と上奏しました。康熙帝はその上奏を遮り「歴史の記録には瑞祥が甚だ多く載っているが、どれも国家の経済、人民の生活からすれば益のないものである。民の収穫がよく、どの家も暮らしが豊かであるなら、これがすなわちなによりの瑞祥である」と批判しました。康熙帝はさらに「例えば史書の記録によれば、瑞星、慶雲、麒麟や鳳凰、芝草の賀、御殿の前で珠を燃やす、天から書物が降ってくるなどが載っているが、どれもこれも空文にすぎず、朕は採り上げない。ひたすら生活が平常であり、誠実に政治を行うのみ」ときつく言いました。古代の統治者も、各級の官吏が実務に励まなくては人民の暮らし向きが悪くなり、収入がなくなり生活に困り、その封建政治は必ず崩壊すると知っていました。

「『三厳三実』をテーマとした中央政治局民主生活会での演説」
（二〇一五年十二月二十八、二十九日）

解説

中国には古代「天人感応説」というものがあり、瑞祥《ずいしょう》（めでたい前兆）は人間の政治が清く明らかであることを証明すると考えられていた。封建時代の帝王はいわゆる瑞祥が現れるのを待ち望み、これはおもねりへつらう者が嘘の瑞祥を使って機嫌を取り、媚びを売ることを可能にした。

康熙五十二年（一七一三年）、広西の布政使（地方官に相当）である黄国材は上役の広西巡撫の陳元龍に「今年二月、桂林の山中で霊芝が一本採れました。高さは一尺あまり、雲霧の様な形をしており、私に代わって皇帝に差し上げていただきたい」と報告した。そこで陳元龍はただちに人を遣って霊芝を都に送り、さらに一通の上奏文を書いた。内容は経書や古典から語句や典故を引いて大いにこれを「瑞祥」だとし、この瑞祥は康熙帝が仁政を行った象徴だと書かれている。陳元龍は康熙帝が瑞祥を重んじないと知りつつも相変わらず気をつかい、康熙帝の大寿（十年ごとの誕生日）に際してはお世辞を言おうと、詳細な上奏文をしたためた。するとなんと、康熙帝はこれを全く「ありがたい」と思わず、さらにこういった事を「朕は見る必要がない」と言った。

このような輩は他にも同類がいて、康熙五十六年、今度は直隷総督の趙弘燮の上奏文にも隣近所の庭に霊芝が一本生えたとあった。尭、舜（どちらも伝説上の帝王）の時代に霊芝を献呈した故事に触れ、一方今上皇帝の徳の厚さ、人民を思う気持ちは尭、舜の時代をはるかに超え、広く天下の者は今上皇帝の恩徳を受けているため、当然霊芝の瑞祥が現れて然るべきだと述べた。しかし康熙帝はやはり趙弘燮の言う通りには思わず、「その年が豊作であり、民が食べるものに困らない、これこそがこの上ない瑞祥である」と朱で書き入れをし、また趙弘燮に対しては「真偽を重ねて言う必要はない」と告げた。

康熙帝は天が瑞祥を下すという現実性のない学説を捨て、「民間の収穫がよく、どの家も暮らしが豊か」であり、「豊作で人民が食べていけること」をもって「これ以上ない瑞祥」とした。まさに「真心をもって政治を行う」ことを奨励しなくてはならない。

習近平国家主席が述べた「康熙は霊芝を取り上げず」の故事は、着実に実際の政治を行わねばならず、幹部層に、昔の統治者でも知っていたとおり「各級の官吏が実務に励まなくては人民の暮らし向きが悪くなり、収入がなくなり生活に困り果て」、そして最終的には必ず崩壊するだろう、と戒めている。習主席はかつて回想して言った。文革当時、延安で人民公社の生産隊に入った最大の収穫は「何を現実的、ありのままといい、何を『実事求是』（事実に基づいて真実を求める）というか、何を民衆というかを理解したことである。それは私にとって一生の宝だ」。「一貫して『実事求是』の需要に基づいて仕事をする」――これこそが習主席が問題を考え、方策を決め、仕事を行う基本的なよりどころとなった。習主席は繰り返し「不要な美化や無駄な功績を控え」「事を計画し、事業を始め、身を処するには実の伴うものでなくてはならない」と強調する。「康熙は霊芝を取り上げず」の故事は幹部層が必ず実際的なものを重んじ、地道に事に当たらなくてはならないことを明らかにしている。

国内編②
品性を語る

政治を執るためにまず修身を

中国人は古来より修身、つまり身を修めることを重んじてきました。例えば、「皇帝から庶民に至るまで、皆身を修めることをもって根本とする」「己を修めることで人民を安んずる」「その心と身を修め、そののち天下の政治を執ることができる」「心を正すことをもって根本とし、身を修めることをもって土台とする」等々。さらに戦国時代斉の国の鄒忌《すうき》が、自身と城北の徐公と美しさを比べた話で王を諫め、聞き入れられた故事や、諸葛亮が「出師表」の中で、「賢臣に親しみ、小人を遠ざけたが故に前漢は隆盛を極めたが、小人に親しみ、賢臣を遠ざけたが故に後漢は傾き衰えた」という故事。あるいは範仲淹《はんちゅうえん》が「岳陽楼記」の中で書いた「物をもって喜ばず、己をもって悲しまず」「天下の憂いに先立ちて憂え、天下の楽しみに後れて楽しむ」の名句や、文天祥が身命を賭《と》して書き記した「人生古より誰が死無からん、丹心を留取して汗青を照らさん」という勇ましい歌があります。『富貴も淫する能わず、貧賤も移す能わず、威武も屈する能わず」、これは古人が提唱してきた大らかで正大な気風なのです。

「『三厳三実』をテーマとした中央政治局民主生活会での演説」
（二〇一五年十二月二十八、二十九日）

解説

中国古代の儒家文化は「内聖外王」を強調する。「内聖」とは一個人の内にある道徳の素養であり、意味はただ心の中の修業を積み、品性を磨き、ようやく一人前の統治者になれるというものである。鄒忌、諸葛亮、範仲淹、文天祥らの人は中国史上品性と気骨をもって名高い人物である。

鄒忌は戦国時代・斉の国の人で、体格がよく顔立ちが美しかった。しかし妻、妾、客人が鄒忌の見た目について異なる評価を下したことで、彼は「偏愛」「恐れ」「求めるところがある」ことは全て情報のゆがみを導くことを見いだした。さらにこのことから国を治め、政治を行うには広く言論自由の道を開くべきだという道理を悟り、これを斉の威王に諫言すると王は素直に聞き入れた。多くの意見をよく聞けば明らかになり、斉が諸侯の覇を称えることを推し進めた。「鄒忌の諫言を斉王が聞き入れる」の故事は中学高校の教材に採り上げられている。諸葛亮の故事はさらに人口に膾炙したもので、「三顧の礼」と「天下三分の計」は、千古の美談となっている。南陽で自ら農具をとっていた諸葛亮は敗軍の任命を受ける際、さらに危難に命を捧げる間、生涯国のために力を尽くし、死ぬまでやめなかった。北宋の文学家・範仲淹の家は貧しかったが、苦学して科挙に合格すると、快く天下をもって自らの務めとすることとなし、公平な直言ゆえに何度も左遷されたが、終始初心を忘れなかった。任地が衛国の辺境の防衛であろうが、よく「天下の憂いに先立ちて憂え、天下の楽しみに後れて楽しむ」ことを守った。南宋末期の名臣・文天祥は乱世にあい、中国国土が喪失する中、元軍が大挙し南下した際も依然として戦い続けた。その後敗れて捕虜となり、たとえ「広さ八尺、深さ三十二尺。一枚扉は低く小さく、塗装されていない窓は小さく狭く、地形が低く湿って暗い」穴倉に拘禁されようとも、自身の価値を固く守り抜いて「過零丁洋」「正気歌」などの名編を残し、中国の歴史的な価値の高い作品となった。

鄒忌、諸葛亮、範仲淹、文天祥らはみな、崇高な品性によって後代に伝えられ、称賛された。そして前後して次々と、また一つのことをもって一貫した価値の図録を作り上げ、鍛えられた品性の模範を打ち立てた。

中央政治局民主生活会上で、習近平国家主席は幹部層の修身の問題について強調した。鄒忌、諸葛亮、範仲淹、文天祥などの故事は多くの党員幹部、特に高級指導幹部に向けて、安身立命（心を安らかにして、身を天命に任せ、どんな時も動揺しないこと）の根本は、その身を修め、その心を治め、その徳を養うことにあることを表明した。

「人と交わるのに相手に完璧を求めることなく、自分の行動のふさわしくないことだけを恐れよ」「善を行う機会があれば、逃げられないように飛びつく。不善を行う恐れがあれば、熱い湯の中から物を取り出すときのように急いで手を引く」「天下の事はいまだかつて専断して失敗しないことはなく、協力して成功しないことはない」「権勢をもって交われば、権勢が崩れると交わりは絶え、利益をもって交われば、利益がなくなると別れる」。習主席は数多くの故事を引用しているが、それらはみな、身を修めるという考え方についてである。「私は毎日三つの事柄について何度も反省している」という故事は我が身を振り返って反省すること、自己批判をすることを強調し、「小さなものを見ては大きな恐れを生じる。常に過ちを犯しはせぬかと用心する」は、規律に従い、法を守り、最低ラインに突き当たらないことを強調する。「自分の権力を用いることを慎み、独りでいるときも雑念が起こらないよう慎む、細かいことを気に掛ける、友人との交際に慎重である」以上の四つは間違いや悪事を未然に防ぎ、どんな小さな事情、物事であれ諦めないことを強調する。習主席は安身立命のあらゆる方面から幹部層のために徳を重んじ、身を修めることの考え方と方法論を明らかにした。

国内編②　品性を語る

一時の功を貪らず

責任とは誠意を尽くし、責務を尽くして事に当たることを意味します。決められた仕事に対しうまく進めて最後までやり遂げ、始めから終わりまで最善を尽くし、断固として適当にごまかしたり、一時しのぎになることを防がなくてはなりません。県委書記の多くは何年かその職を務めますが、いずれにしろ長くはこのポストにはいないのだから、大きなことを起こしたくないし、自分の能力と行政上の成績を誇示して、昇進や抜擢の道がつけられれば結構だ、と考える人がいます。それではいけません。一つの県内で数年に一度計画が変わり、未来の構想が数年に一度変わる。これでは何も成し遂げられません。「功績は自分のものにならずともよい」という境地で、ただ科学的に、実情に合致し、人民の願いにかなっている好ましい青写真をリレーのように一本一本つないでいく必要があります。山西省右玉県にある毛烏素《マオウースー》砂漠の風が強い一帯は大風が吹き上げる砂が災害をもたらし、山川がやせた不毛の地でした。新中国成立当初、第一代県委書記は全県民を率いて砂漠に林を作る事業を始めました。六十数年来、一枚の青写真、一つの目標の下、県委から次の県委へ、一回一回県全土の幹部、大衆を引き連れて、たゆまず努力し続けました。

そうして緑地率が当時〇・三％から現在の五三％に上昇し、「不毛の地」が「辺境のオアシス」に変わりました。どんな仕事においてもしっかり取り組み、長い時間をかけて成功に導くこと。利は長い目で見た根気と忍耐力にあるのです。

「焦裕禄式の県委書記となれ――中央党校県委書記研修班座談会での演説」
（二〇一五年一月十二日）

解説

「官員の政治への世論や評価は死んだ後に定まり、民意はたわいもない雑談の中に表れる」。名利もいい、政治の評価もまあよかろう。寿命の長さはおのずと決まっているし、最後は命尽きて終わる。長い歴史の中で、幾度も年月の流れを経てさらに光り輝くものはあるだろうか。山西省右玉県の故事はその答えを出している。

新中国成立当初、右玉は「十里人を見ず、百里木を見ず」。一年中風が春から冬まで吹き続ける。風は黄砂を舞い上がらせ、雨が降れば洪水となる」自然条件は非常に劣悪であった。第一代県委員会書記の張栄懐氏は着任した早々、気勢盛んな黄砂を伴う激しい風の洗礼を受けた。右玉県の自然環境の劣悪さを知った後、張栄懐氏はリュックサックを背負い、携帯食料を持って、手には軍事地図を握り、右玉県全域の徒歩での視察調査を始めた。二カ月間の間に大小三百あまりの村落を歩き、千の川の支流の小川橋に上り、これにより「人が右玉県で生きるためには木が根付かなくてはならない」という高らかなスローガンを打ち立てて、植樹造林と生態系改善の青写真を描いてみせた。第二代県委書記の王矩坤氏はその努力を受け継ぎ、一万人を組織して、力を結集し一気に植樹を行った。氏の顔は民衆と同じように真っ黒に焼け、手は血豆だらけになった。住民は氏を直接「植樹書記」と呼んだ。続く歴代の書記たちは「どこに植えることができて、どこに植えられているか。先に一部分を緑化させる」ところから、「右玉で十二年働き、十二年木を植える」まで、一貫して前任書記の仕事を引き継いで行い、一枚の青写真を徹底して描き続けた。

この六十年あまり、時は移り世の中は変化し、県委員会のスタッフがどれほど変わったかわからない。しかし植樹事業は一貫して変わらなかった。新中国成立前の五百三十三ヘクタールの森林は、覆蓋率が〇・三％に満たなかったのが、二〇一五年までに十万ヘクタール、森林覆蓋率が五三％までになった。右玉県の経済、人民の暮らしは生態系の改善により大きく向上した。バトンをつないでいくような一本一本の努力の継続により、右玉はかつての「不毛の地」からまさに「辺境のオアシス」に変わった。

習近平国家主席が山西省右玉県の緑化の故事を述べたのは、まさに県委書記を代表とする多くの地方公務員に向けて、事を行い事業を始めるには「功績は自分のものにならずともよい」という度量を持たねばならず、利は長い間の根気と忍耐にあるのだということを明確に伝えるためである。

習主席は「功績は自分のものにならずともよい」「一枚の青写真を最後までやりきる」、これはいつも忘れない理念であり、また最後までやり通す実践を堅持することだと強調する。寧徳では、経済建設における焦りと短期的な行動を克服するよう求めた。福州では「一地方を造り上げるのに、もし長期的な計画がなければ往々にして重大な問題を引き起こすだろうし、ひいては永遠に遺恨を残す」と示した。浙江では、下地を作るような仕事、まだ出来上がっていない仕事、あるいは「前任者が作った基礎の上にささやかな貢献をする」ような仕事を自ら進んで行わなければならないと強調した。

習主席は右玉の故事を述べることで、集団と個人の関係、長期的な利益、本質的な利益と個人の抱負、個人の利益との関係をうまく処理するよう党員や幹部を指導した。こうした行政上の功績の見方は一種の政治的品性であり、幹部層はそうした品性をしっかり確立し、堅持していかなければならない、習主席はこのように強調した。

国内編②
品性を語る

教師たちの大きな人間愛

私は多くの優秀な教師たちの功績を見てきました。多くの教師が生涯自分のことを忘れ、身も心も全て生徒のために尽くしました。わずかな給与から苦学生を経済的に援助する教師や、自腹を切って勉強道具を買う教師、あるいは生徒を背負って登校し、急流では生徒の手を引いて渡り、危険な道を進んでいった教師もいれば、障害の残る体を引きずって職務を全うした教師もいました。多くの功績が人々を深く感じ入らせ、また涙を誘いますが、これこそが大きな人間愛でしょう。私たちは多くの教師の間で、また全社会においても、優秀な教師たちの先進的な功績と崇高な人徳を喧伝し、発揚しなくてはなりません。

「党と人民が満足する良い教師になろう——北京師範大学教員と学生の代表との座談会での演説」
（二〇一四年九月九日）

解説

一本のチョークは小さいが、多くの年月について書き、三尺の教壇は狭いが、果てしない愛を伝える。誰の記憶の中にも大切な恩師が一人くらいいるものだ。

新聞をめくり、インターネットをのぞいてみると、しばしば教師の事跡に感動する。

浙江省台州市のある教師は苦学生に対し二十三年間三十万元の経済援助をし、自らは節約のために自転車で通勤している。四川省宜浜市の片腕に障害をもつ教師は、大山の石を積み上げてできた教室の中で三尺の教壇から まる三十年もの間離れていない。湖北省十堰市の山奥に落ち着いて三十五年になる女性教師は数十万回も生徒を背負って河を渡っている。これらの大いなる人間愛は多くの人々を感動させる。

さらに多くの教師がこの時代の道徳の指針となっている。四川大地震では、四川徳陽東汽中学の教師・譚千秋先生がちょうど授業をしているときに地震が起きた。先生は素早く生徒を並ばせ下の階へ分散させた。そして何人かの生徒が逃げ遅れたと知ると、四階へ引き返し、コンクリートの天井板がまさに落下する瞬間、両腕で四人の生徒をしっかりと体の下へかばった。先生の遺体が廃墟から発見されたとき、両腕を広げ教壇に腹ばいになっていた。黒竜江省佳木斯市第十九中学の張麗莉先生は、ネット仲間たちから「最も美しい教師」と言われていた。二〇一二年五月八日の晩、あるバスが突然コントロールを失い、生徒に突っ込んで来ようとした危急の時、張先生は身を挺して前へ出て生徒が車体の下に巻き込まれるのを防いだ。先生は両足を粉砕骨折し、高い部位から切断した。彼ら教師たちの事跡は、中国全土を感動させた。

習近平国家主席は師恩を忘れず、師を尊び教育を重視するための模範を作った。習主席は毎年正月を迎えると、恩師に挨拶と幸福を祈る手紙を送っている。地方で働いていた間は、北京で会議がある度に、または党と政府の仕事をする機会があるときに、いつも少し時間をとって恩師を訪ねた。二〇一四年の児童節の前夜、習主席は北京市海淀区民族小学校で少年少女、児童を訪問し、わざわざ自身の中学校時代の国語の教師を招待した。後に少年児童出版社の仕事に転勤した陳秋影先生である。習主席は笑いながら陳先生に「私は一年生のとき、先生が国語を教えてくれたことをいまだに憶えています。先生の説明はとてもわかりやすかった」と語った。

ソ連の教育家・ザンコフは「教師に不可欠な、最も主要な資質は生徒を愛することである」と言っている。教師の日に先生方の物語を述べるにあたり、習主席は心から感動する細部を語り、各人の心の中の最も深い感情を引き起こし、師を尊び教育を重視することの価値に関心を持つことを伝える。そして教師全体に対して、「賢を見て斉《ひと》しからんことを思う」（優れた人を見たら自分もそれと同じようになろうと思う）という見本を打ち立てた。

習主席によると、良い教師たるには理想と信念、道徳と情感豊かな心、確かな学識、仁愛の心が必要である。習主席が示した「四有」の規準は、新時代の立派な教師の姿を描き出している。また「経師求めやすく、人師得がたい」（文章の読み書きを教える人はこの世に大勢いるが、人としていかに生きるかを説く師は得がたい）、「師は道を伝え、業を授け、惑いを説く所以なり」（師というのは道理を伝え、仕事を教え、疑問や惑いを解くためのものである）などの古語を引用し、多くの教師たちに、文化と知識を伝えるにとどまらず、人としての品性や価値を形作る必要があると激励している。

国内編②

品性を語る

政治家の抱負

北宋の政治家、王安石は、二十七歳で浙江省鄞《ぎん》県（現在の浙江省寧波市鄞州区）の県令（県知事）となり、水利工事を盛んに行い、産業を発展させ、県民に穀物を貸与し、強きをくじいて弱きを助ける一方で、教育を重視して教師を敬い、人材育成に力を入れました。在任した期間は四年と短いながら、「治績大挙、民称其徳」（治績著しく、民に称賛される）と評され、のちの新法改革と悪風排除の土台作りとなりました。明代の文学者、馮夢龍は『喩世明言』『警世通言』『醒世恒言』などの作品で世に知られていますが、科挙の道は困難を極め、五十七歳でやっと貢生（科挙で選抜されて国子監に入る生徒）になり、六十一歳で福建省寿寧（現在の福建省寧徳市寿寧県）の知県（県知事）になりました。やはり短い四年の任期中、労役の負担を軽減させ、行政改革を行い、訴訟事件において明断を下したほか、悪風を正し、学風を整えて、社会利益の向上と社会悪の退治に努め、県民の日常の平和を守り、生産の安定を図りました。当時の記録によると、「牢房時時尽空、不煩獄卒報平安也」（牢屋が時に空っぽになり、看守も楽になって平安を告げている）となっています。

「河南省蘭考県委員会常務委員グループの『民主生活』をテーマとする会合に参加した際の演説」

（二〇一四年五月九日）

解説

王安石と馮夢龍は同じく県令を経験しながら功績を挙げた。二人の人生は響きあい、時空を超えて共鳴している。王安石は政治デビューしてから、青春時代を管轄する民に捧げた。馮夢龍は晩年になってようやく登用されたが、日没前にきらめく最後の一筋の光で任地の民を暖めた。

北宋の著名な思想家、政治家である王安石は、「中国十一世紀の改革家」とレーニンに評価された。王安石は、鄞県の知県に赴任するとすぐに当地の農業生産情況を調査した。そして旱魃に特に弱い事情を把握し、「大為浚治渠川、使水有所瀦、可以無不足水之患」（盛んな浚渫《しゅんせつ》工事によって貯水量を増やし、水不足の解消を図った）。県令になった二年目の春、新米の収穫前に古米が底をつく端境期を迎えた。王安石は、県庁に残された備蓄米を農民に貸し出し、収穫の秋に低利息を加算して県に返上する条件をつけた。のちに制定される「青苗法」の前身とも言える。また、教育を重視し、鄞県の孔廟を学校にした記録もある、「鄞県始有県学」（鄞県初の県校が建つ）。この学校はのちに中国文化の浙東学派に重大な影響を及ぼした。

「四載寿寧留政績、先生豈独是文章」（先生は文章ばかりが取り柄ではない、寿寧に四年間の政治業績を残している）。馮夢龍は明の著名な作家、学者である。寿寧県の知県の時は、王安石と同じように現地調査から仕事を始めた。民衆の食料事情を気にかけ、「鑿石為田、高高下下、稍有沙土、無不立禾」（石を切りくずして田を作り、上から下まで少しでも土砂があれば、稲作に使う）という農業生産の目標を実現させた。そして、「大抵田滋于水、水脈通塞、而田之肥瘠随之」（水け田んぼを潤し肥やすが、水路の有り無しで、田んぼの質が決まる）と水利建設を重視した。馮夢龍も、風習の改めや輸入、文化の受け入れに力を入れ、当時の立ち遅れた地域だった福建地区に先進文化の恩恵を受けさせた。また、法執行の公正性を図り、法令少なく治安の良い理想社会を夢見た。任期四年の間、「政簡刑清、首尚文学、遇民以恩、待士有礼」（法令少なく治安良く、学問を重んじ、民に温情を施し、人材を大事にする）と称えられた。

王安石と馮夢龍を比べると、若くとも軽率でなく、老いてなお事を成し、一人は人生の序盤に、もう一人は人生の終盤にと時期こそ違っても、実践主義の能吏であった点では一致している。

習近平国家主席は、地方公務員というのは党が執政するビルの基礎に張り巡らされた鉄筋のような存在であり、「職位こそ低いが責任は重い」と強調した。二〇一四年春、第二次共産党大衆路線教育実践活動（民衆に寄り添う政治の実現に向けた活動）はいよいよ熱を帯びてきている。この運動の主な対象は地方公務員であり、その目的は、第一次運動の成果を下に浸透させ、党の優れた伝統を一人ひとりの地方公務員の心に染み込ませることにある。習近平主席は、第二次運動の大きなテーマをイメージとして物語に溶け込ませ、この歴史上のすばらしい物語を利用しながら、実践主義と人民に奉仕することの価値を大勢の地方公務員に説明している。

国内編②
品性を語る

焦桐に降り注ぐ涙の雨

焦裕禄同志は質素な生活をする倹約家で、いつも率先して苦労を引き受け、楽しみは後にしました。その衣服、帽子、靴、靴下は何度もほどいては洗い、つぎはぎだらけでした。焦裕禄は党の紀律を厳守し、一度たりとも自分や親族のために権力を振るったことがありません。自ら草案を書いた「幹部十不准」（幹部十禁）には、幹部の廉潔と自制を求める細かい規定が盛り込まれています。昨日、焦裕禄同志記念館の「幹部十不准」展示パネルの前に立って、その内容をもう一度しっかり読みました。一々的を射ていて、紀律を引き締めようとする懸命さが伝わってきました。やはり、美辞麗句を並べただけで中身のない規定は不要だと思います。「幹部十不准」には、「公演チケットを贈ることを固く禁止する」規定のほか、「十列以前のチケットを全て役人に売ってはいけない」とも規定してあります。つまり、民衆にも良い席が得られるチャンスを与えようという意味です。焦同志はある日、息子が知人のチケット販売員の好意で無料入場したと聞き、「無料観賞」のような特権扱いを受けてはいけないと言い聞かせ、すぐに息子に現金を渡してチケットの未払い分を精算させました。己の身を清く保とうとする強い自制心から、党の紀律を厳しく守ろうとする自覚が生き生きと伝わってきます。

「河南省蘭考県委員会常務委員拡大会議での演説」（二〇一四年三月十八日）

解説

焦裕禄は、一九二二年八月に山東省淄博《しはく》市の貧しい家庭に生まれた。一九四五年に志願して民兵になり、一九四六年には中国共産党に加入した。一九四八年に工作隊と共に南下し、一九六二年に河南省蘭考県の県委書記に転任。蘭考県委書記を務める間、揺るぎない信念を見せ、共産党員の精神的遺産を残した。

一九六二年から一九六四年の間、蘭考県は水害、風と砂による災害、塩害など「三害」の猛威に苦しんだ。焦裕禄は県の幹部や民衆と力を合わせ、黄河底のヘドロを利用して砂を覆ったり、高塩分土壌を覆ったり、砂丘を封じ込めるなど、小規模の実験を繰り返した。さらにこうした基礎を元に、具体的な「三害」対策を総括して、大規模な桐の栽培という解決策にたどりつく。そんな中、彼は肝臓癌に襲われるが、激痛に耐えながら仕事を続けた。その涙ぐましい努力の甲斐あって、「三害」対策で顕著な成果を上げた。当時、防風と砂丘固定の目的を兼ねて植えられた桐はすっかり生長して、もはや蘭考県の特産物になっている。二〇一四年、同県の桐産業の年間生産規模は六十数億元に達し、県民の防風林は金のなる木に変身した。焦裕禄が蘭考県に任じた期間は短いが、「親民愛民、堅苦奮闘、科学求実、迎難而上、無私奉献」（民を愛して親しみ、頑張って苦難を乗り越え、現実に基づいて合理的に、困難を恐れず、滅私奉公する）という焦裕禄精神は、永遠に輝き続けるであろう。

習近平国家主席は何度も焦裕禄に触れ、四十数年前にその事績を紹介された時の情景を懐かしむように語った。「一九六六年二月七日、『人民日報』に穆青《ぼくせい》氏らが執筆した長編ルポルタージュ『県委書記の模範――焦裕禄』が掲載されました。当時中学一年生だった私は、政治の先生が記事を朗読する間、何度も涙を流しました。特に、焦裕禄が肝臓がんの末期になっても仕事を手放さず、棒で肝臓を圧迫しながら痛みを凌ぐくだりで、棒が藤椅子の右側に大きい穴を開けてしまったと聞いて、強い衝撃を受けました……」。その時から、焦裕禄精神は習主席の心に深く根付き、大きな原動力を生み出した。習主席は焦裕禄のために「念奴嬌・追思焦裕禄」と言う詞を書いた。「百姓誰不愛好官？　把涙焦桐成雨」（良い役人は必ず民衆に愛される、焦桐に降り注ぐ涙の雨。「焦桐」＝焦裕禄みずから植えた桐）と焦裕禄に対する敬意と追憶の念が込められている。

焦裕禄の物語は代々伝えられ、その精神は時代を超えた価値がある。習近平主席は繰り返し強調した。「県委員会は党の執政と国家発展を担う『前哨の指揮所』です」「県級政権の責任はますます大きくなってきています。特に、小康社会（ややゆとりのある社会）の建設、改革の深化、法治国家の建設、党内管理の厳格化などの主要方針を全面的に展開するにつれて、県委員会の役割はますます重要になってきています」。蘭考県委員会常務委員拡大会議で、習主席が多数の党員や幹部と一緒に焦裕禄精神を振り返ったのは、焦裕禄を見習うよう県委書記たちを促すためだった。焦裕禄のように党に忠誠を尽くし、民に奉仕し、責任感と自制心を持った模範的な県委書記になってほしいからである。

国内編②　品性を語る

姿勢と声

河南省内郷県（河南省南陽市に位置）のとある古い旧役場にこんな対聯《ついれん》があります。「得一官不栄、失一官不辱、勿道一官無用、地方全靠一官。穿百姓之衣、吃百姓之飯、莫以百姓可欺、自己也是百姓」（官職を得ても栄誉にあらず、官職を失っても不名誉にあらず、一官吏など無用だなどと言ってはならぬ、地方の政治は全て一人ひとりの官吏に担われているのだから。庶民と同じ服を着て、庶民と同じご飯を食べ、庶民だからとさげすんではならぬ、自分も庶民にすぎないのだから）。この対聯は分りやすい言葉で役人と民の関係を表現しています。

封建時代の官吏ですらこのような認識があったのだから、われわれ共産党員はもっと高い境地にいなければなりません。先日、「人民日報」の内部参考資料で、雲南省怒江リス（傈僳）族自治州人民大会常務委員会副主任であり、トーロン（独龍）族幹部でもある高徳栄氏の政治体験を読み、感銘を受けました。高氏の言葉を紹介します。「指導者とは民衆を率いて共に働き、働きながら生きる道を見つけ出すものだ」「幹部、指導者は実に即して行動すべきで、さもなくば現場は収拾つかなくなってしまう」「民衆を率いるには声に出して指示するのではなく、率先して行動する姿勢で導くべきだ」「官僚社会に漂っていてはますます浮ついてしまうが、民衆の中で生活すればより充実して過ごせるものだ」。これらの言葉を是非皆さんとも分かちあい、共に励んで参りたいと思います。

「菏沢市及県区の主要幹部層との座談会での演説」（二〇一三年十一月二十五日）

解説

「得一官不栄、失一官不辱、勿道一官無用、地方全靠一官。穿百姓之衣、吃百姓之飯、莫以百姓可欺、自己也是百姓」。この対聯は河南省内郷県の旧役場にある三省堂に掛けられている。清の康熙十九年（一六八〇年）、当時の内郷県知事だった高以永が書き出した作品である。高以永は浙江省嘉興の出身で、康熙十八年に内郷知県に転任した時は、戦乱の直後だった。民衆が故郷を捨てて避難し、農地が荒れ、経済が落ち込んでいた。この事態を重く受け止めた高以永は、責任感に駆られて夜も眠れず、蝋燭を点して墨をすり、この対聯を書き下ろした。

高以永は天性こころが広く思いやりがあり、民衆を大事にした。省都の大梁（開封）に行った時などは街中の人々が尊敬の眼差しを向けながら、このお方こそ内郷の高以永県知事だと囁きあった。離任の際には、見送りの人々が沿道の両脇をうずめて引き止めようとし、ひいては数百里を見送った者さえいた。清の同治年間の『内郷通考』では、農地を大量に開拓し、盗賊を退治して、内郷に大きく貢献したと高以永を評価している。

他方、高徳栄氏は現代の模範的な指導幹部である。氏は故郷トーロン族の人びとを常に気に掛け、生涯で二度思い切って帰郷した。一度目は若い頃、山奥から出てきた時で、母校で教育に携わる機会に恵まれたが、氏は出世より故郷を選び、辺境での教職を志願して独龍江郷に戻った。二度目は五十歳を過ぎた頃。怒江リス族自治州人民大会常務委員会副主任に昇進したが、「政務室を独龍江に移したい」と再び帰郷の申し込みをした。その理由たるや素朴かつ心を揺さぶるものだった。「貧困にあえぐトーロン族の仲間たちをおいて、自分だけが外で楽をしていると、夜安心して眠れないのです」

氏は民に奉仕しただけでなく実践家でもあった。毎日六つの村と十数個のプロジェクト建設現場を見回るために、朝から晩まで数百里の山道を移動するのがこのベテラン県知事の日課だった。ある時は、高山の雪線の下に長いトンネルを掘るために奔走し、三年かけて完成した。

民衆に溶け込み、先頭に立って模範を示す。これは我が党の優れた伝統である。二〇一三年十一月、習近平国家主席は山東省菏沢市で調査研究を行った。同市および県区の主要幹部と座談し、河南省内郷県の旧役所の対聯から語り始め、雲南省トーロン族幹部、高徳栄氏の政治体験に結びつけ、古代の「民本思想」（民のためにこそ政治はあるべきという思想）を現代の視点で新しく解釈し、人民に奉仕する現代思想に歴史的な背景を持たせた。その狙いは、幹部層に実践精神と大衆意識を強調し、民衆と幹部は舟と水の関係にあることを復習し、水魚の交わりを回復し、幹部層を導いて、引き続き民衆と「共に苦しみを分かち合い、共に暮らし、共に働く」ようにすることにある。習主席は実践精神を線引きの基準にして、民衆に主旨を置いた。「声に出して指示するのではなく、率先して行動する姿勢で導くべき」という政治体験を党の全員と共有できたことは、現在進行形の悪弊に対する適切な対応といえよう。

国内編②
品性を語る

信念の力

革命戦争の時代、革命の先輩たちは生死が分かれる試練を前に、水火も辞せず、死をも恐れず奮闘しました。崇高な理想に対する揺るぎない信念があったからこそできたことでしょう。毛沢東主席は革命で六人の親族を、徐海東大将は七十数人の親族を失いました。賀龍元帥の賀氏宗親会では名のある烈士だけで二千五十人もいます。革命の先輩たちはどうして無私で何ものも恐れず、勇敢に身を挺することができたのでしょう。それは崇高な革命理想を実現して、崇高な政治信念を貫き、中国の腐敗した旧制度を根底から覆して、民族の独立と開放を実現させるためでした。私は方志敏烈士の獄中作『清貧』を何度も読みました。本書は共産党の先輩たちの愛憎を表わした作品であり、真の貧困と裕福とは何か、人生で最も楽しいことは何か、革命分子の偉大なる信念は何か、価値ある生き方は何かを教えてくれるので、読むたびに啓発を受け、学ぶところも多く、また励まされもします。

「幹部層は正しい世界観、権力観、事業観を持つべきである――中央党校二〇一〇年秋学期始業式での演説」
（二〇一〇年九月一日）

解説

六人の家族、七十数人の親族、二千五十人の烈士、これら重みのある数字は、崇高とは何か、信念とは何か、共産党員の真の価値は何かを説明するに足る。

毛沢東の一家は革命のために六人が犠牲になった。妻の楊開慧、長男の毛岸英、長弟の毛沢民、次弟の毛沢覃、従妹の毛沢建、甥の毛楚雄で、革命のために一家の犠牲は大きく、それを覚悟の上での革命でもあった。毛岸英が朝鮮の戦場で倒れた知らせを耳にした時、毛沢東が悲痛をこらえて発した第一声はこうだった。「毛沢東の息子に生まれたのが悪かった」。この言葉は一人の父親の未練を滲ませているが、同時に共産党員としての固い信念と何物をも恐れない精神の表われでもある。賀龍元帥は生前によくこう言った「一門の多くの烈士はみな国のために身を捧げたのだ、それは革命のためでもある、生きているわれわれなど頻繁に取り上げる必要がない」。このように、国のために家庭を顧みず、滅私奉公、名誉に拘らない精神が中国の革命を成功に導いた。

無数の烈士の中でも、方志敏は傑出した代表的人物である。方志敏が戦場で身柄を拘束された時、国民党の兵士は困惑した。彼は国民党から指名手配された重要人物で、共産党の「高官」でありながら、小銭すら持っていなかったのだ。不運にも囚われの身となったが、国民党要員のいかなる誘惑にも負けず、街に連れ回され晒し者になった時も、毅然として屈しなかった。獄中では、極端に悪い待遇など物ともせず、『可愛い中国』『清貧』『獄中記実』『我従事革命闘争的略述（私の革命闘争の略述）』などの著書を執筆した。これらの作品は代々共産党員の精神的な糧になり、無数の党員の精神を奮い立たせた。『清貧』で書いているように、「清貧で清らかで質素な生活をすることで、われわれ革命分子はさまざまな困難を乗り越えられるのだ」。

中央党校二〇一〇年秋学期始業式で、習近平国家主席は共産党の先輩たちの感動的な事績を語り、党員幹部に理想と信念を確固たるものとして、信念の基礎を強化するよう促した。信念、これは人間社会の最も美しい言葉であると同時に、八千八百万人あまりの共産党員の心の拠り所でもある。中国共産党の第十八回大会以来、習主席は「崇高な信念を曲げず、金剛不壊の身になれ」と何度も呼びかけた。

「人民日報」のコラム「人民論壇」で発表された「信念の味」という文章では、陳望道が『共産党宣言』の翻訳作業に夢中になって、黒砂糖汁と間違えて墨汁を飲み干して全く気付かなかった話を紹介し、精神が醸し出す甘味、信念が与える甘味を説いた。習主席はこの党史の感動的なエピソードを何度も語りながら、「共産党員にとって、理想と信念は精神の『カルシウム』である」と繰り返して強調し、「理想と信念の動揺は最も危険な動揺で、理想と信念の劣化は最も危険な劣化である」と何度も警鐘を鳴らした。その真意は、理想を見失わず、信念を貫くよう党員と幹部を促すことである。

国内編②
品性を語る

物乞いをしてでも助けたい人

とある僻地の小さい村で、支部書記（鄭九万氏）が病気になりました。これを知った村人たちは、「物乞いをしてでも支部書記を助けたい」と言いながら自発的にお金を出し合い、一日で数万元を集めて手術費に充てました。地元の一部幹部は感無量になって、「もし私が病気になったら、助けに来てくれる村人はどれだけいるだろうか」と思わず呟きました。なんと感慨深いことか。鄭九万氏の功績は全て、村人たちの恩返しで説明がつきます。民衆の心に内蔵された秤が、一人の地方公務員の重みをしっかり量ってくれました。鄭氏は自分の行動を通して、「幹部の心にある民衆の重さは、民衆の心にある幹部の重さと同じだ」という深い道理を示しました。鄭九万という先駆者を模範人物に選んだ意義もここにあります。

「民に尽くす者、必ず民に慕われる」（二〇〇六年七月二十四日）
『之江新語』より

解説

鄭九万氏は浙江省温州市永嘉県山坑郷后九降村の党支部書記である。二〇〇五年十月五日の明け方、氏は長期の過労が原因で、脳出血を起こして危篤に陥った。郷でも一番の奥地にあるこの小さい村は、一人当たりの年収が当時わずか二千元あまりしかなかった。しかし、村人たちは家中のお金を掻き集め、一日でなんと七万元も集めて、手術費を支払った。村の劉良理氏は養鶏場の餌代に七千百六十元を用意したが、「鶏なら死んでもまた飼い直せるが、鄭書記の病は一刻を争う」と妻に後押しされ、六十元だけ残して拠出し、更に電気代として借りてきた百元まで出した。村婦女代表会の陳菊蕊氏は、新年と節句の度に娘からもらった小遣いの貯金千三百元を出した。劉宋雲氏は重度の肝硬変を患っており、貧困補助対象でもあったが、卵、柿、小豆などを売って用意した薬代三百元を届けてきた。「物乞いをしてでも、九万さんの命を助けたい」。村中の動ける人はみんな進んで山を降り、水と麦餅（温州市伝統の軽食・小麦粉の生地に具を包んで焼く）を持参して病院で看病した。一回目の手術は失敗したが、各界から届いた募金のおかげで、鄭九万氏は何とか死を免れ、ほどなく回復した。

「愛人者、人恒愛之」（人を愛する者は、常に人から愛される）。鄭氏は村支部書記になって十数年間一貫して、人民に奉仕することで入党の誓詞を実践してきた。その中に、いくつかの感動を呼ぶ物語がある。村民の陳菊蘂氏の夫は変形性関節炎を患い、治療費に困っていた。それを聞いた鄭氏は、牛を売って用意した息子の結婚資金二千八十元をすぐ陳氏の家に届け、静養するよう患者に言い聞かせた。村民の劉光森氏がトラクターの事故で足を怪我した時、鄭氏は数百元の治療費を立て替えただけでなく、ジャガイモの収穫や冬麦の追い撒きなどを手伝い、更に栄養補充にと五十元を渡した。実は鄭氏も決して裕福ではなく、有り金をはたいて村人を援助していたのである。

鄭九万氏と村民の感動物語は、党幹部と人民の水魚の交わりを表している。当時、浙江省委書記だった習近平国家主席は、鄭氏の事績を知って書面意見を書いた。「幹部の心にある民衆の重さは、民衆の心にある幹部の重さと同じです。鄭九万同士の模範的な事績は、この言葉の意味を実写したようによく表しています」

習主席は『之江新語』でこの故事を語り、人民を最重要に考えることを党員幹部に強調した。中国共産党の第十八回大会以降、習総書記の重要演説の中で、「人民」は中心的なキーワードである。例えば、「人民は我が党の力の源である」「民心は最大の政治であり、正義は最強の力である」「人民が求める理想の生活が、すなわち我が党の目標である」「人民に寄り添って、改革開放を進める」「中国の夢（チャイナ・ドリーム）を実現するためには中国の力を集める必要がある。つまり、中国の各民族の人民が大団結して生み出す力である」……。中国共産党成立九十五周年を祝う大会で、習主席は繰り返し「初心」を強調した。「人民」こそが正に中国共産党の「初心」の重要な中身であり、また価値観の源でもある。

国内編②
品性を語る

谷文昌の「目に見えない功績」

福建省の中国共産党東山県委員会書記であった谷文昌氏は、幹部や大衆から幅広く敬愛されています。というのも、谷書記は在任中、華やかな「目に見える功績」を求めず、世に知られることなく黙々と勤めに励み、現地の幹部や大衆を指導し、十数年の努力の結果、沿岸部に子々孫々の代まで恩恵をもたらす防砂林を築き上げ、人々の心の中に不滅の碑を打ち立てたからです。このような「目に見えない功績」こそが、最大の「目に見える功績」なのです。

「『目に見えない功績』と『目に見える功績』」（二〇〇五年一月十七日）
『之江新語』より

解説

福建省東山県ではまず「谷公」を供養し、それから先祖を供養するのが習わしになっている。毎年旧正月には人々は一家揃って、誰よりも敬愛する谷文昌・県委員会書記の墓に参拝する。

現在の東山は、緑に囲まれ、花畑が映える、自然に恵まれた豊かで美しい島だ。六十数年前に、ここが「草も生えない砂地に、無情な砂塵嵐が吹き荒れ、田植えも家を建てることもできない」土地だったとは、誰が想像できよう。その当時は、一年間に六級（風速毎秒一〇・八～一三・八メートル）以上の強風が吹く日が百五十日あまりにのぼり、森林率は僅かに〇・一二%だった。百年の間、砂塵嵐が絶えず家を飲みこみ、疱瘡や眼病が蔓延していた。十人に一人が土地を離れ、肉体労働者や浮浪者になった。

山いっぱいのモクマオウ（木麻黄）の木は東山島の大変貌の決め手であり、谷文昌・県委員会書記が東山に残した記念碑でもある。谷書記は河南省の林県の出身で、一九五〇年に軍とともに南下して福建に来た。東山県で十四年間働き、そのうち十年間は県委員会の書記を務めた。「砂塵嵐を克服できないなら、自分を砂に埋めるまでだ」という信念で、人々を指揮して十数年の間苦闘し、びっしりとモクマオウを植えて緑の壁を築き、「仙人もお手上げ」と言われた砂塵嵐をなんとか克服して、ただの島を人の住む天地に、苦しむ百姓を普通に暮らすことができる人間に変えた。

その後谷書記は福建省林業庁の副庁長に転じ、文化大革命の時期には下放され労働に従事していた。かつて谷書記が働き、戦っていたところではどこでも、その名を聞けば誰もが、言い尽くせない敬意、懐かしさ、呼びかけたい思いを覚える。植林に防砂にダムの修復と、自然を相手に戦うとき、いつも最前線にその人がいたからだ。新中国成立の初期には、谷書記は「敵性家族」（男性の肉親や配偶者を国民党に連れて行かれた家族）を「兵災家族」と呼びかえることを提案し、人道的な政策をとり、多くの人々の支持を得た。そして常に近しい人や家族に対して「指導者はまず自分の手を清潔にし、背筋を伸ばさなくてはならない」と語っていた。身辺の職員を何度か入れ替え、一人を抜擢重用することはなかったし、人材は身内以外の人間を募集採用し、間違っても自分の子女を公職につけようとしなかった。また、たとえ一台の自転車でも、家族には手を触れることさえ許さなかった、なぜならそれは「公用」と名のつくものだったからだ……。

臨終の際に「私は東山の人民や大樹と永遠に一緒にいたい」と言い残した谷文昌・県委員会書記は、今は、かつて幹部や大衆を率いて自然と戦った赤山林場に眠っている。五十数年前に植えたモクマオウが傍らで空高くそびえ、その墓を守るように覆って、「心の中に党と人民と責任感と敬畏の念を持っていた」良き幹部の熱情と忠誠心の語り部となっている。

習近平国家主席は、今までに焦裕禄、谷文昌、王伯祥の三人の県委員会書記を称賛し、『之江新語』の中で、谷書記を例にとって「目に見えない功績」と「目に見える功績」の関係についてこう述べた。「谷書記が行った植樹は、すぐに成果を見ることはできない。しかし何十年かのちにその効果が現れ、その時に、かつての『目に見えない功績』は最大の『目に見える功績』に変わる」。「目に見える」（目に見える）は習主席は「潜」（目に見えない）と「顕」（目に見える）は互いに対立し、かつ互いが不可欠なもので、「潜」は「顕」の基礎、「顕」は「潜」の結果であり、後代の人がなしとげたことは、全て先人の築いた基礎の上にある、としている。もし誰もが下積みの仕事をせず、目立たぬ貢献を進んでしようとしないなら、「目に見える功績」は地に足のついていない、あり得ないものになる。もしあったとしても、それは目先の手柄や利益を得ようと焦って行った「見かけ倒しの事業」にすぎないのだ。

国内編②　品性を語る

マルクスの貧困と『資本論』

人類の歴史を概観してみると、大きい仕事を成し遂げた者はみな、必ず気高い行いをしているものです。マルクスは生涯で最も貧しく苦しかった時期に『資本論』を記しました。一八五二年二月、マルクスはエンゲルスにあてて書いた手紙にこう書いています。「一週間このかた、私は非常に愉快な状況にあります。外套を質に入れてしまったので外出できなくなり、つけで買い物ができないので肉が食べられなくなりました」。このような状況でもマルクスは屈服せず、活動をやめませんでした。困難を恐れず、主義を真理と信じる、これこそが無産階級革命家の気概というものです。

「政治に関する雑談」（一九九〇年三月）

『貧困からの脱却』より

解説

共産党員の精神的指導者であるマルクスが、その生涯をかけて戦い書き残したのは「気概」の二文字である。ロンドンで『資本論』を書き始めた頃、マルクスは人生で最も苦しい日々を送っていた。固定した収入が十分にないうえ、資産階級の政府による迫害に遭い、一家は飢え、生きるか死ぬかの苦しみを味わっていた。すでに飢えに脅かされているところに病気にも襲われ、マルクスはエンゲルスに「妻が病に倒れ、小さなイェニー（娘）も倒れた、レンヒェン（家政婦）はいわゆる神経熱にかかっている。薬を買うお金がないので、今まで医者に来てもらったことはないし、今も呼ぶことができない。この八日から十日の間で口にしたのはパンとジャガイモだけだが、今日はそれもあるかどうか、こいつもまた問題だ」と打ち明けている。マルクスの六人の子どものうち三人が、このような貧困の中で幼いうちに亡くなったが、その棺を買う金さえもなかったという。

ロンドン亡命時期のマルクスの生活は常に貧しかった。家賃が払えなくなると女家主は警察を呼び、寝台、衣服からゆりかご、子どものおもちゃまで差し押さえた。子どもたちは怖がって部屋の隅に隠れ、こっそり涙を流した。マルクスはどうしようもなく、雨をついて新しい住まいを探しに出かけるしかなかったが、引き受けてくれる人は誰もいなかった。その時、薬屋やパン屋や牛乳屋が取り立てにやってきた。妻のイェニーは仕方なく自分のベッドを売って借りを返すことにした。しかしベッドをようやく車に積み込んだところに、また警察がやってきて、日暮れに物を運び出すのは法律違反だと言い、さらに夜逃げをするんだろうと嘲った。マルクスにとって、金と生命は、ただ革命のためにだけ必要なものだった。かつて手紙にこのように書いたことがある。「もし十分な金があれば――つまりゼロ以上であれば――家族を養おう、そして私の本も完成したのだから、今日か明日に皮剥ぎ場に放り込まれても、つまり野垂れ死にしても、まったく構わない」

マルクスは裕福な家庭に生まれ、二十三歳で博士の学位を取り、二十五歳で貴族の令嬢と結婚し、「ライン日報」の編集長になった。本来ならば「マルクス卿」「マルクス部長」「マルクス社長」「マルクス教授」ともなるべきところを、全てを投げ出して「人民の幸福と労働のために最も役立つ職業」を選んだ。そして革命活動のために四十年の間各地を転々とし、赤貧の生活をし、子どもたちに先立たれ、一八八三年三月、机に向かったまま永遠の眠りについた。マルクスの行動は無産階級の革命家の気概をそのまま表したものだ。

習近平国家主席はマルクスが『資本論』を書いた頃の話を取り上げることによって、崇高な気概は大きな仕事を成し遂げる者一人ひとりがそなえるべき資質であり、どんな障害に直面しても堅固な信念としっかりした気概を持っていれば、困難を克服し、成功を手に入れられる、という真理を繰り返し述べた。

今日、利益への誘惑や多様な思想に直面し、改革への挑戦や転換への圧力に立ち向かうとき、習主席が心を込めて語った「人類の歴史を概観してみると、成功した者は必ず気高い行動をしている」「崇高な気概は指導者一人ひとりが備えるべき資質である」という言葉を思い起こすことで、共産党員や幹部は大いに力づけられる。理想や信念を強固なものにし、崇高な気概を養い、眼前の利益や誘惑にも自らを清廉に保ち、さまざまな思想が交錯する場では足元をしっかり固め、危険に立ち向かう場面では勇ましく戦うこと。そのようにして「中国号」という巨艦を推し進め、絶えず困難の荒波を乗り越えて、更に広い世界へ進んでいくことができるのだ。

国内編②
品性を語る

滴水、石を穿《うが》つ

「滴水、石を穿つ」（滴り落ちる水によって石に穴があく）という自然の景観を、私は農村の生産隊にいたころ、すでに見聞きしていましたが、本当にすばらしいものでした。止まることなく長い時間をかけて作られたその情景は、今でも目に浮かび、私はそこから生命と運動の哲理を感じ取っています。

硬きこと石のごとし、柔情水のごとし――確かに石は堅固であり、水は柔らかく軽やかなもの。けれども滴る水は最後には石に穴をあけ、勝利を勝ち取るのです。

これは人に例えれば、前の者が倒れたら、後の者に続かせる、勇敢な犠牲者の人格そのものです。一滴の水は小さく弱く、硬い石に当たれば砕けて散ってしまいます。その犠牲の瞬間に、自分の価値や成果を見ることはできませんが、価値と成果は無数の水滴が次々と犠牲となり、砕けていく中で明らかになっていき、ついには石に穴をあけるという成功の中に姿を現します。歴史全体の発展の過程においても、経済的に遅れた地区の発展の過程においても、自身の栄光を求めるのではなく、一歩一歩の向上を追求し、進んで全体としての成功の基礎とならねばなりません。働く者たち一人一人がこのような「水滴」となり、このような犠牲を払うとき、どんな歴史的な成功も、不可能ではなくなるのではないでしょうか。

私が「滴水、石を穿つ」の景観を素晴らしいと考えているのは、自らは先に倒れても後の者がこれに続き、全体の成功のために犠牲となるような人格を理想像としているからであり、さらに心に遠大な理想像を持ち、着実で、辛抱強く、死をもいとわない精神を素晴らしいと考えているからであります。

「滴水穿石が啓示するもの」(一九九〇年三月)
『貧困からの脱却』より

解説

水滴の力は微々たるものだが、目標を一つに定め、長く続けることによって、石にも穴をあけることができる。安徽省の広徳太極洞にある兎の形をした石「滴水穿石」や、山西省五台山にある菩薩頂の滴水櫓大殿は、いずれも雨粒がしたたって石に落ち、蜂の巣状に穴があいてできたものである。

「滴水、石を穿つ」という成語は、一般に、たゆまず続ければ、わずかな力でも大きな成果を挙げられることの例えに使われる。この言葉が使われた最も早い例は北宋にある。北宋の太宗と真宗の二代に仕えた名臣の張乖崖が、崇陽県(湖北省)で県の長官をしていたとき、崇陽の気風は悪く、盗みは日常茶飯事で、県の役所の金庫さえもしばしば盗難に遭っていた。張乖崖はこの悪風を一掃しようと決心した。ある日、張乖崖は金庫を管理する役人がそわそわしながら金庫から出てくるところを見かけ、役人自らが盗みをしたのだと考えた。あとをつけて調べてみると、役人の帽子の中から一枚の銅銭が見つかった。「銅銭一枚を盗んだって大したことはないでしょう」と弁解する役人に、張乖崖は筆を取って書いた。「一日一銭、千日千銭。縄鋸木を断ち、滴水石を穿つ」。一日一枚の銅銭を盗むなら、千日あれば千枚の銅銭を盗むことになる。縄で絶えず木を擦っていれば木も断ち切れる。水も絶えず滴れば石に穴をあける、という意味である。それ以後、崇陽県に蔓延していた盗み癖は収まり、社会の気風は大層良くなったということだ。

習近平国家主席は一九八八年九月から一九九〇年五月

まで、福建省の寧徳で地区委員会の書記を務めていた。当時寧徳は国務院（政府）が認定した「全国で特に貧しい十八の地域」の一つだったが、習主席は着任して三カ月で管轄下の九つの県をくまなく回り、次いで全地区のほとんどの郷鎮を駆け回って閩南地区の脱貧困を推し進めた。習主席が寧徳を離任したとき、地区全体の九四％の貧困家庭で、衣食など生活上の基本的な問題が解決されており、当時の「人民日報」は「衣食問題を克服した寧徳」と題して、このことを取り上げた報道特集を行った。寧徳では習近平主席の影響力のもと、「滴水石を穿ち、弱鳥先に飛ぶ」（小さなことでも辛抱強く続けて成果を出し、弱い者が先に飛び立ち発展する）の精神で努力を続け、例えば赤渓村は十年間の「輸血」（現地への直接支援）、十年間の「換血」（全村移転）、十年間の「造血」（観光と産業の振興）によって支援した結果、ついに貧困を脱してゆとりへの道を歩み始めた。二〇一五年、習主席は「滴水石を穿ち、久しくすれば功をなす」（辛抱強く長く続ければ成功する）として、この「中国第一の、貧困対策に成功した村」での経験を総括した。

　当時、改革開放政策が国の門戸を開き、福建の寧徳も脱貧困作戦を開始したところだったが、長年の貧しさのため経済的にも文化的にも立ち遅れていた。習主席が「滴水、石を穿つ」の故事を説いたのは、各層の指導者たちが自信を持ち、意気を奮い立たせ、貧困と闘う決心を固め、辛抱強く取り組みを続けて成果を得るよう激励するためだった。今日、中国は歴史の新しいスタートに立ち、さらなる高みに向けて発展しようとしているが、習主席は依然として貧困地域の敬愛すべき老人たちのことを案じている。日頃から「ゆとりがあるかどうかは故郷を見ればわかる」「ゆとりある生活を全体的に実現させるには、一つの少数民族が欠けても、一人の脱落者が出てもいけない」と話しては、各層の指導者たちが心の中に理想像を描き、着実に、辛抱強く、命がけで貧困脱却のために闘い、「滴水、石を穿つ」のような全面的な成功を勝ち取るようにと励ましているのだ。

国内編②　品性を語る

中国の土地に浸み込んだ英雄の熱血

河北省正定県の共産党員の第一世代は、故郷と祖国の自由と解放のため、一人が倒れれば百人が起き上がるほどの勢いで、次々と立ち上がりました。この人たちこそは正定県の人民の誇るべき子であり、故郷の土地には、この愛国の志士たちの熱い血が浸み込んでいます。尹玉峰《いんぎょくほう》同志と郝清玉《かくせいぎょく》同志は、その中でも傑出した代表的な人物です。

尹玉峰同志は、正定県周通（河北省）の人で一九二四年に入党し、正定の共産党で初めての県委員会書記となり、一九二八年に亡くなるまで務め続けました。郝清玉同志は十四歳の時すでに進歩的な思潮の影響を受け、早い時期に共産党員になりました。一九二四年に帰郷すると、尹玉峰同志とともに正定に党の組織をつくるため大いに心血を注ぎました。一九二五年夏、英国と日本の帝国主義者が上海で「五・三〇事件」を起こすと、二人をはじめとする指導者たちは「正定各界滬案後援会」を組織し、正定の人々に節約を呼びかけ、上海で被害に遭った労働者の家族を援助しました。また集会や学生ストを指揮して正定に反帝国主義の嵐を起こしました。

一九二七年六月に、二人は有名な「正定農民暴動」を指揮しました。当時の軍閥は名目をひねり出し、三年分の年貢に合わせて「赤狩り献金」を取りたてようとしたため、県中の人民の不満が爆発し、中国共産党正定県委員会は農民を指揮して暴動を起こすことを決定したのです。旧暦の五月十七日は正定県の城隍廟の祭りの日で、十里四方の村々から一万人を超える人々が街中に来ていました。午前十時過ぎ、当時の劇場広場に現れたのは赤い布に白地で「正定県農民は赤狩り献金反対を請願する」と染め抜いた旗を掲げた人でした。人々は四方八方から押し寄せ、刀や鋒、鍬を掲げて次々と県の役所に向かいました。少年時代に武術の訓練をしていた郝清玉同志は常に隊列の最前線におり、群衆の先頭に立って役所の建物に突き進み、三節棍を振り上げて広間のつい立てを叩き壊し、役人たちを震え上がらせました。県知事は群衆の圧力に押されて「赤狩り上納金」廃止、「年貢延期」の証書を書き、全県に伝達しました。この暴動は軍閥の気勢を挫き、正定県の共産党幹部を鍛え、闘争に勝利したことによって党の基礎が築かれました。

一九二八年、尹玉峰同志は病に倒れ、わずか二十四歳で世を去りました。郝清玉同志は群衆と共に闘争を重ねるうちに目覚ましく成長し、党の北方農民運動における優れたオルガナイザー・指導者となりましたが、一九三一年に裏切りに遭って天津で逮捕され、一九三五年、わずか三十二歳で犠牲となりました。尹玉峰同志や郝清玉同志のように、中華民族や郷里の肉親たちのために貢献し、命を捧げた人々は、みな正定県の愛国の歴史に輝かしい一ページを遺しています。これらの人々の中には、名前さえ知られていない人もいますが、子々孫々の代まで永遠に敬われ、また、先人のように全員で勇敢に前進し、祖国と故郷の繁栄のため心血と命を捧げるようにと、後に続く者たちを永遠に鼓舞し続けているのです。

「知之深 愛之切」（序に代えて）（一九八四年）
『知之深 愛之切』（河北人民出版社、二〇一五年）より

魯迅はかつて、「中華民族には古来没頭して苦闘し続ける人があり、必死に頑張り続ける人があり、身を捨てて真理を求めた人があり、民衆のために命を捧げた人があった。このような人たちが中国の脊梁《せぼね》となったのだ」と言ったことがある。たとえ夜空の流れ星のように過ぎ去って行ったとしても、人々の心の中に永遠に留まり続ける——尹玉峰同志や郝清玉同志はまさにそのような英雄だ。

郝清玉は河北省正定県に生まれた。一九一八年に北京に出て靴職人になり、一九二四年の冬に中国共産党に加入した。尹玉峰たち仲間とともに、正定地区に党の組織を立ち上げるために多大な貢献をした。伝達機構と職業隠蔽の問題解決のために、正定の県城に「裕華靴庄」を開業したが、これがのちに正定地区の党組織の発展に重要な役割を果たした。その後正定地区の党組織は発展的に改組され、特別支部から中心県委員会、地方委員会となり、この一帯の人民革命闘争を指導する力を持つようになった。郝清玉は疲れをいとわず農村へ行き、貧しさに苦しむ農民たちの生活に入り、群衆を動かして、革命の理論を宣伝した。当時農村で教員をしていた共産党員は郝清玉についてこのように言っている。「毎日畦道を歩き、夜はわらの上で眠り、空腹になれば干し米を食べ、のどが渇けば冷水を飲んでいた」

一九二八年の春、郝清玉は天津に異動し、中国共産党順直省委員会委員、兼県委員会農運部長となった。一九三〇年夏には省委員会の常任委員と巡視員に任じられ、保定特別委員会の書記を兼ねた。三一年三月、順直省委員会に帰任したが、裏切りにあって四月に逮捕された。入獄後に不幸にも重病にかかったが、気概は衰えることがなかった。獄中で病状が悪化したとき、敵はいい機会とばかりに、いわゆる「転向声明文」に郝清玉の手を置かせて言った。「お前が手に墨をつけ、ここに載せて拇印を押せば、すぐにドイツの病院に送って治療させ、出してやるぞ。さもなければ、お前は天橋の刑場行きだ！」。郝清玉は決然として言った。「国外では日本に妥協して投降し、国内では人民に敵対している国民党こそ、反省するべきだ。私は反日革命を貫くことに後悔はない。天橋なり地橋なり、どこへなり連れて行け！」。一九三五年九月、郝清玉は獄中で病死した。

習近平国家主席が取り上げたこの二人の正定県出身の英雄は、その功績を知る人は少なく、名前もほとんど知られていないかもしれない。しかし、二人はかつて歴史というシナリオの上に大いなる奮闘の足跡を残した。確固とした信念のもとに二人が流した熱い血が、この偉大な土地を浸み込んでいるのだ。彼らは中国の脊梁であり、その全身からみなぎる気概と精神こそが、古来のわれわれ民族が持っている永劫不滅の希望なのである。習近平主席はかつて正定県の指導者であったとき、この二人の業績を知り、現地の幹部たちに伝えることによって、その精神を発揚させた。現在もなお、この二人の英雄の業績は党の幹部の精神を奮い立たせている。

習主席は英雄を重んじ、英雄を大切に思い、さまざまな場面で英雄を尊重し、英雄を護り、英雄に学び、英雄を愛するようにと強調している。中国人民抗日戦争勝利七十周年記念章の授賞式の席上で、習主席は「狼牙山の五勇士」（抗日戦争中、河北省の狼牙山に立てこもって日本軍を引きつけた五名）、新四軍の「劉老庄連」（江蘇省淮安市劉老庄の戦闘で全員が戦死した新四軍第三師団第七旅団第十九団第四連の八十二名）、東北抗日聯軍（満州に展開した中国共産党指導下の抗日パルチザン組織）の八人の女戦士と国民党軍の「八百勇士」など数々の英雄たちを列挙し、これら抗日戦争の英雄たちに対し、国家の名によって敬意を表した。まさに習主席の述べたとおり、抗日戦争の英雄をも含む民族の英雄は、全て中華民族の脊梁であり、彼らの功績と精神は、絶大な力となってわれわれの前進を励ましてくれる。

国内編③

自己啓発を語る

「学は才を益す所以なり、砺は刃を致す所以なり」

国内編③ 自己啓発を語る

牛のように働く

文芸作品の創造は苦しみを伴う創造的な労働であり、少しのごまかしもあってはなりません。影響力があり、広く知られ、長く伝えられる名作は、どれも浮わつくことなく、目先の利益を求めずに作られたもので、みな心血を注いで生み出されたものです。わが中国の古人は「一個の字を吟味するに、数茎の髭《ひげ》を捻断す」「二句三年にして得、一吟にして双涙流る」と言いました。路遥《ろよう》の墓碑には「牛のように働き、土地のように捧げる」と刻まれています。そしてトルストイは、かつてこのように言いました。「もし、社会のあらゆる問題について、自分が正しいと思う考え方を何の疑問も持たずに言い切ってしまうような長編小説を書いてよい、と人が言うなら、私はそのような小説を二時間もかからない労働として片づけるだろう。しかし、もし、今の子どもたちが二十年後にも読みたくなるような、そのために泣いたり笑ったり、生活をいつくしんだりするような作品を書いてよい、と人が言うなら、私はそのような小説を書くために一生の全てと持てる力の全てを尽くしたい」

「中国文学芸術界連合会第十回大会、中国作家協会第九回大会開幕式における演説」
（二〇一六年十一月三十日）

解説

古来、文芸の大作とは全て、時間をかけて蓄えた力を少しずつ発揮させて作った結晶のようなものであり、文芸の魅力とは内的な充実を外に発現することに他ならない。時代を超えて伝わる永遠の名作は、全て静かな落ち着いた心で精魂を込めて書かれたものだ。そして、誰もが知っている作品を生み出した大文芸家はみな、雑念がなく、沈着で物静かな性質をもっている。

唐の時代の賈島《かとう》は「苦吟派」の詩人として知られている。孟郊《もうこう》、賈島に代表される中唐の詩人は創作への姿勢がとても真剣であり、言葉を練り上げ、推敲をすることにこだわりを持っていた。「鳥宿池中樹、僧敲月下門」（鳥は宿る池中の樹、僧は敲《たた》く月下の門）という詩で「推す」とするか、「敲く」とするかと長い間悩み続け、その際に韓愈《かんゆ》と知り合ったという「賈島の推敲」という逸話が伝わっている。また賈島は「無可上人に送る」という詩を書いた後、「独行潭底影、数息樹辺身」（独り行く潭底の影、しばしば息《いこ》う樹辺の身）の句の下にこのような小詩を付け足した。「二句三年得、一吟双涙流。知音如不賞、帰臥故山秋」（二句三年にして得、一吟にして双涙流る。知音もし賞せずんば、故山の秋に帰臥せん）。このことからは賈島が詩を作るときの、注釈や推敲にかける時間の長さや、詩が出来上がって吟じたときの感情の激しさをうかがい知ることができる。苦しみながら詩を作る様子については、盧延譲《ろえんじょう》が「吟安一個字、捻断数茎鬚」（一個の字を吟するに、数茎の髭を捻断す）と胸の内を語っているが、これだけでなく、李白は「戯贈杜甫」の中で「借問別来太痩生、総為従前作詩苦」（借問す、別来はなはだ痩せたり、全て従前作詩の苦しみならん）と感慨を述べている。そして杜甫の永遠の名句「為人性僻耽佳句、語不驚人死不休」（人となり性僻にして佳句に耽《ふ》ける、語人を驚かさずんば死すとも休まず）はさらに広く知られている。

「牛のように働き、土地のように尽くす」、これは路遙（作家、一九四九～一九九二）の座右の銘であり、その人格と精神をよく表したものだ。路遙が活躍した時代は、「現代派」、「意識の流れ」などの文学観念が一世を風靡し、斬新さや変化を求めて文学のスタイルや手法が目まぐるしく変わった時期だが、路遙は伝統的なリアリズムの創作手法を守り続けた。『平凡的世界』（平凡な世界）は一九七五年に執筆が始まり、幾多の苦難を経て一九八八年五月に完成した作品である。改革時代の中国地方都市における社会生活と人々の思想や感情の大変動をパノラマのように描き、第三回茅盾文学賞を受賞した。レフ・トルストイは十九世紀ロシア、批判的リアリズムの作家・思想家である。長編小説の『アンナ・カレーニナ』は、あわせて十二回の書き直しを行い、『復活』の冒頭部分にはなんと二十種類もの草稿がある。

　文学の命運と国の命運には深い関わりがある。習近平国家主席は、中華民族の偉大な復興を実現することは、古今に例のない偉大な事業であり、そのためには堅固で偉大な精神と、人心を鼓舞する偉大な作品とが必要であると考えている。習主席は文芸活動に大きな期待を寄せる一方で、文芸の領域は高い水準にあるが特別に優れたものがない、人民と生活からかけ離れている、でたらめで価値のない歴史ドラマが作られている、といった点も繰り返し指摘している。習主席が古代や現代、外国の作家が真摯な態度で着実な創作をし、苦心の中で努力したことを表す名言や逸話を列挙したのは、文芸活動に従事する者に対して、影響力を持ち、広く知られ、歴史に残る文芸名作を創作することを任務とし、目先の利益を追って劣悪な作品をみだりに作らないようにと叱咤激励するためである。二〇一四年の文芸工作座談会では、習主席は「フロベールは『ボヴァリー夫人』を書くとき一ページに五日間を費した」「曹雪芹が『紅楼夢』を書いた時、十年間読まれる間に削除や追加を五回行った」という逸話を取り上げ、文芸活動を行う者に対して、たゆまず努力し、最高のものを追求しようとする精神があって、初めて優れた文芸作品を生み出すことができると説いている。

国内編③

自己啓発を語る

忠義を尽くし国に報いる

私が文学作品を読んだのは青年時代がほとんどで、それ以降は政治関連の書籍を多く読みました。私が子どもの頃、五、六歳の頃だったと思いますが、母に連れられて本を買いに行ったのを覚えています。当時、母は中国共産党中央党校で働いており、その中央党校から西苑までの途中には新華書店がありました。私がだらだらと歩いていると、母は書店まで背負ってくれました。そして、書店に到着すると岳飛の「小人書」（手のひらサイズの絵本）を買いました。当時は二種類あり、一つは『岳飛伝』という何冊も入って一揃いのもので、その中の一冊に『岳母刺字』という本がありました。もう一つは精忠報国の故事について詳しく書かれているもので、母はその両方を買ってくれました。帰宅後、母は私に精忠報国と岳母刺字の故事を聞かせてくれました。「文字を体に入れ墨するなんて痛いよ！」と言う私に、母は「痛いけれど心にしっかりと刻まれるのです」と答えました。「精忠報国」という四文字を、私はそれ以来ずっと忘れたことはありません。また、それは私が生涯追い求め続ける目標でもあります。

「習近平総書記の文学との出合い」

「人民日報」（二〇一六年十月十四日第二十四版）より

解説

家国情懐（家族への愛や使命感、愛国心などを強く思う気持ち）は中国で数千年来受け継がれてきた伝統文化であり、それは中国の優れた子どもたちの精神の奥底に浸透している。「岳母刺字」の典故が説いているのはまさに家風の教戒と家国情懐なのである。

岳飛は一一〇三年に相州湯陰県（河南省湯陰県）に生まれ、字を鵬挙といった。金国と戦った南宋の名将であり、中国の歴史上、著名な軍人・戦略家で、南宋の「中興四将」の一人に数えられる。北宋末期、軍に身を投じ、一一二八年から一一四一年の間に岳家軍を率いて金軍と大小あわせて数百回に及ぶ戦闘を繰り広げた。向かうところ敵なしで、後に制置使（辺境の防備などを司った地方長官職）などの官職を歴任した。一一四〇年、金の完顔斡啜《あってつ》が和議を破棄し攻め込んで来ると、岳飛は軍を率いて北伐を行い、鄭州・洛陽などを相次いで奪還し、郾《えん》城《じょう》・潁昌《えいしょう》で金軍を撃破すると、朱仙鎮へ進軍した。朱仙鎮での勝利ののち、完顔斡啜は、「山を動かすのは容易だが、岳家軍を討ち破るのは困難だ」と感嘆した。対して南宋初代皇帝の高宗と宰相秦檜は頑なに和議を求め、十二の金字牌をもって兵を引き上げさせると、岳飛は孤立無援の下、撤退を余儀なくされた。紹興の和議の過程で、岳飛は秦檜や張俊などに陥れられて入獄させられると、一一四二年一月、「でっち上げ」の謀反の罪で養子の岳雲や部将の張憲とともに処刑された。南宋第二代皇帝の孝宗の時に岳飛の冤罪は晴らされることになり、浙江省西湖湖畔の棲霞嶺に改葬された。

岳飛は北伐の途上、千古不易の詩文である「満江紅」を詠んだ。「怒髪衝冠、憑欄処、瀟瀟雨歇。擡望眼、仰天長嘯、壮懐激烈。三十功名塵与土、八千里路雲和月。莫等閑、白了少年頭、空悲切。靖康恥、猶未雪、臣子恨、何時滅？ 駕長車、踏破賀蘭山缺。壮志飢餐胡虜肉、笑談渇飲匈奴血。待従頭、収拾旧山河、朝天闕！」（怒髪冠を衝き、欄に憑る処、瀟瀟たる雨歇む。望眼を擡げ、天を仰ぎ長嘯し、壮んなる懐激烈なり。三十功名塵と土、八千里路雲と月。等閑する莫れ、白むを了する少年の頭、空しく悲切なり。靖康の恥、猶ほ未だ雪がれず、臣子の恨み、何時か滅する。長車に駕し、賀蘭山を踏破し缺たむ。壮んなる志飢えて胡虜の肉を餐う。笑談し渇きて匈奴の血を飲む。頭従り、旧き山河を収拾するを待ちて、天闕に朝す）。この詩は勇壮雄大で、その気勢は山河を覆うほどである。一心に国に報いて、祖国を取り戻す岳飛の忠誠に満ちた愛国の情を十分に体現している。

岳飛は幼い頃から両親や恩師の教育を受け、誠実さや義侠心、堂々として剛直な気風を養った。「岳母刺字」の演義故事が最初に見られたのは清代の抄本『如是観伝奇』と杭州生まれの銭彩により書かれた小説『精忠説岳』である。『宋史・岳飛伝』には、岳飛が無実の罪により陥れられた時に襟をはだけると、「背中には『精忠報国』の四文字が深く彫られていた」と記載されている。後の講談では「尽忠報国」を「精忠報国」へと発展変化させ、その故事は現在に至るまで各方面に影響を与え続けている。

習近平国家主席は価値観を培うことをボタンをかけることに例えて、「人生のボタンはひとつ目からしっかりとかけなければなりません」と述べたことがある。岳飛の「精忠報国」の故事はまさに習主席の「最初のボタン」であった。習主席は文芸工作の座談会で自らの文学との出合いを語った際、『岳飛伝』が自身に与えた影響と、「精忠報国」に秘められた家国情懐が、自身にとって人民を思いながら絶えず奮闘する上での励みとなっていることを振り返った。常に人民に思いを馳せ、常に興国の道に思いを致し、常に再興の志を心に留めることこそ、まさに家国情懐を胸に抱いた共産党員の真に迫る姿なのである。

国内編③

自己啓発を語る

本を求めて三十里

昨年三月、私はロシアを訪問して漢学者の方と座談会を開いた際に、私がロシア人作家の多くの作品を読んだことを話しました。例えば若い頃にチェルヌイシェフスキーの『何をなすべきか』を読んだ後、私の心には大きな衝撃が走りました。今年三月のフランス訪問中には、フランス文学が私に与えた影響について話をしました。と言いますのもわれわれ中国共産党の旧世代の指導者の中にはフランスで学んだ方が多くいますので、私は若い頃はフランス文学に対して強い興味を持っていました。ドイツでは『ファウスト』を読んだことを話しました。当時、私は陝北（陝西省北部）の農村で生産隊（文革期、農村における生産・労働の末端組織）に入り労働をしていました。ある知識青年がこの『ファウスト』という本を持っているのを聞いて、三十里（約十五キロメートル）の道のりを歩いて借りに行きました。後にその彼は三十里の道のりを歩いて本を取りに来ました。私がなぜ外国の方にこのような話をしたのでしょうか。それは文学というのは世界の言葉であり、文学を語ることはまさに社会を語ること、人生を語ることであり、お互いに理解し心を通わせ合うのに最も簡単な手段だからです。

「文芸工作座談会での演説」（二〇一四年十月十五日）

解説

どの時代にも自分の英雄がいて、どの人の心の中にもそれぞれの模範がある。長編小説『何をなすべきか』の主人公ラフメートフはロシア人の思想史における重要なシンボルだっただけではなく、中国でもある世代に多大なる影響を与えた。

チェルヌイシェフスキーは帝政ロシアの革命家、哲学者、作家であり批評家でもあった人物で、レーニンは彼を「嵐の中の未来の若き舵取り」と称賛し、プレハーノフは彼を帝政ロシアのプロメテウスに例えた。進歩的思想を宣伝し、帝政ロシアの実情を批判していたことで、一八六二年にチェルヌイシェフスキーは政府に逮捕されてしまい、一八六四年には七年の懲役刑とシベリアへの終身流刑の判決を受けた。獄中生活と流浪生活の中で、彼は『何をなすべきか』や『序幕』（中国語名『序幕』、英名『Prologue』）など、革命の情熱に満ちた多くの名作を書き上げた。『何をなすべきか』のストーリーは自由労働や女性解放、革命の地下活動の三つの筋書きで展開され、闘争こそが人民の不運を変えられるということを示した。主人公のラフメートフは木こり、木挽き、石工、船曳き人夫と職を変えながら、革命の意志を鍛えて自身の理想に身を捧げるために、簡素で清貧な生活を送った。

習近平国家主席は、自身と同世代の人たちがロシア古典文学に多大なる影響を受けたことや、『何をなすべきか』に自身が大きな衝撃を受けたことを振り返り次のように語った。「本の主人公であるラフメートフは苦行に満ちた生活を送りながら、意志を鍛錬するために、釘を剣山のように打った板の上で眠り、全身が血だらけになるほどでした。当時、われわれは気力とはこのように鍛えるものだと思い、敷布団をはぎ、何もない床の上で寝たものです。雨や雪が降ると厳しい修行をしました。雨の日には外に出て雨に体を濡らし、雪の日には雪を体にこすりつけて井戸の冷水で体を洗ったのも、全てはこの本の影響です」

『ファウスト』も同様にかなり影響力を持った作品である。ゲーテを語らずして世界の文学史を書くことはできないと言われているように、『ファウスト』を読まずしてゲーテがゲーテたるゆえんを理解するのは難しい。『ファウスト』とはゲーテがドイツの民間伝承を題材に創作した長編戯曲である。悪魔はファウストを誘惑して、生前の全ての望みを叶えさせてあげる代わりに、死後にファウストの魂を持ち去るという契約を交わさせた。ゲーテはこの賭けから考えて、それを人生の理想および人類の行く末についての重要な諸問題へと演繹し、人類が進取の精神に奮起するという勝利を宣言した。習主席が幾度となく語った『ファウスト』を読んだ話や、「本を求めて三十里の道のりを行き来した」美談は、文学の力をこれまでにないほどにありありと物語っている。

習主席が自身の文学との出合いを述べ、それぞれの段階で読書が自身に与えた影響を振り返ることは、眼光紙背に徹する読書家としての気質を示し、親しみのある熱心な性格の魅力も反映している。習主席は自身の経験をもとに、何が良い文学かということを次のように明確に説明している。人々の生活に深く融け込み、「事業と生活、順境と逆境、理想と期待、愛情と憎悪、存在と死、人類の生活の至るところ」から啓発を見つけ出すことができる、それこそが素晴らしい文学作品なのである。

文学とは世界の言語であり、交流の教典である。習主席は多くの場で自身の読書の体験について言及したのは、うわべだけを話して体裁を飾ったのではなく、自身の経験をもって知識が持つ力の尊さや、文明交流の可能性を諭すためであった。異なる文明と向き合うのに必要なのは包容力であり、深い理解と体得である。文学作品は異なる国・民族同士の理解や交流に最良の手段であることは間違いない。習主席の言葉のように、「文学を語ることはまさに社会を語ること、人生を語ることであり、お互いに理解し心を通わせ合うのに最も簡単な手段」なのである。

国内編③ 自己啓発を語る

中国の科学技術が後れを取った理由

なぜ明末清初から、我が国の科学技術が次第に後れを取ってしまったのか、ということを私はずっと考えています。ある学者の研究によると、清朝第四代皇帝康熙帝はかつて西洋の科学技術に対して興味を持ち、宣教師を招いて西洋の学問を学んだとされています。その内容は天文学、数学、地理学、動物学、解剖学、音楽、さらには哲学なども含まれ、聴講して学んだ天文学の書物は百冊あまりにも及びました。いつから、どれくらいの時間をかけて学んだのでしょうか。それはおそらく一六七〇年から一六八二年の間の二年五カ月でした。時期的に遅くはなく、学んだものも少なくはありません。しかし問題なのは、当時、西洋の学問に興味を抱いていた人がいて、かつ多くのことを学んだにもかかわらず、その知識を我が国の経済や社会の発展に何ら寄与させず、そのほとんどを単なる机上の空論、宮中の清談に終始させてしまったことでした。一七〇八年、清朝政府は宣教師らに中国地図の製作にあたらせ、その後、十年の歳月をかけて科学技術の粋を尽くした世界屈指の「皇輿全覧図」を完成させました。しかし、このような重要な成果は長らく機密扱いとされ内府（書類などを保管しておく蔵）に保管されてしまい、公表されることはなく、経済や社会に貢献することはありませんでした。対して、測量製図に携わった宣教師らは資料を自国へ持ち帰ると、それらを編集して公表し、西洋は長きにわたり我が国の地理的状況を中国人以上に把握することとなりました。これはどのような問題を意味するのでしょうか。それは、科学技術は社会の発展と結びつけなければならないということです。多くのものを学んでも、それらを活かさないということは、単に好奇心を満たすだけの高尚な趣味であり、ひいては奇をてらうばかりで中身に乏しいものであり、現実社会に効果をもたらすことはできないのです。

「生産要素や投資規模による発展からイノベーションを推進力とする発展への転換の加速」
（二〇一四年六月九日）
『習近平、国政運営を語る』（外文出版社、二〇一四年版）より

解説

中国戦国時代の楚国の詩人である屈原の作品に「天問」というものがある。全編百七十あまりで構成されており、天地や自然、人世に関する問題を提起していて、「万古不易（永遠に変わらぬ）の傑作」と評されている。中国の歴史に対して他にもいくつかの有名な「天問」がある。その一つが、近現代の科学技術と工業文明がなぜ、当時世界で科学技術と経済が最も発達していた中国で起こらなかったのかという「ニーダムの問い」である。

近代以降、中国が貧窮のうちに衰微し、相手の為すままに侵略されたのは、幾度にもわたる科学技術革命の時機を逸し、先進的な知識を経済や社会の発展に応用することがなかったことにその要因があるというのは、疑いようのない事実である。従来、「康乾盛世」は讃嘆されるところはあったが、それを歴史という長い流れの中で比較してみると、その「盛世」というのは大部分が単なる「むくみ」であり「幻影」であったことがわかるだろう。康熙帝と同時期の欧州社会はすでに科学史の絶頂期のひとつに入っており、ベーコンやニュートン、デカルトなどの偉大な哲学者や科学者を輩出していた。康熙帝

は学問を好まないという訳ではなく、常に宣教師らとともに一日三、四時間は部屋に閉じこもって教師と学生のように過ごした。そしてさまざまな精密計器に詳しくなり、各教科の知識の研鑽を積んだ。康熙帝は数学、特に分度器や円規（コンパス）、幾何学模型の数学の測量器具を扱うのを好んだ。フランス人宣教師のブーヴェは、康熙帝は空いた時間を数学の学習に充てて、それを二年間続けたと回顧している。しかし、外国人宣教師に「千古一帝」や「万古明君」と称えられた康熙帝は、科学を自身の趣味に留めてしまい、科学の背後にある方法論や世界観を考えることはなく、さらに西洋科学の知識を全国に普及させることができなかった。国を治める者が西洋の工業文明と「握手」せず、先進的な技術と知識を共有しなかった結果、あの回顧に堪えない半植民地半封建社会の歴史へと進んでしまったのである。

二〇一四年三月、習近平国家主席は欧州各国を歴訪中、ドイツのメルケル首相から、一七三五年にドイツが製作した一枚の精巧な中国地図を贈られた。この地図の完成から十年あまり先立ち康熙帝は宣教師らに科学技術の粋を集めた「皇輿全覧図」を製作させていたことはほとんど知られていない。地図の製作に携わったイエズス会の宣教師レジスはこの原図をフランスへ持ち帰ると、それをもとにした『中国新地図帳』（中国語名『中国新図』）が欧州ですぐに公表・出版された。一八四〇年、イギリス人がその地図を片手に強大な海軍でもって清国の大門をこじ開けようとした時にも「皇輿全覧図」は依然として宮廷内にあり、相変わらず経済や社会の発展を促進させることはなかった。

習主席は史書を熟読し、中国の歴史を心から理解しているだけでなく、思考することも得意であり、「科学技術は机上の空論で終わらせることなく、社会で運用させなければならない」と、歴史から国家の栄枯盛衰の鍵を引き出した。これは康熙帝と科学技術の話から導き出した革新の真髄であり、「アキレスの踵」に対する正確な答えでもある。机上の空論、宮中の清談に終始するだけでは世の中の役には立たない。「科学技術は社会の発展と結びつけなければならず」、革新を「象牙の塔」や「孤島」から抜け出させることで、「我に支点を与えよ、さすれば地球を動かさん」というアルキメデスの言葉のように、技術革新は発展のためにさらなる動力と奇跡を生むことができるのである。

習主席は中国科学院第十七回アカデミー会員大会、中国工程院第十二回アカデミー会員大会における談話で、科学技術成果を実際の生産力へ転化させることが不十分であり、効率的でなく、円滑でないという弊害が我が国に存在していることを指摘した。その中で最も重要な問題点は、科学技術イノベーションチェーンに体制・メカニズム上の障壁が多く存在し、イノベーションと転化の各プロセスが密接にリンクしていないことにある。習主席は次のように例えて語った。イノベーションを我が国の発展の新しいエンジンだとすると、改革とはこのエンジンを始動させるために必要不可欠な点火装置である。われわれはさらに有効な措置を講じてこの点火装置を整備し、革新が駆動する新しいエンジンの回転数を最大限にしなければならない。

国内編③　自己啓発を語る

時間はどこへ過ぎ去ったのだろう

趣味と言えば、私は個人的に読書や映画鑑賞、旅行、散歩が好きです。ご存知のように、このような仕事をしていますと、基本的に自分の時間というものがありません。今年の春節（中国の旧暦の正月）に、中国では「時間都去哪児了」（時間はどこへ過ぎ去ったのだろう）という曲が歌われていました。私にとって問題なのは私個人の時間がどこへ過ぎ去ったのかということです。もちろんそのほとんどは仕事で占められています。現在、私が普段できることと言えば読書であり、すでにライフスタイルの一部分となっています。読書は思想の活力を保ち続けられるだけでなく、そこから知恵の導きを得られ、浩然の気を養うことができます。例えば、私はロシア人作家の作品をたくさん読んできました。例を挙げるとクルィロフ、プーシキン、ゴーゴリ、レールモントフ、ツルゲーネフ、ドストエフスキー、ネクラーソフ、チェルヌイシェフスキー、トルストイ、チェーホフ、ショーロホフで、彼らの作中の素晴らしい章節やあらすじを私は全てはっきりと覚えています。

スポーツと言えば、私は水泳、登山などが好きで、四、五歳の頃には泳げるようになりました。他にもサッカー、バレーボール、バスケットボール、テニス、武術なども好きです。ウィンタースポーツの中では、アイスホッケーやスピードスケート、フィギュアスケート、雪上競技を観戦するのが好きです。とりわけアイスホッケーはお気に入りで、この競技は個人の力量やテクニックだけでなく、チームワークやチームプレーが不可欠なので、素晴らしいスポーツだと思います。

「ロシアの国営テレビ局による習近平国家主席独占インタビュー」(二〇一四年二月七日)

「人民日報」(二〇一四年二月九日第一版)より

解説

「時間はどこへ過ぎ去ったのだろう、青春は瞬く間に過ぎ去り年老いた、子育てに捧げた一生、頭の中は子どもの泣き顔と笑顔でいっぱい……」。二〇一四年の春節聯歓晩会(日本の紅白歌合戦に相当)で、両親への愛を歌う「時間はどこへ過ぎ去ったのだろう」が流行した。二〇一四年二月、習近平国家主席はロシアの国営テレビ局の単独インタビューを受けた際にこの歌について触れ、全国的な話題となった。

習主席の時間はどこへ過ぎ去ったのか。本人が言われたように、時間の大半は仕事で占められている。概算すると、二〇一五年の一年間に報道されたものだけで、少なくとも六十一回の会議や会合に出席している。中国共産党中央政治局会議に十四回、中国共産党全面深化改革指導グループの会議に十一回、業務会議に十回、中国共産党中央政治局常務委員会会議に三回、そのほかの重要な会議に二十三回。これと同時に、中央政治局はさらに九度の集団学習を開き、また八回の外遊へと出掛けた。

習主席は仕事以外の時間のほとんどを読書に充てている。ロシアのソチで習主席に単独インタビューをしたロシアの国営テレビ局のキャスターであるセルゲイ・ブリレフ氏は、「私は習主席の目がとりわけ気に入っています、なぜなら(そこに)思想の光芒が見えるからです」と語っている。「思想の光芒」の根源をたどっていくのであれば、書籍は間違いなくそのうちの一つである。習主席にとって読書とは一種のライフスタイルである。「暇さえあれば本一冊を手に取りページをめくっていますし、読書は有益なことだと常に感じています。秘宝と同じで、その中から神秘を探り当てれば、一生涯役に立つことでしょう」

国家主席に就任してから一週間後、習主席は初めてロシアおよびアフリカの三カ国を歴訪した。我が国の在ロシア大使館は習主席の日程が過密で休息をとる時間がないことを考慮して、活動時間を短縮しようとしたが、習主席は予定通りに職務をこなした。「痛みではなく、疲労あっての喜びなのです」。これこそ習主席が国家と人民のために寸刻もおろそかにすることなく懸命に職務を遂行し、民族復興という「中国の夢」のために懸命に奮闘しているということなのである。

習主席が語った「時間はどこへ過ぎ去ったのだろう」という「個人的な話」は、多くの共産党幹部にとっては一種の激励であり、一生懸命に職責を果たし、空き時間を活用して自己研鑽に励むことが必要であることを啓発している。我が国はこれまで書を読むことで身を修め、官僚となり徳を備えることを重んじてきた。伝統文化において、書を読み、身を修め、徳を備えることは立身の基礎であるだけでなく、ひいては政治に仕えるための土台であるとしてきた。習主席が厳しく指摘したように、しっかりとした「指導業務をこなすにあたり、幹部層の人格力量はより重要になってきているが、人格を形成する上で重要なプロセスは読書から学ぶこと」なのである。

国内編③

自己啓発を語る

英雄は若くして才覚を現す

世界の発展史を総合的に見ると、多くの思想家、科学者、文学者の重要なひらめきはいずれも才気煥発である青年期に誕生しています。『共産党宣言』の発表時、マルクスは三十歳、エンゲルスは二十八歳でした。ニュートンとライプニッツが微積分法を発見したのはそれぞれ二十二歳と二十八歳。ダーウィンが航海に出たのは二十二歳、その後、著名な『種の起源』を著しました。エジソンが蓄音機を発明したのは三十歳の時、白熱電球を発明したのは三十二歳の時。キュリー夫人がラジウム、トリウム、ポロニウムの三種類の元素の放射性を発見したのは三十一歳の時で、これによりノーベル賞を受賞しました。アインシュタインが特殊相対性理論を発表したのは二十六歳の時、一般相対性理論を発表した時は三十七歳でした。李政道と楊振宇が弱い相互作用のパリティ非保存を発表した時、それぞれ三十歳と三十四歳でした。前漢の賈誼《かぎ》が亡くなった時が三十二歳。王勃《おうぼつ》が不朽の名作である『滕王閣序』を書き遺し亡くなった時は、わずか二十七歳でした。

「中国共産主義青年団中央委員会新指導部メンバーとの懇談会での演説」
（二〇一三年六月二十日）

解説

「もしわれわれがその大部分を人類の福利のために労働することができる職業を選んだ場合、その重責はわれわれを押し潰すことはできないだろう。なぜなら、それは人々のために身を捧げるものだからである。その時、われわれが味わうのは不憫な、有限の、独善的な喜びではない。われわれの幸福は万人に属し、われわれの事業は静かで音はなく、しかしながら、永遠に作用しつつ存在し続ける。そしてわれわれの遺骨を目にした高尚な人々は熱涙に頬を濡らすだろう」

この「職業選択に際しての一青年の考察」の文章は、十七歳のマルクスの手により書かれたものである。当時、マルクスはギムナジウム（中等教育学校に相当）の卒業の時期で、進学か就職かという進路の問題に直面していた。他の同級生が望んでいたのは詩人や科学者、哲学者になるか、あるいは宣教師や牧師になるか、はたまた資本家として優雅な生活を送るかというものであった。マルクスは決して彼らのように利己主義から考えることはなかった。職業選択の基準を個人の幸福と定め、職業選択というものを社会に対する認識と生活に対する態度まで高めて考えていた。そして、この誰もが舌を巻く文章と言葉が誕生したのである。

ニュートン、ダーウィン、アインシュタイン、キュリー夫人は、いずれも若くして重要な発見や発明をした。青年期は思索と創作活動を行うのに最適な時期であり、聡明で精力旺盛、知識・経験の積み重ねや吸収も速い時期である。また精神的な負担も少なく、既存の理論にとらわれることなく大胆に実践し、果敢に行動に移すことができる。才気煥発な青年期は、往々にして新しい発見や創造、新しい知識が湧き出る時期でもあり、これは普遍的な法則と言ってもいい。

中国の歴史上にも若くして前途有望な多くの秀才や俊傑がいた。前漢の賈誼は、才学によって得た名誉こそ少ないが、前漢第五代皇帝の文帝により博士の職を与えられた。当時まだ二十一歳であり、博士の中では最年少であった。賈誼はその後、梁の懐王の太傅となり、『治安策』を著し、文帝治世下の匈奴による辺境侵略や制度の欠陥、各諸侯が割拠している問題などについて上奏した。毛沢東は、『治安策』は前漢の最も優れた政論であると称賛した。唐代文人の王勃は幼くして聡明で学問を好んだ。『旧唐書』の記載によると、王勃は六歳で文章を書けるようになり、その書きぶりは滑らかで、「神童」と称されていた。二十七歳の時に海で溺れたことによる心臓麻痺で不幸にして亡くなってしまったが、王勃は「海内存知己、天涯若比隣」（海内知己を存すれば、天涯も比隣の若し）、「落霞与孤鶩斉飛、秋水共長天一色」（落霞孤鶩と斉しく飛び、秋水 長天と共に一色）などの不朽の名句を遺した。王勃は楊炯《ようけい》、盧照鄰《ろしょうりん》、駱賓王《らくひんおう》と共に「初唐四傑」と称されている。

習近平国家主席は青年が成長して有用な人材になることに対して強い関心を寄せており、中国共産主義青年団中央委員会新指導部メンバーとの懇談会では、進んで勉学と仕事に励み、率先して自己を厳しく律し、積極的に青年とつながりを深めることを託した。模範は最良の説得であり、習主席がマルクスやニュートン、王勃などが青年期に大きな成果を挙げた経験を引用して述べたのは、まさに同中央委員会新指導部メンバーや全国の青年が、奮闘する決心を揺るぎないものとし、非凡な事業を成し遂げるよう鼓舞するためであった。

習主席は自ら歩み寄って青年たちと挨拶をし、彼らが奮闘精神と貢献精神を持ち続けるよう常に勉励している。習主席は、北京大学考古文博学院二〇〇九年本科団支部の全学生、華中農業大学「本禹志願服務隊」、河北保定学院西部支教全卒業生の代表に対して相次いで手紙で返信し、人生の理想を国家や民族の事業と融合させ、祖国建設のため大任を担う有用な人材になる努力をするよう激励した。北京大学の教師・学生との座談会では、服のボタンをかけることを例えとして、青年は価値観を培い、「人生のボタンはひとつ目からしっかりとかけなければなりません」と戒めた。そうすれば青年という時期は非常に生きがいがあり、大いに活躍できる時期になることだろう。習主席にとって、これは「長江後浪推前浪」（新しい人や物事は常に古いものに取って代わるということ）という歴史の法則であり、「一代更比一代強」（代を重ねるごとに強くなること）という青春の責任なのである。

国内編③
自己啓発を語る
革命の青春

わが党の歴史を見ると、多くの卓越した指導者は青春時代に革命の理想を確立し、人民のために奮闘することを志しています。毛沢東同志は青少年時代、すでに中華民族の強盛のために献身すると志を立て、二十五歳のときには何叔衡、蔡和森らと新民学会を発足させ、二十八歳にして第一回党大会に出席しています。また、三十四歳のときに秋収起義（工農革命軍による武装運動）を指導し、起義軍を率いて井岡山に第一の農村革命基地を創建しました。周恩来同志は二十一歳で天津愛国学生運動を指導し、二十四歳のときに留学先のフランスで渡欧中国少年共産党の創建に携わり、二十九歳のときは南昌起義（蜂起）を指導、三十歳のとき第六回党大会で、中国共産党中央政治局常任委員に当選しました。鄧小平同志は十六歳のときフランスに留学し、二年後に渡欧中国少年共産党に加入しています。その後二十三歳のときには中国共産党中央秘書長（事務局長）に就任、二十五歳のときに百色起義を指導して中国工農紅軍第七軍を創建しています。

「中国共産主義青年団中央委員会新指導部メンバーとの懇談会での演説」
（二〇一三年六月二十日）

解説

青春はたった一度だけ。どのように輝く青春を描き、非凡な人生を築いていくかは、青年たちが代々抱く「青春の問い」ではないだろうか。

青年時代の毛沢東、周恩来、鄧小平は、民族存亡の危機を救うため、革命の大波に毅然として身を投じた。高い志をもって国の運命を背負った彼らの青春は党の歴史に深く刻まれている。

「孩児立志出郷関、学不成名誓不還。埋骨何須桑梓地、人間無処不青山」（男児志立てて故郷を離れ、学問もし名を成せなければ誓って帰らず。骨を埋めるになんぞ故郷が必要か、人間至るところ青山あり）。十七歳になる年、毛沢東は勉学を求めて湖南湘郷県に行く前に、この詩を書いた紙を父の帳簿に挟んでおき、志と決意を表明したのであった。そのときから、人々の苦しみと国難が青年毛沢東の最大関心事となった。二十歳過ぎには新民学会と湖南学生連合会を発足させ、機関紙「湘江評論」を創刊した。また長沙共産党の早期組織を作り、二十八歳のとき第一回党大会に出席した。青年時代の毛沢東は、『沁園春・長沙』に書いてあるように、「恰同学少年、風華正茂。書生意気、揮斥方遒。指点江山、激揚文字、糞土当年万戸候」（まさに青春時代の学友たちは風采才能ともに盛んであり、意気に燃え、情熱に溢れている。国家大事を語り、激揚した文章を書き、軍閥官僚たちを糞土とする）のであった。

中国共産党が誕生したばかりの一九二〇年代、欧州にも「渡欧中国少年共産党」という青年華人の政治勢力が出現した。一九一五年、蔡元培、呉玉章らがパリで勤工倹学会を立ち上げ、パリに行って働きながら就学するよう青年たちに呼び掛けた。このように渡仏した学生たちの中から、周恩来、趙世炎、蔡和森、李維漢、王若飛、李立三、向警予、陳毅、陳延年、陳喬年、聶栄臻、鄧小平、李富春等のマルクス主義者が誕生した。彼らは一九二一年にパリ共産党早期組織を作り、翌年には「渡欧中国少年共産党」が発足した。当時二十四歳だった周恩来は執行委員会で広報を担当し、十八歳だった鄧小平もこの組織に加盟した。彼らの当時の渡仏経験を描いたテレビドラマ、「われらのフランス歳月」が一時視聴ブームを起こした。

周恩来はフランスから帰国後、黄埔軍校政治部主任を務め、その後、党指導下の北伐革命武装葉挺独立団を立ち上げた。二十九歳のときには南昌起義を指導し、武力で国民党の反動勢力と戦う第一砲を撃ち切り、人民軍の創建に重要な貢献をした。鄧小平はまずは旧ソ連に渡り研修を行い、帰国後革命運動に参加し、二十三歳のときには中国共産党中央事務局長を務め、二十五歳で百色起義を指導し、中国工農紅軍第七軍を創建した。

習近平国家主席は毛沢東らの革命の青春について語ることで、国家の繁栄と人民の幸福のために、高い志を持ってたゆまず奮闘するよう、若者たちを激励した。彼は深い感銘を与えてくれた青年共産党員たちの奮闘の道のりを若者たちと振り返り、波乱万丈の中国百年の歴史をはっきり認識するように導き、自分たちの使命と責任、揺るぎない志、最後まで奮闘する決心と自信を理解するよう、若者たちを指導した。青年たちの力は国家の力を表しており、青春の奮闘には中国の未来が託されている。習主席が指摘したように、全面的に小康社会（ややゆとりのある社会）を作るためには青年たちが新しい力になり、先鋒にならなければならない。全面的小康の実現や、改革発展中の問題点や矛盾を解決していく中で、青年たちの活躍が必須になる。千万の青年たちよ、青春を謳歌し、奮闘精神を奮い立たせよう。青春の中国は必ず新しい輝きを放つだろう。

国内編③

自己啓発を語る

時代に後れを取ってはならない

今の時代は知識の更新サイクルが大いに短縮され、いろいろな新知識や新情報、新しい物事が続々と出てきています。ある研究によると、知識の更新のスピードは、十八世紀以前はおよそ九十年で倍増していたのが、一九九〇年代以降は加速され、三年から五年で倍増するといいます。ここ五十年の間に人類社会が作り出した知識は、過去三千年間の合計よりも多いのです。また、「農耕時代には、一人の人間が何年か学べば一生使え、工業経済時代には、十数年学んでやっと生涯に足り、知識経済時代になった今は、一生涯学び続けなければ時代に取り残されてしまう」といわれています。私たちがもし各分野の知識の素養を高めなければ、あるいはもしさまざまな科学文化知識を進んで学ばなければ、さらには主体的に知識の更新を加速させ、知識の構造を最適化させて見識と視野を広げなければ、私たちの能力を向上させることはできず、したがって主導性、優位性、さらには未来を勝ち取ることもできないのです。

「中央党校建校八十周年祝賀大会、および二〇一三年春学期始業式での演説」

（二〇一三年三月一日）

解説

「芳林新葉催陳葉、流水前波譲後波」（芳林新葉陳葉を催《うな》（促）がし、流水前波後波に譲る）。新陳代謝は物事の発展と変化の基本法則であり、知識の生産において言えば、それは明らかに加速傾向にある。ユネスコの研究によると、知識の更新サイクルは、十八世紀は八十年から九十年、十九世紀から二十世紀初期は三十年に短縮され、一九六〇～七〇年代の一般科学では五年から十年に、一九八〇～九〇年代になると多くの科学分野で五年に短縮され、二十一世紀に入ってからは二年から三年になっている。

　ある学者は放射性元素の崩壊原理を用い、知識の新旧交替について「知識半減期」説を提唱した。それは、ある分野において豊かな教養、あるいは豊富な専門知識を身に着けた人が勉強を続けない場合、一定の期間後、知識半減期に入るというものである。すなわち、基礎知識は引き続き利用できるが、ほかの半分の新知識は時代遅れになってしまう。今現在の知識核分裂のスピードは「一日千里」（進歩・進度が極めて速い）であり、一九五〇年以前の知識半減期は五十年、二十一世紀の知識半減期は平均的に三・二年、IT業界チーフエンジニアにおいては一・八年になっているという。このように、人は学ばないか、あるいは学ばない時間が長くなれば、社会発展から離脱してしまうことは避けられないであろう。多くの人が「新しい方法は使い方がわからず、古い方法はコントロールできず、強硬な方法は使う勇気がなく、柔軟な方法は役に立たない」という局面に遭遇しているが、その原因は「知識半減期」に陥り、最新知識と技能が不足しているからであろう。

　学ぶことを重視するのはわが党の伝統である。延安時代より、毛沢東は「才能恐慌」の問題を指摘した。彼は学ぶことを「店を開く」ことに例え、元々多くない品を売り始めると店はすぐ空っぽになってしまい、再び入荷しなければならないが、入荷こそが正に知識と技能の学習であると指摘した。

　習近平国家主席は「中央党校建校八十周年祝賀大会」で、学ぶことの重要性についてこのように強調した。「中国共産党員は学ぶことによって今日に至った。これからも学ぶことで未来に向かって前進しなければならない」。『説苑』（中国古代雑史小説集）には、「学所以益才也、礪所以致刃也」とある。「才能を伸ばしたければ、学ばなければならず、刃を鋭くしたければ常に研がなければならない」という意味である。習主席は『之江新語』でこの句を引用し、読書と学習の位置付けをよりはっきりさせ、たくさん学ぶよう幹部層を戒めた。また、第四回全国幹部学習研修教材の前書きの中でこのように強調した。「各分野の知識の学習にいそしみ、それを実践する中で才能を伸ばし、知識の更新を加速させ、知識の構造を最適化させ、見識と視野を広げることで、知識の乏しさで迷ったり、不知で盲目になったり、無知で乱れる苦境に陥ったりすることを避け、才能不足、才能危機、才能遅れの克服に尽力しなければならない」

習主席はまた「蓄電池理論」を提唱し、「一回きりの充電で一生を送れる時代はもう過ぎ去った。高効率の蓄電池となり、絶え間なく持続的に充電してこそ、絶え間なく持続的にエネルギーを放出できるのである」と説明した。このようにイメージとして要約することで、無味乾燥な説教ではなく理解や実践がしやすく、また人々の興味も引き出すため、学ぶこと自体が受動的要求から一種の生活スタイルや進歩の必需に変わっていくのである。

国内編③
自己啓発を語る

学びて考える

われらの先人たちは刻苦勉励して感動を誘う話を多く残してくれました。例を挙げると、「懸梁刺股」（眠気に打ち勝って猛勉強する）、「鑿壁偸光」（壁に穴を開け隣家の光を盗み勉強する）、「嚢蛍映雪」（夏は蛍の光に、冬は雪の光に頼って勉強する）等々がありますが、いずれも勉学の美談として伝わっており、その精神は心に刻むべきであります。私たちは心を落ち着かせて、一心不乱に勉強し、深く研究を進め、また討論をしなければならないのです。孔子は「学而不思則罔、思而不学則殆」（学びて思わざれば則ち罔《くら》し、思いて学ばざれば則ち殆《あやう》し）という素晴らしい言葉を残してくれました。学ぶことと考えること、勤勉に学ぶこととよく考えることは、相互作用し、また互いに補完し合って、密接不可分な関係であります。私たちは学ぶ過程で、実際の仕事と結び付け、疑問を持ち、繰り返し考えなければなりません。そうすることは理論的・戦略的思考能力を育て、高めるために大変有意義なことであります。中央党校の授業は学期毎に学員フォーラムと政治経験の交流活動を設けており、実際に政治を行った経験を研究したり、切磋琢磨したりできるようにしています。授業の休み時間や食事休憩時間を利用して授業の感想を話し合い、その中で互いに啓発したり、経験を共有したりすることもできます。

「党校学員の学習について――二〇一二年中央党校秋学期始業式での演説」
（二〇一二年九月一日）

解説

荀子は『勧学』の中でこのように述べている。「不登高山、不知天之高也。不臨深渓、不知地之厚也」（高い山に登らずして天の高さを知らず、深い渓谷に下りて間近に見てみなければ大地の厚さを知らず）。学ぶことは、個人の運命を変え、周囲の世界を洞察する有力な武器である。勉学にいそしむことは古くから優秀な人格とされてきた。

『戦国策』には、蘇秦という人が若い頃、一念発起して勉強に打ち込み、「眠気に襲われると、錐で自分の太ももを突き刺し、血が足まで流れた」という記載がある。また、『漢書』にも勉学に関わる話がある。「孫敬、別名文宝、昼夜休まず勉強し、疲労で眠くなると、頭を縄でくくり、その縄を天井の梁につないで眠気を覚ました」。上記の「頭懸梁」と「錐刺股」の二つの話を合わせて、「懸梁刺股」の四字熟語が出来たのである。

「鑿壁偸光」は、前漢の大文学家、匡衡が小さい頃、壁に穴を掘り、隣の家のろうそくの光を借りて勉強したという話である。『西京雑記』にはこのように記載されている。匡衡の家は貧しく、夜に本を読むためのろうそくがなかった。そこで、匡衡は壁に穴を掘り、夜になると、そこから射してくる隣の家の光を借りて勉強した。このように、貧しい家庭で時間を惜しんで勉強した話はまだある。晋代の車胤という人の妙案は、蛍を集め、その光で勉強したということだった。また、孫康という人は、雪の反射光を利用して勉強したという。この二つが「嚢蛍映雪」の話である。昼夜問わず、勉学に励んだのは、彼らの共通の姿である。

このような話は他にもたくさんある。例えば、「匡編三絶」は、孔子が『周易』を熱心に勉強したため、竹簡を綴じた牛革の紐が何度も擦り切れたという話である。「聞鶏起舞」は、東晋の武将だった祖逖が若い頃、祖国復興の志を抱き、明け方鶏の鳴き声を聞いて飛び起き、庭に出て剣舞を練習したという話である。また、「程門立雪」は、北宋の楊時とその友達の游酢が程頤に教えを受けようと家を訪れたが、程頤が休んでいたため、大雪の中門の傍に立ち、程頤が起きるまで待っていたという話である。

学ぶということはそのスタイルや方法も工夫する必要がある。それについて『論語』の主張が大いに参考になる。『論語・為政』では、「学而不思則罔、思而不学則殆」と論じている。「学ぶだけで考えないのでは、戸惑うばかりで得るものは何もない。また、考えるだけで学ばなければ、疲れるばかりでやはり得るものはない」という意味である。『論語・子張』の中でも、「博学而篤志、切問而近思、仁在其中矣」と論じている。その意味は、「広く学び、理想を追求して一心不乱になり、疑問が生じたら真摯に教えを求め、目の前で起きている物事をよく考える。そうすれば仁徳は自然とその中で実現できるであろう」

習近平国家主席は古人たちの勉学の事績や学習方法を述べることで、勤勉に学び、よく考えるよう中央党校の学員たちを激励した。習主席は浙江省時代に「主体的に『学習の革命』を起こそう」と提起していた。習主席は学習における「考えること」の重要性を非常に重視して「考えることは読書を深めることであり、認知の必然であり、書物を活かすための鍵である」とした。アインシュタインもこのように述べている。「知識を学ぶためにはよく考えて、考えて、また考えなければならない。私はこの方法によって科学者になったのである」

国内編③

自己啓発を語る

原著を理解し精通する

エンゲルスは『資本論』第三巻序文の中でこのように指摘しています。「もし科学問題を研究したいなら、最初に研究に必要な著作を作者の書いた原文のとおり読むことを学ばなければならない。また、原作に書かれていないことを読み取ってはならない」。多くの党員幹部にとって、原著を読み始めた段階では困難にぶつかることは避けられないかもしれませんが、マルクス主義は世界を認識し、世界を改造するよう、労働者階級を指導する科学的真理であるため、努力すれば必ず理解し、精通できるでしょう。『資本論』第一巻が出版された後、マルクスは、「私が用いてきた分析方法は経済問題にはまだ誰も適用したことがないため、始めのいくつかの章を読むことはかなり困難である」「これは確かに不利な点ではあるが、私にはどうしようもない。ただ、真理を切望する読者に前もって指摘し、注意を促したいことは、科学を追究する上で平坦な大道はない、労苦を恐れず険しい小道を攀じ登る人だけに、その輝く頂点にたどりつく希望があるという一点である」と述べています。国家とは何か、この「最も複雑で最も難解な問題」を解明するため、レーニンは大学生たちに、時間をかけて「マルクスとエンゲルスの主要著作を少なくとも何冊か読む」よう提案しました。彼は、「始めはその難しさに驚くかもしれないが、それで落胆しないよう言っておきたい。一回目に読んで理解できなかったところは、次にもう一度読んだとき、あるいは後日、視点を変えてこの問題を研究したときにわかってくるはずである」と述べ、さらに「真面目にこの問題に取り組んで、独自に理解を追求したい人は、必ず何度も研究し、繰り返し検討し、いろいろな角度から考えなければ、完全に理解することは出来ないであろう」と強調しました。毛沢東同志は科学的姿勢を強調しました。それは、「実事求是、有的放矢」（事実に基づいて真実を追究し、的を定めて矢を放つ）の態度であり、「科学的姿勢がないということ、すなわち、マルクス・レーニン主義による理論と実践の統一した態度がないということは、党の本質がないか、または党の本質が不完全であることである」。以上の学習方法は今日私たちがマルクス主義著作を学ぶ上で同様に適用するものであります。

「幹部層はマルクス主義の古典名著の学習を重視しなければならない
――中央党校二〇一一年春学期第二次研修班始業式での演説」
（二〇一一年五月十三日）

解説

マルクス、レーニン、毛沢東等の革命指導者たちは、真理を追究するために多大な努力を注いだ。

マルクスは常に机に向かって読書し、執筆を続けた。室内を歩くことで休憩を取っていたため、部屋のドアと窓の間の絨毯に一筋の足跡が出来たが、まるで芝生の上を通る一本の小道のようだったという。『資本論』では、イギリス労工法に関する二十ページあまりの文章を書くため、図書館の所蔵するイギリス・スコットランド調査委員会と工場視察員の青書（日本の白書）を全て研究したという。

レーニンは収監されていた間にも読書と執筆を続けた。看守に見つからないようにパンの中に牛乳を溜めておき、インクの代わりに牛乳で書き、乾いた後は何も見えなくなったという。看守が入ってきた時には一口で「インク瓶」を食べてしまったという。彼はある手紙の中に、「今日は『インク瓶』を六個も食べた」と書いてある。ソ連共産党中央マルクス・レーニン主義研究院編集の『レーニン文集』の第四十巻は、五百ページある中の四百ページ全てがマルクスとエンゲルス等の著作に関する評論、注釈および抜粋である。

毛沢東は『資本論』を繰り返し研究した。人民出版社は特別に彼のために大字版『資本論』を印刷したという。また、『聯共党史』と李達の『社会学大綱』を十回以上読んだという。毛沢東は、『共産党宣言』『資本論』『レーニン選集』『ゴータ綱領批判』『国家と革命』等について繰り返し研究し、文章の多くのところにコメントや注釈、しるしを加えた。彼は読書のたび、重要な場所に丸・線・点等の各種記号を加え、ページ上部や文章の余白に多くのコメントを付した。彼が永眠したとき、傍には大字版『共産党宣言』と革命戦争時代に出版された『共産党宣言』二冊が置かれてあったという。

習近平国家主席は中央党校二〇一一年春学期第二次研修班始業式で、マルクス、レーニン、毛沢東等、革命の指導者たちの「原著を読む」についての論述を詳しく述べ、原著を読むにあたり、理解できない困難に突き当たった場合、どのように克服していくかを詳細に説明した。習主席が強調したように、「幹部層、特に上層部の幹部はマルクス主義の基本理論を体系的に身に着け、マルクス・レーニン主義、毛沢東思想、特に鄧小平理論の『三つの代表』の重要思想と科学的発展観を、まじめに、原著にあるとおり学ばなければならない」のである。

国内編③ 自己啓発を語る

尋烏調査

一九三〇年、毛沢東同志は尋烏県に調査に行った際、各界の人々と直接調査会を開き、直接大量の一次資料を入手しました。例えば、当県の各種物産品の生産量と価格、都市部の各産業の従業員人数とその比率、各商店の取扱品目とその売り上げ、各地の農民たちに与えられた農地の広さとその収入、各層の人々の政治的姿勢、等々、全てを明確に把握しました。仕事に対して深く掘り下げ、ひたすら事実に基づいて事を進めるこのような手法をわれわれは学ぶべきでしょう。

「調査研究について――中央党校二〇一一年秋学期第二次研修班始業式での演説」

（二〇一一年十一月十六日）

解説

国家博物館の「復興の路」展覧会には、一冊の貴重な石印本が展示されていたが、それこそが毛沢東が一九三〇年五月に尋烏で執筆した『調査工作』であり、後に『反対本本主義』（反書物主義）と題名が変更された。毛沢東はこの文章の中で初めて「調査なしでは発言権がない」「中国革命闘争は中国の同志が中国の状況を理解することによって勝利できる」と指摘した。尋烏調査は革命指導のためだけでなく、科学的研究においても、私たちの党が調査研究を展開する上で輝かしい手本である。

尋烏調査は、毛沢東が土地革命運動時期に行った最大規模の社会調査であり、初めて都市部に重点を置いた調査でもある。一九三〇年五月、毛沢東は紅四軍を率いて江西省会昌から尋烏に着いた。尋烏は江西、広東、福建三省に隣接しており、商品流通の主要集散地であった。毛沢東は「私は中国富農（一九四六年から五二年までの土地改革運動中に定められた農民の階級の一つで、一般的に自分の土地を所有していた）問題の全貌をまだ把握出来ていない。同時に商業に対しては完全に素人なので、全力で今回の調査に取り組みたい」と認識していた。そして、部隊が近くの各県で土地革命運動を展開する機に、尋烏の商業調査に着手した。

「尋烏でどちらの豆腐屋が作る豆腐が一番よくて、売れ行きがいいのか。またどちらの酒造のお酒が一番いいのか」調査に入る前、こうした毛沢東の質問に、地元の幹部は返答に困っていたという。毛沢東は調査メンバーを引率し、地元の四十七の店舗と九十四の手工業店舗を訪れ、民衆たちと一緒に労働し、膝を交えて話し合った。この調査に基づいて、紅軍は「過度な税金を無くし、商人貿易を保護する」都市部政策を策定し、「左」寄りの過ちを是正し、供給の難題も解決された。

『尋烏調査』は調査報告として、内容は尋烏の政治区画、交通、商業、古くからの土地関係、土地闘争等の五部編成になっている。報告の中にはデータ統計もあれば、歴史沿革に関する説明もあり、業界調査もあれば、階級分析もある。その内容は具体的で、雑貨店が経営する百三十一種の輸入品や、アクセサリー、時計修理店の経営状況、農村のお社《やしろ》で行う行事の際の穀物や肉の配り方までが詳しく記されている。緻密に資料収集をし、科学的分析と総合的研究を行ったことは、『尋烏調査』の最も顕著な特徴である。

習近平国家主席は「調査研究は事を企てるための基礎

であり、事を成し遂げる道である。調査なくしては発言権はないし、ましてや決定権などあろうはずもない」と、一貫して調査研究を重視し、深く掘り下げ、実践に基づく姿勢を尊ぶ鮮明なスタイルを打ち出した。習主席は毛沢東の尋鳥調査を引用し、まじめに調査研究を行うためには、「大衆の中から来て、また大衆の中に戻らなければならない」、すなわち、大衆の意見を広く集め、またそれを人民大衆の社会的実践の中で検証しなければならないと、幹部たちを訓戒した。

中央党校の多くの学級は調査研究に関する特別講座を設けている。中央党校二〇一一年秋学期第二次研修班始業式で、習主席は調査研究について党校学員に特別授業を行った。この演説の中で、多くの判断基準と仕事に求められるものを提起した。例えば、「調査研究は仕事を進める上で一種の方法でありながら、党や人民の事業の成敗に関わる大きな問題でもある」「調査研究を評価するにあたり、鍵となるのは調査研究の実際の効果であり、調査研究成果の運用状況であり、うまく問題を解決できるかどうかを確認しなければならない」などである。

国内編③ 自己啓発を語る

一一四文字の碑文

毛沢東同志が人民英雄記念碑のために起草した碑文は、たった一一四文字でしたが、中国の近現代史を反映するものでした。一九七五年、鄧小平同志は周恩来総理の第四期全国人民代表大会第一回会議における報告の起草を任されましたが、たった五千字でした。

後になって、この件に話が及ぶと、鄧小平同志は「毛主席が私に起草の担当を指名し、五千字を超えないようにと求めたのです。私は任務を完遂しました。わずか五千字でも、なかなか役目を果たせるものではないか」と言いました。

「努力して不良な文体を克服し、積極的に優良な文体を提唱しよう
——中央党校二〇一〇年春学期第二次入学生の始業式での演説」
（二〇一〇年五月十二日）

解説

一九四九年九月二十一日から三十日まで、中国人民政治協商会議第一回全体会議が北平で開催された。人民解放戦争と人民革命の中で犠牲となった人民英雄を記念するべく、会議は首都である北京の天安門外に人民英雄記念碑を建立することを決定した。

毛沢東が書いた碑文は、「この三年来の人民解放戦争と人民革命によって犠牲になった人民の英雄達は永遠に不滅である！　この三十年来の人民解放戦争と人民革命によって犠牲になった人民の英雄達は永遠に不滅である！　これより一八四〇年まで遡り、あの時から内外の敵に反対し、民族の独立と人民の自由と幸福を勝ち取るための度重なる闘争の中で犠牲になった人民の英雄達は永遠に不滅である！」とあり、原文の中国語はわずか一一四文字であるが、一気呵成に力強く書き上げたものであり、人民英雄に対するはるかなる敬慕の念が鮮明に表れている。

一九七五年一月三日から十七日まで第四期全人代第一回会議が北京で挙行されたが、これは「文化大革命」期間に開催された唯一の第一回全国人民代表大会であった。国務院総理周恩来の身体状況を鑑みて、当時第一副総理に任ぜられていた鄧小平が毛沢東の依頼を受けて、周恩来に代わり、政府活動報告の原稿を作成した。

鄧小平は報告の文字の総数を五千字に圧縮させただけではなく、度重なる抵抗を克服しながら起草のチームを率いて、周恩来以来の長きにわたる「四つの現代化」に関する思想を重要ポイントとして報告文の原稿に書き込んだ。「四つの現代化」の実現という雄大な目標は報道されるやいなや、これによって全党全国の人民が奮起し、「文革」の束縛を打ち破る礎となった。鄧小平は「五千字も、とても役に立つものだったでしょう？」と感慨を持ってこれを語っている。

文章の作風においては、短く中身がある新しいものを提唱し、偽りで話が大きく中身がないものに反対する、習近平国家主席はこのように要求し、実際にそのような模範を示してきた。一九八四年、河北省正定県党委員会書記に任じられていた習近平主席が「人民日報」にて初めて発表した署名入り文章は、「青壮年幹部は『敬老』すべきである」で、ここにすでにその素朴な文章のスタイルが表れている。二〇〇三年から二〇〇七年、浙江省党委員会書記を担当した期間には、習主席は「浙江日報」の「之江新語」（浙江日報の第　面コラム）欄で、二百三十二篇の短い論説を発表している。

これらの作品は、ほとんどがわずか三百字から五百字であり、中身がない話や決まり文句、外交辞令の類がなく、きちんと古典中の語句を引用して論拠とし、論述は説得力を持ち、語る道理も簡単で理解しやすく、問題を語れば核となるポイントを突き、文章中の多くの思想や表現法は現在読んでも依然として咀嚼すべき価値がある。

文体は作品の風格を体現し、また指導者や幹部の能力とレベルを反映させる。文体の問題は、習主席の注目するところである。文体に関しての間違った認識として、文章が長ければ長いほどレベルが高いことを意味するというものがある。習主席は人民英雄記念碑の碑文はわずかに一一四文字であること、鄧小平が周恩来に代わり中心となって起草した五千字の政府活動報告を例にして、短文であっても中身を豊かにして盛り上げることができると説明し、文章は可能な限り短くすっきりとまとめ、短い言葉でよく意を尽くして、内容もまた深いものにできると言っているのである。

習主席はかつて『荘子』の中の「長ずる者は余り有りと為さず、短なる者は足らずと為さず。これ故に鳧の脛は短しと雖も之を続ぐときは憂ひん、鶴の脛は長しと雖も之を断つは悲しまん」を引用したことがある。すなわち、カモの足はとても短いが、だからと言って付け足してあげても困るだろう、鶴の足は長いが、その足を一段切り取ったら悲しみにくれるだろう、という意味である。

この理屈は、文章を書く際にも適用される。彼が言うことを今日に当てはめれば、すなわち「カモの足をつけ足して長くする」ような文章が多すぎるので、短い文章、短いスピーチ、短い公文書を提唱することが、文体を改良していくための当面の主な任務なのである。

国内編③ 自己啓発を語る

『共産党宣言』を百回読むべし

マルクスを読み、毛沢東の著作を学ぶときには、精通するように最初から最後まで学び、細部にわたって読み、本気で工夫をしなければならないのです。一九三九年末、毛沢東同志は延安で、マルクス・レーニン学院で学んでいたある同志にこう言いました。「マルクス・レーニン主義の本は絶えず読まないといけない。『共産党宣言』を私は百回以上読んだが、問題があればマルクスの『共産党宣言』を読み返し、一、二段落しか読まないときもあれば、全編読むときもあり、読み返す度に必ず新しい啓発がある。『新民主主義論』を書いているときも、『共産党宣言』を何度となく読んだ。マルクス主義を読むことの是非は応用にあるのだから、これを応用するためなら常に読み、重点的に読まないといけない」と。鄧小平同志、江沢民同志と胡錦涛同志も時期こそは違いますが、何度も繰り返し原著を真剣に研究し読むことの重要性を強調しています。

「幹部層は読書を愛し良い本を読み読書を得意とせよ
——中央党校二〇〇九年春学期第二次研修班始業式での演説」
（二〇〇九年五月二十三日）

『共産党宣言』は国際共産主義運動の最初の綱領にあたる文献で、マルクス主義誕生の指標である。『共産党宣言』は、ページ数は長くないが、その威力はまるで「精神的原子爆弾」のようであり、ひとたび世に問いかけるやいなや、世界の全てを震撼させるものであった。理論上では『宣言』は全編を通して唯一史観の基本精神を貫いていて、これは人類社会を認識する一つの科学的な方法を提供するというものである。実践の上では、『宣言』は初めての世界的な共産党組織の党綱の第一であり、「万国の労働者よ、団結せよ！」という戦闘スローガンを打ち出し、プロレタリア革命の行動のための指南となった。

エンゲルスは、『宣言』は「全ての社会主義の文献の中で最も広く伝わった国際性を持った著作」とし、世界各国の無産階級政党で最も重要な「完璧な理論と実践の党綱」でもあると指摘した。

『共産党宣言』の中国革命と中国共産党に対する影響も、同様に尋常なものではなかった。毛沢東はスノーに、ちょうど『共産党宣言』の影響のもと、一九二〇年夏には彼はすでに理論の上で、そしてある程度は行動の上でも、一人のマルクス主義者になっていたと語った。晩年の周恩来は、ある会議の席上で、『共産党宣言』を初めて中国語版として翻訳した陳望道氏の前にわざわざ進んでいって、中国語版初版の『共産党宣言』を探し出せるかどうか尋ねた。彼はそれをもう一度読みたかったのである。

鄧小平は、パリで働きながら学校に通っていた時期に『共産党宣言』に触れ、共産党に加わることを選び、革命の道に歩み出した。一九九二年、彼の南方談話（南巡講話）で、私の入門の師は『共産党宣言』であると感情を込めて語っている。

マルクス・レーニンの原著を学習することは、党員幹部からすれば「敷居が高い」ことであり、難度を持つものである。習近平国家主席は毛沢東が『共産党宣言』を読んでいた例を挙げ、我らの党の指導者ですらも苦学と勤学でようやくマルクス主義の真髄と実体に通じることができるようになったことを人々に知らしめようとしている。このことを以て原著を真面目に苦心して読解することの重要性を示し、そうして、人々が経典や原著を学習することへの自信を増やしたいのである。『共産党宣言』に対して、彼は多くの場面で幾度となく語り及んでいる。彼の中では「マルクス主義こそが我ら共産党員の

『真なる経典』であり、『真なる経典』をきちんと読まず、『西域に経典を取りに行く』と考えるならば、きっと大きな間違いが起こるだろう！」と思っているのである。

梁家河村の村民の回想によると、習近平主席は農村に下放（都市の知識青年が農山村に赴きまたは定住して農業生産に従事する運動のこと）した際には、細かく丁寧に『資本論』を読んでいたという。一九九八年から二〇〇二年まで、彼は清華大学人文社会科学院大学院課程の博士課程でマルクス主義理論と思想政治教育を専攻し学んだ。第十八回党大会報告を中心となって起草した際には、彼は「マルクス主義への信念、社会主義と共産主義に対しての信念は、共産党の人々の政治の魂であり、共産党の人々がありとあらゆる試練を乗り越えるための精神的支柱である」という一文をわざわざ入れるように要求した。

習主席が強調しているとおり、幹部層は「遍《あまね》く深くマルクス・レーニン主義の理論を研究する」重要性を十分に認識すべきであり、マルクス主義の経典や著作は必ず一切合切厳密に学び、細部にわたって読まなければならないのである。

国内編③
自己啓発を語る

学問を修めるための三つの境界

著名な学者、王国維は学問を修めるためには三つの境界があると論述している。一つ目は「昨夜西風碧樹を凋す、独り高楼に上り、望み尽くす天涯の路」(昨夜の西風は強く吹いて、木の葉を落とした。一人で高い楼に昇って天の果てへの道を望む)、二つ目は「衣帯漸く寛きも終に悔いず、伊の為なれは人は憔悴するに消得す」(衣服や帯が緩くなり大きくなっても、決して後悔はしない、あなたのためならば私は憔悴しても惜しくはない)、三つ目が「衆里他を尋ねること千百度、暮然首を回らせれば、那の人は却に在り灯火阑珊たる処」(衆人の中何気なく振り返ると、何とその人は、灯火の消えかかろうとしている場所にいた)。

幹部の皆さんが理論を学習するのにも、この三つの境界が必要です。まず、理論を学習するのに「天果てへの道を望む」のように志を高く遠く持って追求することが必要です、「昨夜の西風が強く吹いて葉を落とす」ような寒さと「一人高い楼に上る」寂しさに耐え抜き、心を静めてひたすらに一通り読んで読むのです。次に、理論を学習するには勤勉に努力し続けないといけません。一生懸命に研究し、惜しまずに労力を出し続け、幾度挫折しようともくじけずに、時間をかけて真の努力をし、苦しくても努力をし、細部に至るまで固い意志で努力をしてこそ「衣服や帯が少しずつ緩くなっていって」も「決して後悔がない」し、「憔悴した」としても、本懐となるのです。

さらに、理論を学習する際に独立した思考を尊び、用いることと結びつけることを学び、悟りがあることを学び、使うほどにその身に得るものがあり、学習と実践の中で「衆人の中で彼を幾度も探し」て、最終的に「ふと振り返る」と、「灯火が消えかかろうとしている場所」に真理があることに心の底から理解するのです。このようにして初めて、各レベルの幹部たちは、率先して学び、深く学び、恒久的に学ぶことが出来て、勤勉に学習し、模範となる思考を良くし、思想を開放して、時流に即した模範となり、実際に学んで役に立つ、そして学習すれば成果が必ずある模範になることができるでしょう。

「理論学習には三つの境界がある」（二〇〇三年七月十三日）
『之江新語』より

解説

「学問を修めるための三つの境界」は、国学大師たる王国維の著作『人間詞話』の中の一節である。王国維が言うには、「古今の人々のうち大いなる事業と大いなる学問を成就した者は、必ず三種類の境界を越えている。『昨夜西風碧樹を凋す、独り高楼に上り、望み尽くす天涯の路』が第一の境界である。『衣帯漸く寛ぐも終に悔いず、伊の為人の憔悴するに消得せん』は第二の境界である。『衆里に他を尋ぬること千百度、驀然として回首するに、那人却つて在り、燈火の闌珊する処に』が第三の境界である」と。

「学問を修めるための三つの境界」は、晏殊、柳永、辛棄疾による三つの詩句が巧妙に意味を変えて、愛とロマンに満ちた絵画のような元の詞を学問を修め、事業を興す三種の境界に改造し、哲理（哲学的な道理）を付け加えてしまったものである。

第一の境界は、北宋の晏殊の「蝶恋花・檻菊愁煙蘭泣露」から。

「檻菊愁い煙蘭露に泣く、羅幕軽寒にて、双子の燕子去る。明月離れて恨苦を諳んじず。斜光暁に到りて朱戸を穿く。昨夜西風碧樹を凋し、独り高楼に上がり、望み尽くす天涯の路。彩箋を兼ねる尺素を寄さんと欲すれども、山長水闊何処かを知る」

この詞は上の段落では景色に共感し、景物を描写することで別離の悲しみを込め、下の段落では別離を受け入れることにより、高楼で一人眺めている主人公の物思いのたたずまいを生き生きと表現している。王国維はこの詞に、胸の奥の思いを秘めて学問をなし大事業を修める者は、まずこだわりたいことをどこまでも追求し、高みに登って遠くを望み、道を俯瞰し、目標とその方向を明らかにすべきと意味を託したのである。

第二の境界は北宋の柳永の「蝶恋花・佇倚危樓風細細」から。

「危樓に佇み倚れば風細細にして、望極すれば春愁う、黯黯として天際に生ず。草色煙光残照の裏、言無く誰か欄に憑るの意を会せん。疏狂せんと擬把して一酔を図る、酒に封して当に歌ふべし、強ひて楽しむは還ほ味無し。衣帯漸く寛ぐも終に悔いず、伊の為人の憔悴するに消得せん」

この詞は春の愁いの中の物思いを主題にしていて、愛の苦しみやつらさ、そして悔いのなさを強調して表現している。作者は零落し異郷を流浪することと、心の中の意中の人への連綿たる思いを結び付けて一つにし、風景を抒情的に描き出し、真摯なる心を込めた。王国維は、創意工夫を持って、この二つの詞を大事業や大いなる学問を成就するためには、軽くなすことではなく、必ず揺るがずたゆまず、ひたすら熱心に求めれば、帯や服が大きくなるほどに痩せたとしても悔いはないと例えたのだ。

第三の境界は、南宋の辛棄疾「青玉案・元夕」から。

「東風は夜花を千樹に放ち、更に吹き落とす、星は雨の如し。宝馬雕車の香り路に満ち、鳳簫の声動し、玉壺の光転し、一夜魚龍の舞ふ。蛾児は雪柳黄金縷、笑語は盈盈として暗香の去る。衆里に他を尋ぬること千百度、驀然として回首するに、那人却つて在り、燈火の闌珊する処に」

この詞は、前の段では正月十五日城内に灯火が満ちあふれ、賑やかで和やかな景色を描いていて、後ろの段では意中の人を探している様子、栄華を羨望せず、冷遇に甘んじる美人を描き出している。王国維は、これをもって、千度百度の追求がなければ、悟りと理解の瞬間が訪れることなどないという意味を持たせた。

習近平国家主席は、「学問を修めるための三つの境界」を通して理論を学習することを詳細に説明し、学ぶことの道理を優美な詞句に託して、幹部層に各種理論や知識を先頭に立って学び、深く学び、学び続けることを啓発した。

「学問を修めるための三つの境界」は、われわれに、理論学習は「天の果てへの道を望む」ような遠大な追求をするだけではなく、勤勉に努力を続けること、骨身を惜しまずに研鑽することでようやく、「昨夜の西風が強く吹いて葉を落とす」ような寒さ冷たさと「一人高い楼に上る」寂しさに耐えることができると示唆している。さらに重要なことは独立した思考を尊び、用いることと結びつけることを学び、悟りがあることを学び、その身に得たものを使って、学習と実践の中で「衆人の中で彼を幾度も探し」て、最終的に「ふと振り返る」と、「灯火が消えかかろうとしている場所」に真理があることを心の底から理解することである。

国内編③ 自己啓発を語る

悲観せず待ちもせず

我が県の七吉大隊に鄭春林という青年がいます。彼は幼い時に小児麻痺にかかり、片方の足に障害があります。しかし、彼は悲観せず、待つこともせず、自費で北京に行き、絵画や写真の技術を学び、写真と絵画の移動式サービスを始め、住宅の壁やオンドルの側面に絵を描き、また、写真を撮るといったサービスを顧客の家に出向いてするようになりました。

ある晩、一人の民営学校の教員（公務員の身分を持たない小中学校の教師）が急用のために彼に自分の写真を撮ってほしい、しかも当日にはもうプリントした写真が欲しいと彼に依頼しました。しかし、フィルム一巻を全部撮り終わってからでないと現像処理が出来ないが、それでは間に合わないため、彼はそのフィルムでただ一枚だけを撮影して、教員の急用に間に合わせたのでした。

彼は足に障害があるため力仕事は出来ないので、自宅で副業をスタートさせています。二十頭あまりの貂を飼育し、自ら進んで他の青年たちにその技術を教え、十数戸で貂の飼育を開始させました。この二年で彼の収入は一万元近くになりました。彼は自らの労働の収入を使って、七吉大隊に小さなビルを建てました。もし、全県の青年たちが彼のように少しの熱を持ち、少しの光でも発して、聡明なる才知を故郷のために捧げるならば、何年もの時間を要さずとも、正定の様子も大きく変わることでしょう。

「正定の振興の大事業を創り、発奮して意欲ある新人になろう」（一九八三年八月十日）
『知之深 愛之切』より

解説

「一つの手本は本の上の二十条の教訓に勝る」、手本のあるところには、前に進む動力がある。鄭春林は小児麻痺で片方の足に障害があるが、自暴自棄になることもなく、自費で絵画や写真の技術を学んで習得するだけではなく、家で副業もやり、まず自分で貂の飼育で儲けた後に村人たちに貂の飼育で収益を上げる方法を教えた。

鄭春林は、普通の人よりも向上心と行動力があり、貧困から抜け出し豊かになる方法を作り出し、同郷を手助けする非凡なる事績を行った。今日から見ると、彼の物語は人々の心を依然として沸き立たせずにはいられないし、であるからこそ人々は彼を「励志の兄貴」（「励志」は「志をもって目的を目指す、自らを励ます」という意味がある）と呼んでもその名に恥じない。

一九八三年八月、正定県党委員会書記に任じられた習近平国家主席は、「青年は社会全体の中で、最も積極的で最も生き生きとした力を持っていて、正定の振興の頼るべき新鋭軍である」とレポートした。彼は他にも一部の青年には弱点と不足が存在していて、それは「心余りあれども力足らず」（やる気は十分あるが力が伴わない）、「盲目に自卑す」（むやみに卑下する）等の問題も内に秘めていると鋭く指摘している。

「ある人々は、往々にしてひたすら遠くにある薔薇を摘み取ることばかり考えていて、身近な玫瑰を足元に踏みつけてしまうものであり、全ての大事はまず小さなことからスタートすること、自分の身の回りから始めるものであるということを忘れてしまう」。彼から見れば、例えば、青年が末端の仕事をおろそかにすること、平凡な職場を見下すこと、目の前の仕事をしないこと、座して「大事業」を待つことなど、それら一切の夢物語は、全て幻想にすぎないのである。

そのため、習近平主席は演説の中で鄭春林が率先して郷里を豊かにした例を挙げ、正定の青年たちに本職に基礎を置き、地道に取り組み、先ず自分からスタートすること、些細なことからスタートすること、そしてそうしたことの積み重ねで彩り豊かな人生になると励ましているのである。

この「正定の振興の大事業を創り、発奮して意欲ある新人になろう」の演説には、もう一つとても励みとなる物語がある。教育水準が高くない黄春生は、一九六九年に綿花の優良品種を栽培する仕事を始めた。知識が足りないために、彼は中学の教科書の「植物」から学び始め、その後に河北師範大学、河北大学の関係する教材を自習し、多くの農業科学技術雑誌を一心に読むだけではなく、わざわざ大学院と科学研究機関に赴き、専門家に教えを乞うた。

何年か骨身を惜しまない努力をした結果、彼が作り出した「冀綿二号」という品種は、河北省科学技術成果二等賞を獲得し、省内外の百万ムー（一ムーは約六・六七アール）までに普及したため、彼は綿花育種の「土専門家（たたき上げの専門家）」と賞賛されている。

習主席は、鄭春林の物語を通して、広範な青年に、ただひたすら手堅く自分のやるべき仕事をこなし、自分の職場で優れた成績を上げることに全力で取り組んでこそ、人それぞれの叡智と聡明さが合わさって大きな力となり、社会全体の前進を押し進める力となることを教え示した。本職に基礎を置きながらも、地味に取り組み、先ず自分からスタートすること、小さなことからスタートしてこそ、青年は自分の彩り豊かな人生に属することが成しとげられる。障害こそあったが強い志を持って豊かになったという鄭春林の物語は、まさにこの道理の格好の説明なのである。

習主席はさらに、若い人たちは常に末端組織の「ずんぐり苗」たれと励ましている。大学生村官（大学など高等教育機関の卒業生のうち、各地の地方政府による選抜を経て、農村において村レベルのリーダーの一人となって、在来のリーダーたちの補佐をする若者のこと）、張広秀への返信の中で、習主席は全国の大学生村官に向かって「末端組織を熱愛せよ、末端組織に深く入って根を下ろして見識を増やし、能力を伸ばし、農村の発展を促して農民たちが利益を受けるようにしてこそ、青春に悔いなしである」という切なる希望を発した。華中農業大学「本禹志願服務隊」への返信の中で、彼は青年たちに祖国と一緒になって人民に貢献し、青春を夢見て、実際に行動することで「中国の夢」が実現できるよう、さらに大きな貢献をするよう激励している。

国内編③　自己啓発を語る

放蕩息子の改心

もう一つ、放蕩息子の改心の物語があります。周処は中国歴史上でも有名な放蕩息子です。小さいころから力持ちで人より優れていましたが、性格が乱暴で、いつも馬に乗り狩りをしながら、人々の生活をかき乱し、故郷でのさばっていました。当時南山には獰猛な虎、水の下には蛟竜（伝説上の動物で、風浪や洪水を起こす竜）がいて、常に人々に危害を与えていました。人々は猛虎、蛟竜と周処を合わせて故郷の「三害」と呼んでいました。

後に周処は当時の有名な学者陸雲に教え諭され、前非を悔い改めて、山に登り猛虎を殺し、川に入って蛟竜を斬り、骨身を惜しまずに学び、ついには知識が深くとても教養に富んだ人となって、最後は国のために栄誉ある戦死を遂げました。以上の物語より、人間だれしも過ちがあったとしても、朝聞夕改であれば、良い人であるということで、これがいわゆる「放蕩息子が改心して立ち直ることは金にも換え難い」ということなのです。

「経済発展への人材の役割は計り知れない」（一九八三年四月二五日）
『知之深 愛之切』より

解説

周処は三国末期、西晋の勇者である。幼いころより「膂力人に絶す」（その腕力は常人を遥かに超えていた）が、「修細を行わず、情より肆にす」（日常の細かい行いは節制することがなく、自分の気持ちのままに振る舞い）、故郷では近隣に悪名を轟かせていた。故郷の人々は、周処を南山の猛虎、水中の蛟竜と合わせて「三害」と呼んでいて、周処は「三害」のトップだとみなされていた。

周処は自分が人から嫌われていることを知っていたが、「慨然として改励の志あり」（自ら改めようとする思いがあった）。彼は呉郡で陸機、陸雲兄弟を訪ね、教えを乞うた。陸機はちょうど不在だったが、陸雲は周処をなだめながら「古人朝に聞き夕べに改めるを貴ぶ、君の前途尚ほ可なるを。且つ人は志の立たざるを患ふ、何ぞ令名の彰れざるを憂へんやと」（昔の聖人は朝に人間としての正しい生き方を聞いたならば、夕方には死んでも後悔しないと言った。ましてや君はまだ前途がある若者だ。それに自分の志が立たない事を心配するべきなのであって、世間で有名でないことを心配することがあろうはずもない）と言った。

そこで周処は率直な気持ちで過去を改め、自らを奮い立たせて良く学び、名士となった。やがて周処は西北の羌族の反乱討伐に派遣されたが、多勢に無勢で戦死した。人々は彼を「忠賢の茂実、烈士の遠節」と称賛した。

周処の放蕩息子の改心の事績は広く民間に伝わっていて、『晋書』と『世説新語』には、いずれも「周処三害を除く」の記載があり、今日に至っても京劇にも「三害を除く」の演目が残っている。後世には、周処の事績は全てが真実ではないと考証する人もいる。しかしながら、修身の物語としては提唱すべき価値のあるものであり、「周処三害を除く」の物語には独特の文化的な含蓄がある。「君子の過ちや、日月の食の如し。過つや人皆な之を見る。更むるや人皆な之を仰ぐ」（君子の過ちは日蝕や月蝕のようなものである。過ちがあると、全ての人がそのかげりを見るし、過ちを改めると、全ての人がその光を仰ぐ）。まさに『論語』に書かれているように、人は過ちを犯すことは免れないが、過ちは改めることができる。放蕩息子の改心は、高く評価され尊ぶべき価値のある物語なのだ。

『世説新語・自新篇』には、戴淵が過ちを知り悔い改める物語がある。商人や旅人を略奪していた戴淵は、陸機の「卿の才此の如し。亦た愎た劫を作すか」（あなたの才能はこのようであるのに、どうしてこんなことをするのか）という教え導きのもと、過去を改めてひたすらに善行に努め、後に征西将軍となった。

一九八三年三月、河北省正定県は「新しい時代（四人組が打倒された後の四つの近代化を中心任務とした時期）の人選の観点を築くために広く才能ある賢才を招く九条の施策」を制定したが、実行に移す段階で、党員幹部たちの間に「才能ある賢才を招く」という意味に対する理解不足があり、成り行きを疑問視するなどの問題が存在していた。一九八三年四月に「政策を開放し、経済を振興させる」という三級幹部会議で、河北省正定県党委員会副書記であった習近平国家主席は人材の重要性を強調し、各級の指導者と広範な幹部たちに新しい人選の観点を構築すること、真面目に県委員会の「賢人を招く」九条を実行し、広く「賢才」を招いて、経済振興を促進させることを要求した。

習主席が周処の例を引いたのは、「だれか過ちを犯さないものがあろうか、朝に道を聞いて夕に改めるなら、それが良い人である」と人々に気付かせるためである。どのような欠点であっても、かつて過ちを犯した人であっても、細かいところを見るならば全体も見るべきであり、同じように欠点と短所に注目するなら、美点と長所にも目を向けるべきであると。彼は他にも「大徳を挙げ小過を赦し、備るを一人に求むることなかれ」（大きな徳を挙げ小さな過失は許して、一人の人間に全てを求めてはならない）という古くからの言葉を引用して、人々に思想を解放し、枠を壊し偏見を取り除いて、人の採用は専ら能力のある者により、形式にこだわらない才能ある人を選抜すべきと戒めている。

国内編④

国政運営を語る

「言葉でなく実践によって国を治める」

国内編④
国政運営を語る

国産携帯電話の逆襲

近年、わが国では供給側構造改革を推進することで成功の道を模索している企業が見られます。例えば、数年前の国内携帯電話市場では、モトローラやノキアなどの海外ブランドや国内メーカーが火花を散らし、激しい販売合戦によって倒産に追い込まれる企業もありました。こうした状況下、一部の国内企業は生産者側にてこ入れし、自主イノベーションを堅持してハイエンド市場にねらいを定めると、消費者が求める多機能、高速、高画質、優れたデザイン性を追求した高性能なスマートフォンを世に送り出し、国内外の市場シェアを右肩上がりに伸ばしたのです。グローバル市場でも激しい競争が繰り広げられており、かつて一時代を築いたモトローラやノキア、エリクソン製の携帯電話は今や当時の勢いはなく、市場から姿を消してしまいました。年明けに私は重慶で、ある企業を視察しました。ここで生産される薄膜トランジスタ液晶（TFT液晶）を使用した液晶ディスプレーは、まさに供給側改革の成功例です。ここ数年、ノートパソコンなどのスマートデバイス製品や自主ブランド車といった産業は成長のスピードも速く、重慶は世界最大の電子情報産業集積地と、国内最大の自動車産業集積地を形成するまでになり、世界中のノートパソコンの三台に一台は重慶で生産されています。これは、ある市場にターゲットを絞って供給側改革を推し進めれば、産業の最適化とアップグレードの道が全面的に切り開かれることを実証しています。

「省の閣僚級主要幹部層が党の第十八期五中全会の精神を学習・貫徹することを主題とするセミナーでの演説」
（二〇一六年一月十八日）

解説

スマートフォンによってモバイルインターネット時代の扉が開かれ、変貌する携帯電話市場を通じて、中国のイノベーション能力の向上と、供給側構造改革の成果をうかがい知ることができる。数年前、中国の携帯電話市場では、ノキアやモトローラなどのブランドが首位の座に君臨していたが、ここ数年は出荷台数、市場シェアともに衰退の一途をたどり、それとは対照的に国産ブランドが台頭してきている。二〇一五年、国産携帯電話に対するユーザーの注目度は海外ブランドを上回って五一・三％に達し、これは国産勢の影響力がまさに世界的メーカーに追いつき追い越す形勢となったことを意味している。二〇一六年の第一～第三・四半期、国内スマートフォン市場の累計出荷台数は三億七千百万台で、上位五社にランクインしている華為技術（ファーウェイ）やＯＰＰＯ（オッポ）、ＶＩＶＯ（ビボ）、アップル、そして小米科技（シャオミ）のうち、四社が国産ブランドであった。さらに、国産勢は積極的に海外展開を進めている。二〇一六年上半期、レノボと小米科技はインドの携帯電話市場のベストセラーランキングで、それぞれ第二位と第三位に入り、華為技術も同時期に欧州で出荷規模を倍増させた。

重慶のノートパソコンの生産も、同じように供給側構造改革の成功例である。重慶市はノートパソコンメーカーを誘致してからわずか七年で、世界最大のノートパソコン生産拠点に成長した。二〇一四年のスマートデバイス製品の生産量は二億台（個）に迫り、そのうちノートパソコンの生産台数は六千百万台、世界全体の三分の一強を占める。習近平国家主席が重慶で視察した京東方科技集団（ＢＯＥ）は、世界をリードする半導体ディスプレーの技術、製品、サービスを提供し、欧州、米国、アジアの世界主要エリアで販売とサービスを展開している。ＢＯＥが生産ラインを稼動させた第八・五世代のＴＦＴ液晶は、わが国の半導体ディスプレー産業を世界のトップレベルに押し上げ、わが国の電子情報産業の全面的な発展の牽引役として重大な戦略的意義を持つ。また、ＢＯＥはイノベーションを最優先に掲げ、新規特許出願数は二〇一四年が五千百十六件、一五年は六千百五十六件で、特許登録件数は累計四万件を突破した。イノベーションは、新発展理念の最重点項目であるのみならず、供給側改革を推進する上で欠かせない施策なのである。

習主席は国内携帯電話市場の形勢逆転を例に挙げ、重慶のノートパソコンと自主ブランド車産業の大いなる発展に言及し、中国のイノベーション能力の向上と、供給側構造改革の重要な意義を述べることで、経済発展の法則、つまり供給側がひとたび破壊的イノベーションを実現させれば、市場は好ましい反応を示すということを各級の指導者に説明したのである。つまるところ、一国の発展の根本には供給側の推進力があるのだ。

景気の下押し圧力に直面しながらも、いかに経済の新常態（ニューノーマル）に適応し、リードしていくか？　経済発展のモデル転換とアップグレードをどう実現させるか？　習主席は、供給側構造改革を重点的に取り組むことは「経済の新常態に適応し、リードする重大なイノベーションであり、世界金融危機発生後、総合的な国力で新しい形勢に立ち向かうという主体的な選択であり、わが国が経済発展の新常態に適応するための必要条件である」と繰り返し強調し、さらに「一歩先の科学技術と産業革命を起こせば、生産性は一段階向上し、予想をはるかに超えた供給力を創造する」と述べている。このためにも各級の幹部層には、自ら供給側構造改革の推進を一層強化する積極性が求められており、また「五大任務」を着実に遂行し、供給体制の品質と効率の向上に力を注ぐことで、「鳳凰涅槃」（苦難を経て再び生まれ変わる過程）の中で中国経済のモデル転換とアップグレードを実現させることが必要なのである。

国内編④
国政運営を語る

不利への準備

一九四五年、毛沢東同志が中国共産党第七回全国代表大会で演説した際、「不利への準備」と困難に対する備えについて述べ、一気に次の十七の困難を挙げました。一、外国から非難を浴びること、二、国内で非難を浴びること、三、国民党に大規模な根拠地を占拠されること、四、国民党によって幾万もの軍隊が壊滅すること、五、傀儡《かいらい》軍が蔣介石を歓迎すること、六、内戦が勃発すること、七、ロナルド・スコビーの出現によって、中国がギリシャ化すること、八、「ポーランドを承認しない」ことによって、共産党の地位が承認されないこと、九、幾万もの党員が散り散りばらばらに逃げ去ること、十、党内に悲観的な心理、疲労感が生じること、十一、天災が流行し、国土が荒廃を極めること、十二、経済が悪化すること、十三、敵の兵力が華北に集中すること、十四、国民党が暗殺陰謀を実行し、われわれの責任者を暗殺すること、十五、党の指導的機関の意見が分かれること、十六、世界のプロレタリアートから長期間援助がないこと、十七、その他の想定外のこと。毛沢東同志は続けてこう述べました。「たいていのことは予測できないが、それでも予測することは必要であり、特に高級幹部は心構えを持って、非常事態に対処し、非常時の不利な状況を切り抜ける準備をしなければならない。これらは、われわれが熟考すべきことだ」。鄧小平同志は次のように繰り返し強調しました。「われわれは頻繁に起こる危機に仕事の重点を置き、対策を準備しておかなければならない。そうすれば、たとえ大きな危機が発生しても、天が崩れ落ちるようなことにはならない」。このような論述は、毛沢東同志、鄧小平同志、江沢民同志、胡錦濤同志も数多くしており、とても意味深く、党と国家の統治をする上で重要な政治的経験と知恵であります。

「省の閣僚級主要幹部層が党の第十八期五中全会の精神を学習・貫徹することを主題とするセミナーでの演説」
（二〇一六年一月十八日）

解説

中国共産党の歴史において、毛沢東はどん底思考の活用に長けた戦略で名高い。毛沢東にとって、何事も最大の困難や最悪の結果を想定して準備をし、努力して最良の結果を勝ち取るということは、思考、仕事、指導のいずれにも応用できる手段であった。習近平国家主席の演説は、このようなどん底思考を具体的に表したものである。

七大全会が開かれた時、中国共産党にはすでに重大な変化が生じていた。まず、延安整風運動を経て、党全体の思想・活動は偉大な覚醒を呈し、新しい団結と統一が実現されたこと。そして、中国共産党はすでに経験豊かな百二十一万人の党員を有する一大政党となり、「中国人民の抗日救国（日本に抵抗し国難を救う）核心」「中国人民の解放の核心」「侵略者を打ち負かし、新中国を建設する核心」となったこと。さらに、党指導下の人民軍隊は九十一万人に増え、民兵は二百二十万人、解放区の人口は九千九百五十万人に達したこと。まさに毛沢東が、「中国共産党は今やかつてないほど強大になり、革命根拠地もかつてないほど人口が増え大規模な軍隊になり、日本と国民党が統治下に置いた地域で、中国共産党は人民から最高の信望を集め、ソ連と各国人民の革命の力もまた、最大となった。このような条件の下、侵略者を打ち負かし、新中国を建設することは、今まさに可能になったと言えよう」と唱えたとおりになったのである。

国内外の情勢も非常に良好で、皆が歓呼の声を上げようとしている時に、毛沢東は七大全会の演説中、あえて「不利への準備」をするよう強調し、「希望の輝き」が見えたと同時に「いっそう困難に備えなければならない」と述べ、意外にも戦後「中国は米国の半植民地になるかもしれない」という指摘にさえ賛成の意を表したほどである。そして毛沢東は一気に、起こり得る「十七の困難」を列挙した。これは毛沢東が「最悪の可能性の上にわれわれの政策を立てる」という思考と指導のテクニックを具体的に表したものであり、またわれわれがどん底思考を堅持し上手に活用して物事を計画し、事業を起こすための模範例を示したのである。

今後しばらくは、われわれは国内外で矛盾や危機、挑戦に少なからず直面するだろう。さまざまな矛盾の原因や危機の火種がこもごも入り交じり、互いに作用するような時代背景の下、習主席は毛沢東、鄧小平などの党指導者がどん底思考を上手に活用していたことを語ることで、各級の幹部層に対しどん底思考を上手に活用し、何事も最悪の結果を想定して準備をし、努力して最良の結果を勝ち取ることを求めたのである。

大衆路線教育の実践活動中、習主席はこう述べて警戒心を高めた。「もし作風問題が解決できなければ、『覇王別姫』のような事態になりかねない」。そして中国共産党創立九十五周年祝賀大会での演説でも習主席は、「いかなる時も重大な挑戦に対処し、重大な危機を食い止め、重大な障害を克服し、重大な矛盾を解決できるよう備えなければならない」と言い聞かせるように主張し、さらに「もし防備が及ばない場合や、全力で対処しない場合は、小さな矛盾と挑戦は波及し、積み重なり、変化し、激しさを増しながら大きな矛盾と挑戦に発展し、部分的な矛盾と挑戦は組織的な矛盾と挑戦に進展し、対外的な矛盾と挑戦は国内の矛盾と挑戦に変容し、経済・社会・文化・生態系といった分野の矛盾と挑戦が政治的な矛盾と挑戦へ転換することによって、最終的に執政党としての地位を脅かし、国家の安全に危害が及ぶ」と繰り返し強調した。

われわれは新たな歴史的特徴を多く有する偉大な闘争を推進しているが、各級の幹部層は危機意識を高め、どん底思考を上手に活用し、習主席が求めるとおり「いかなる形式の矛盾、危機、挑戦にも対処できるよう準備を万端に整えるべき」である。

国内編④

国政運営を語る

中国の奇跡

古代、農業によって繁栄したわが国の農耕文明は、長きにわたって世界のトップレベルにありました。前漢時代、わが国の人口はすでに六千万人を突破し、開墾面積は八億ムー（一ムー＝約六・六七アール）を超えていました。唐の時代の都、長安の面積は八十平方キロメートルを超え、人口は百万人を上回り、絢爛たる宮殿はまばゆいばかりで、仏教寺院や仏塔が高くそびえ、東西の市（都城内に設けられた公認の市場。長安では東市と西市が置かれていた）は大変栄えていました。詩人の岑参《しんじん》も「長安城中百万家」（長安城に百万戸あり）と詠んでいます。北宋時代、国の税収額は最盛期で一億六千万貫（北宋銭千個で一貫）に達し、世界で最も豊かな国でした。その時代、ロンドンやパリ、ベネチア、フィレンツェの人口は十万にも及びませんでしたが、わが国には人口十万人以上の都市が五十近くありました。

産業革命が起こると、われわれが後れを取る一方、西側諸国は発展していきました。アヘン戦争後、わが国の自給自足経済は解体し、産業革命の機を逸しました。民間資本で経営する商工業の発展や外国資本の参入がわずかながら見られ、上海の「十里洋場」（外国人で賑わう租界）や天津の工業、武漢の軍需生産などは一時的に有名になりましたが、国全体としては貧しく立ち遅れ、戦乱が絶えず、時代の潮流から取り残されました。このような状態が百年あまり続いたのです。

新中国成立後、わが党の指導者たちは大規模な工業化建設に着手しました。毛沢東同志は、われわれの任務は「気持ちを落ち着かせ、国家建設のために工業・農業・科学技術・国防の近代化に取り組む」ことだと提起しました。一九五〇年代、国家建設は著しい成果を上げました。しかしながら、その後「左」寄りの誤った指導的思想が「文化大革命」という十年の災禍をもたらし、さらにわれわれが社会主義建設の法則を十分に認識していなかったことも相まって、大規模な工業化建設は頓挫してしまいました。

中国共産党第十一期中央委員会第三回全体会議を節目に、改革開放という新しい時代を迎えました。この三十数年間、われわれはさまざまな困難に遭遇しながらも、第二次世界大戦後、最も長く経済の急成長を続けるという奇跡を起こしました。改革開放初期は世界で第十一位だったわが国の経済規模は、二〇〇五年にフランスを抜いて第五位、〇六年に英国を抜いて第四位、〇七年にドイツを抜いて第三位になり、〇九年には日本を追い越して第二位に上り詰めました。そして二〇一〇年、わが国の製造業の規模は米国を抜き、世界首位に躍進しました。われわれは他の先進国が数百年かかった発展の道のりをわずか数十年で完走し、世界に誇る奇跡の発展を創り出したのです。

「省の閣僚級主要幹部層が党の第十八期五中全会の精神を学習・貫徹することを主題とするセミナーでの演説」
（二〇一六年一月十八日）

解説

漢と唐の繁栄の時代は永遠に中国人の記憶に刻まれているだけではなく、その文明は人類史上重要な位置を占めており、当時の世界文明の頂点を表している。

漢と唐の最盛期、その領土は、東は朝鮮半島、西は中央アジアのアラル海、南はベトナムのフエ一帯、北はバイカル湖に至り、一説によれば総面積は一千二百五十一万平方キロメートルに及んだという。盛唐期といえば、そのおおらかで華やかな気品と、寛容かつ進歩的で、礼節を重んじ往来を尊ぶ文化と悠然たる自信が思い浮かぶ。当時の長安はまさに国際都市で、中央アジア、南アジア、日本、アラビアなどの国や地域から次々に商人が集まり、とりわけ中央アジアとペルシア、アラビアからの「胡商」が最も多かった。彼らのような「外籍」商人は長安で商いを営むだけでなく、所帯を持って正業に就くこともでき、朝廷に仕え官途に就くことも可能だった。資料には、唐王朝には異民族の宰相が二十九人おり、官職に就いた外国人は三千人に及んだ時もあったと記されている。王国維の『読史二十首』に「南海商船来大食、西京襖寺建波斯。遠人尽有如帰楽、知是唐家全盛時」（南海にはアラビア帝国から商船が到来し、長安の都にはペルシア寺院がそびえ立つ。遠方から来る客人は郷里のようにくつろぐ。これぞ唐王朝の全盛期よ）という一首がある。これは唐王朝の繁栄ぶりと開放的なありさまを克明に詠んだものといえよう。

中国の発展と繁栄は宋の時代も続き、世界に名高い「清明上河図」は、商工業が栄え都城内外がにぎわう北宋の往時を偲ばせている。ところが明・清以降、西側諸国が工業化への道を歩み出すと、中国の封建王朝はしだいに硬直化して鎖国し、近代化の好機を逸してしまう。近代になって洋務運動（ヨーロッパ近代文明の科学技術を導入すること）や実業救国（商工業によって国難を救う運動）は工業化を追求したものの、正しい道を見つけられず、最終的には失敗に終わったのだった。新中国成立後、特に改革開放以来、われわれ人民は中国の特色のある社会主義という正しい道を見つけ、その道に沿って、立ち後れた農業国から工業化へのモデル転換を推し進めた。それにより古い文明体制から近代文明が芽吹き、十億人規模の人口と近代化の相乗効果によって人類史上空前の壮挙を成し遂げたのである。

歴史は最良の教科書であり、最良の気付け薬でもある。習近平国家主席は特に歴史の比較を重んじ、演説の中でもしばしば五千年の歴史や縦横数万里といった表現を使い、広い歴史的視野に立って現実を見つめ、未来について考えている。習主席は時間軸をさかのぼり、古代中国の輝かしい功績を出発点として近代中国が後れを取った屈辱に目を向け、カーブでの追い越し（経済の転換期において飛躍的発展を実現すること）を図る現代中国を分析することで、中国が古今東西たどった発展の全容を示しているのである。無差別に選んだ歴史上の数字、ささいな出来事やワンシーンからも、歴史のダイナミックな脈動を感じ取ることができ、今この時代がいかなる時代にあるか、歴史の方角を明確に認識することができるのである。

習主席の壮大な視野で、五千年の光り輝く農耕文明、百年を超える紆余曲折の屈辱の歴史、三十年あまりの情熱的な改革開放、これらが過去から未来へと途絶えることのない中華民族の歴史の座標となり、この座標軸に沿って、中国は改革と発展の正しい方向性をつかみ、中国の未来に向けて新たに確立した「イノベーション、調和、グリーン、開放、共有（シェア）」という発展理念の意義をより深く理解することができるのである。「知之愈明、則行之愈篤」（しっかり理解すればするほど、実践はより着実なものとなる）。習主席が歴史的文脈の中で新発展理念を打ち出したのは、時間的、空間的な視点から念入りに観察し、歴史と現実を詳細に検討し、現代と過去との対話の中で、新発展理念の真価と時代の意義をより明確に示すことで、客観世界を改造する精神力と実践の指南とするためである。

国内編④ 国政運営を語る

世界八大公害事件

二十世紀、西側諸国で発生した「世界八大公害事件」は生態系と公衆生活に莫大な影響を及ぼしました。中でも、ロサンゼルス光化学スモッグ事件は、相次いで千人近い死者を出し、市民の四分の三以上が結膜炎を発症する事態となりました。ロンドン・スモッグ事件は、一九五二年十二月に突如発生後、わずか数日間で死者は四千人に上り、その後の二カ月で八千人近くが呼吸器疾患で命を落とすという初めての惨事で、その後一九五六年、五七年、六二年に深刻なスモッグ事件が十二回連続して発生しました。日本の水俣病は、メチル水銀を含む工場廃水が直接水俣湾に排出されたことに起因するもので、汚染された魚介類を摂取した人々に極度の苦痛を伴う水銀中毒の症状が現れ、患者数は千人近くに及び、被害者は二万人に達しました。米国の作家レイチェル・カーソンも、著書『沈黙の春』でこれらの状況を詳しく述べています。

「省の閣僚級主要幹部層が党の第十八期五中全会の精神を学習・貫徹することを主題とするセミナーでの演説」
（二〇一六年一月十八日）

解説

「自然力の征服、機械の使用、工業や農業への化学の応用、汽船の航海、鉄道の運行、電信の使用、全大陸の開墾、河川の運河化、あたかも地下から湧いたように出現した大量の人口——これほどの生産力が社会的労働の胎内に眠っていると、過去のどの世紀に予想しただろうか？」。マルクスとエンゲルスはかつて『共産党宣言』の中で、このような気迫に満ちた論法で、工業文明が人類社会の発展に及ぼす影響を説明した。しかし、科学技術は驚異的な物質的豊かさを創造すると同時に、生態系に莫大な破壊をもたらすのである。

世界レベルの公害事件は、きわめて凄惨な方法で、痛ましい結果をもたらしかねない環境汚染として表面化し、人類に対して神経系を強く刺激するほどの警鐘を鳴らした。世界八大公害事件とは、ミューズ渓谷事件（ベルギー）、ロンドン・スモッグ事件（英国）、四日市ぜんそく事件（日本）、カネミ油症事件（日本）、水俣病事件（日本）、ロサンゼルス光化学スモッグ事件（米国）、ドノラ事件（米国）、イタイイタイ病事件（日本）である。

ミューズ渓谷事件は、世界八大公害事件の中で最初の汚染事件であり、二十世紀に入って初めて記録された大気汚染による大惨事でもある。ミューズ川に沿った二十四キロメートルに及ぶ渓谷一帯には、コークス、鋼鉄、ガラス、亜鉛、硫酸、化学肥料などの大型工場や発電所が盤上の碁石のように建ち並んでいる。一九三〇年十二月一日からベルギー中が濃霧に覆われ、ミューズ渓谷はとりわけ厚い霧が立ち込め、異常気象の発生後三日目には数千もの住民が呼吸器疾患に罹り、六十三人が死亡、それは過去の同じ時期の死亡者数と比べ一〇・五倍の多さだった。悔やまれるのは、この事件が当時の人々にとって反省の契機にはならず、工業という残虐な行為は環境を代価に意気高く突き進み続け、絶えず環境汚染の悲劇を醸成していることである。

『沈黙の春』は世界的な環境保護活動を促し、絶対に正しいとされてきた「人類の大自然への宣戦」に対して初めて疑問を投げかけ、あたかも空谷の跫音（人跡まれな谷の中で聞く人の足音）のように、生態文明を省みることを提起した本である。

習近平国家主席は「世界八大公害事件」と『沈黙の春』を紹介することで、環境保護とグリーンな発展を高度に重視することを表明したのである。決して消えることのないスモッグがもたらす「呼吸するたびの痛み」、地下水の汚染による社会に募る不安、植生破壊による砂漠化の問題……長年にわたって山積みされてきた生態系の環境問題は、人民の生活に苦痛を与えるだけでなく、社会的問題をより生みやすくしている。習主席は、「わが国の環境問題の矛盾は過去から蓄積されてきたものであり、一夜にして破壊されたものではないが、われわれの手でさらに悪化させるわけにはいかない。共産党員はこのような気概と意志を持つべきだ」と強調した。これはまさに、急速な近代化路線を歩む中国が進むべき方向、すなわち全面的に「グリーンな発展」理念を貫徹し、かつての西側諸国のような「汚染されてから、処理する」という旧来の方式を避け、生態系と発展が互いに補完し合い、よりよい結果を導き出すような新しい道をまい進することを指し示している。

国内編④
国政運営を語る

皇甫村に根を下ろした柳青

一九八二年、私が河北省正定県へ赴任する前夜、見送ってくれた知人の中に、中国人民解放軍八一電影製片廠（映画配給会社）で脚本を手がけ、作家でもある王愿堅の姿がありました。彼は私に、農村に行ったら柳青《りゅうせい》のように農民たちの中に深く根を下ろし、民衆と一心同体にならなくてはだめだ、と言いました。柳青は一九五二年に陝西省長安県の党委員会副書記に就きましたが、その後農民の生活に解け込むため、その職を辞して常務委員として皇甫村にとどまり、労働に従事しながら調査研究を行うこと十四年間、全精力を注いで『創業史』を書き上げました。そこに描かれる人物があのように真に迫っているのは、彼が陝西省関中で暮らす農民の生活を深く理解していたからでしょう。柳青は村人たちが何に対して喜怒哀楽を感じるか熟知していたので、国から農村・農民に関わる政策が公布されると、農民たちが喜んでいるかそうでないか、手に取るように想像できたのです。

「文芸活動座談会における演説」（二〇一四年十月十五日）

解説

柳青は本名を劉蘊華《りゅううんか》といい、現代中国の著名作家である。貧しい農家に生まれ、一九三〇年代から文学作品の創作を始め、一九四七年に初めての長編小説『種谷記』を発表した。一九六〇年、柳青は身をもって経験した十四年間の農村生活をもとに、叙事詩的な長編小説『創業史』を完成させ、中国文学史上に作家としての地位を確立した。

もし柳青が生きていたら、二〇一六年でちょうど百歳になる。晩年まで書斎にこもって研究に没頭する作家とは違い、彼が自ら進んで陝西省長安県にある皇甫村に十四年間に及ぶ歳月をかけて根を下ろし、農村のさまざまな人物や風習、心理を深く理解したことは、『創業史』の創作にとって尽きることがない糧となった。これによって、柳青は延安文芸座談会の精神の真摯な実践者として、文芸界の「生活に深く入り、人民の中に根を下ろす」模範となったのである。

柳青は村人たちが何に対して喜怒哀楽の感情を抱くかに熟知していたので、梁生宝や梁三老漢、郭世富、姚士傑、郭振山といった人物像を見事に描き出すことに成功し、生き生きとした人物描写によって、わが国が農業社会主義の改造を進めた激動の歴史の様相を描き出している。柳青は決して一面的に人物を描こうとはせず、深く掘り下げ、豊かで複雑な内面の世界を表現した。農村に根を下ろした十四年間の経験がなければ、『創業史』のような民衆に寄り添った作品は生まれなかっただろうとも言われている。

人民の生活に根を下ろしたからこそ、『創業史』は長い歳月を経ても古びることのない生命力と影響力を手に入れた。中国現代文学史の中で「三紅一創」と呼ばれる梁斌著『紅旗譜』、羅広斌・楊益言著『紅岩』、呉強著『紅日』と『創業史』は、革命闘争を描いた名著とされている。

「誰のためなのかが根本の問題であり、原則の問題である」。一九四二年、毛沢東は文芸（文学・芸術）とは労農兵（労働者・農民・兵士）のためのものであり、人民大衆に奉仕するものであるという基本方向を力強く説いた。七十年を超える激しい社会変動を経て、「人民大衆のために」は社会主義文芸の根本テーマとなった。二〇一四年十月に開かれた文芸活動座談会で、柳青が民衆と一心同体になったことを習近平国家主席が語ったのは、思想概念の根源的な変革や多元的な文化が絶え間なく生み出される今日、「文芸は人民のためのものである」という最も基本的な価値理念を重ねて説くことで、社会主義文芸の発展の舵を取ろうとしたのである。習主席が「人民を中心とする創作の方向性を堅持する」ことを提起したのは、習主席にとって人民とは抽象的な記号ではなく、生気にあふれ、感情豊かで、愛憎に満ち、夢があり、心の中に矛盾を抱えてもがき苦しむ個々の具体的な人間であるからである。だからこそ、人民を中心とすることを単なるスローガンで終わらせてはならず、自分の個人的な感情によって人民の意思を代弁することはあってはならない。天は世界の天であり、地は中華の大地であり、民衆の中に深く根ざすことで、文芸は発展し、不滅の力を得るのである。

国内編④ 国政運営を語る

〝地府〟のお越しじゃ

以前にもお話ししましたが、県委員会の書記なら県下の全ての村を、地区や市の委員会書記なら全ての郷や鎮を、省の委員会書記なら全ての県や市や地区を回るべきです。私はこのことを実行してきました。県委員会書記に専念していた頃は全ての村を訪ね、自転車で農村に行ったこともありました。市委員会書記、地区委員会書記を務めた頃には福州、寧徳の全ての郷と鎮を回りました。当時、寧徳には通り道のない鎮が四つあり、三カ所へは行きましたが、その後異動になって、一カ所へは行きませんでした。下党郷というところは、私が行ったときは本当にいばらの道で、山を越え川を渡って行きました。郷の党書記が鉈を手に前の雑草を刈って、彼が言うにはこの道が少しは近いということで、川沿いに行きました。途中で村人が〝地府〟のお越しじゃと言いました。村人たちはこの地を管轄する委員会書記を〝地府〟と呼んでいましたが、これは知府（旧時の府知事）の意味です。村人たちは粗末な食事を、各々いろいろな桶に入れて天秤で担いでいました。どれも清涼飲料で、その土地の薬草から作ったもの。ほかに緑豆スープもありました。皆さん飲んでください。道中お疲れさまでしたと言います。あの場所は寿寧県と言って、明代に『警世通言』など〝三言〟を書いた馮夢龍《ふうむりゅう》が知県（旧時の県知事）を務めたところです。馮夢龍はそこに行って半年務めました。当時私はこんな感想を持ちました。「一人の文才あふれる封建時代の知県が、どうして千辛万苦もいとわず赴いたのか、われわれ共産党員は封建時代の一官僚に劣ることがあるだろうか」と。そこでは郷党委員会事務室は牛小屋を改造したところに設けられており、とても狭いところでした。南方の橋は屋根つきですから、われわれは橋の上で事務仕事をし、いくつかの竹の椅子を並べて、間に簡単な屏風を置いて仕切り、会議や食事、休憩やシャワーも全部そこで済ませました。今では、下党郷の様子もまったく変わっています。当時、私はそこでいくつも教会を見ました。誰が建てたんでしょうか。十八世紀の西洋の宣教師です。彼らの目的が何であったにせよ、布教についてのあのような使命感は、われわれ共産党と遜色ないのではないでしょうか。私は浙江省で省委員会書記を務めたとき、全ての県と市と区を回り、その後浙江省の発展のために「八八戦略」を提唱しました。すなわち八つの方面で優位性を発揮し、八つの方面で行動するということです。それは何かと言えば、つまり自ら状況を確認しよく理解することで、直接事実を把握することです。他人がかじった饅頭を食べてはいけません。われわれは子どもじゃあるまいし、ほかの人に食べさせてもらうのですか。いまや状況を知る手段はさらに増え、電話、微博、微信はどれも速く、われわれが大衆に働きかける手段は格段によくなったのですから。

「河南省蘭考県委員会常務委員拡大会議での演説」（二〇一四年三月十八日）

解説

馮夢龍は明代の傑出した文学者、劇作家で、収集創作した『喩世明言』『警世通言』『醒世恒言』の総称〝三言〟は、中国古典白話短編小説を代表するものである。馮夢龍は知る人ぞ知る政治に励み庶民を愛した一代の清廉な官僚だった。一六三四年、齢六十を超えた馮夢龍は遠く福建省寿寧に赴き知県を務めた。彼の任期中には「人々の暮らしを楽にする政策を行い、文学を振興し、民衆に恩を施し、礼儀を重んじる」との評判が立った。

馮夢龍は就任早々、寿寧にさまざまな角度から徹底的な調査を行い、実状を理解した。彼は農業生産に関心があり、寿寧では畑の多くが岩石を削ってできており、少し砂土を入れれば穀物の苗を栽培できることに気づいた。彼は「およそ畑の恵みは水にあり」という理を深く理解していた。水脈が通れば、畑は肥沃になり、水脈が塞がれれば、畑は痩せる。よく調べて、馮夢龍は施肥も農業生産に重要なことも理解した。ただ冬に山焼きで灰を採り、好き勝手に灰の製造所を作るのは、樹木が焼けるのも怖いし、だからと言って落葉や枯草を集めて空地で燃やすのもしばしば火災になるので、禁止すべきである。これらは彼が実地調査によって得た直接的な情報だった。

習近平国家主席は寿寧を含む寧徳地区で二年間仕事をし、馮夢龍とは時を隔てて同じような体験をした。馮夢龍と同様に、習主席も寧徳に赴任して三カ月で九つの県を回り、後に全地域のほとんどの郷や鎮を回り終えた。その中の一つに下党郷があった。一九八九年七月十九日、習主席が初めて下党郷を訪ねたとき、ここには公道も水道も電灯も財政収入も政府の事務室もない、「五無郷鎮（五なしの田舎）」だった。所在地は周りの集落まで、どこも野越え山越え十数キロ歩いたところで、交易をするにも肩に担ぐか背負うしかなかった。習主席はでこぼこ道を数時間歩いてようやく下党郷にたどり着いた。一九八九年七月二十六日、習主席は再び雨の中三キロを歩いて下党郷の屏峰村の洪水の実情を視察し、大衆を慰問した。このような調査は、習主席が強く推奨する「ほかの人がかじった饅頭は不味い」という実を重んじるやり方をまざまざと体現するものである。

習主席が馮夢龍の「赴任して半年」の話をし、自らの「茨の道を、山を越え川を渡り」という末端の現場での経験と結びつけたのは、まさに調査検討の重要性を再度述べて、幹部層が身を低くして大衆と連帯することを奨励するためである。

「調査検討はものごとを図る基礎であり、何かを成し遂げる道です。調査がなければ発言権はなく、ましてや決定権もありません」と習主席は強調する。習主席は「聞くは見るに如かず、見るは踏むに如かず」と大勢の幹部に「墩墩苗（ずんぐり苗）」（現場で大衆に根を張り鍛えられて成長すること）を奨励し、「物事には苦と楽があり、これを味わうのが識。やり方には安全なものと危険なものがあり、これを実践するのが知」だと多くの幹部に実践での判断基準を教えている。「紙上で学ぶだけでは不十分で、本当に深く理解するには自ら体験するしかない」と多くの幹部に虚偽の話に耳を貸さず、何事にも誠実に対応するよう呼びかけている。

国内編④

国政運営を語る

体制の成熟には時間が必要

イギリスは一六四〇年のピューリタン革命から一六八八年の「名誉革命」に至り立憲君主制を確立するまで、数十年の時間が必要でした。そしてこの体制が成熟するにはさらに長い時間がかかりました。アメリカは一七七五年に始まった独立戦争から一八六五年の南北戦争の終結に至り、新しい体制が安定するまで、九十年近くの時間が流れました。フランスでは一七八九年のブルジョア革命から一八七〇年の第二帝国が倒れ、第三共和国が成立するまで、この間何度も帝政の復活と廃止が行なわれ、八十年あまりの時間が流れました。日本はどうでしょう。一八六八年に明治維新が始まりましたが、第二次世界大戦が終結した後で今日のような体制が成立したのです。

「省の閣僚級幹部層が第十八期中央委員会第三回全体会議（三中全会）の精神を全面的に深化・改革し貫徹することを主題とする研修会での演説」

（二〇一四年二月十七日）

国家体制の成熟は、結局のところ起こるべくして起こった突然の結果なのか、それとも少しずつ内部から起こった変化なのか。西側世界が「歴史の帰結」と声高に全世界にその政治体制と価値観を推奨するとき、彼らは往々にして彼らの体制がごく自然に今日のようになったわけではなく、数十年ないし百年にもおよぶ駆け引きや動揺、変革を経たものであることを忘れている。

イギリス、アメリカ、フランス、日本などの先進国もその例に漏れない。例えばフランスは、一七八九年のフランス革命で「自由、平等、博愛」のスローガンを叫んだが、革命成功直後にはこれらの実現には一歩も踏み出せなかった。ジャコバン派専制の時期には、一七九四年六月十日の牧月法令の成立から七月二十七日の熱月政変までの、わずか四十八日間で、パリだけでも、千三百七十六人が処刑されている。「血だまりの中で大衆の共感は失われた……わが子は革命にのみこまれた」。歴史学者からはこのように評された。革命からの百五十年間、フランスの歴史はずっと革命と反動、共和制と君主制、民主と専制の間を揺れ動いていた。ある学者の研究によると、一八〇〇年から一九四九年の間に、フランスでは八回の革命が発生し、第二次世界大戦後になってやっと本当の平穏が訪れた。フランスの体制が安定するまでの長さは、まさに制度が安定するには時間を要することを物語っている。またアメリカを例にとると、アメリカは独立戦争後には、それぞれの州がまとまりのない「連合体」で、結集する力を内在した「連邦」ではなかった。リンカーン政府が南北戦争に勝利し、武力によってアメリカの統一を守り、アメリカに完全な政治的な実態の基礎を打ち立てたのである。この前後には九十年近い年月が流れている。

習近平国家主席がイギリス、アメリカ、フランス、日本などの国家体制の発展の歴史から導き出した結論は、国家体制の成熟は一朝一夕になるものではなく、少しずつ改善しながら、次第に成熟する過程が必要だということである。ここからおのずから中国の未来への啓示も生まれる。中国の国家体制の発展にも西側諸国と同様、少しずつ改善しながら、次第に成熟する過程が必要であろう。

それぞれの国の体制は独特であり、「どれもその国の歴史と伝承、文化と伝統、経済と社会の発展の基礎の上に長期にわたって発展したもので、少しずつ改善しながら内部から進化した結果です」と習主席は繰り返し強調している。先進国の国家体制の発展の歴史を語ることを通じて、習主席は人々に体制の成熟の内側に潜む論理を明らかにし、さらにわれわれに歴史への深い思い、歴史への見方を示している。

国内編④
国政運営を語る

規律を空文化してはならない

党は党を管理し、厳格に治めなければなりません。では何によって管理し、何によって治めるのでしょうか。ほかでもなく厳格かつ公平な規律によるべきです。一九六四年十月、周恩来同志が音楽舞踊史劇「東方紅」公演に関わる人々の会議で講演したことですが、わが党は「規律があり、マルクス・レーニン主義で理論武装し、自己批判という手段で大衆としっかりつながっている党である」と毛沢東同志は述べたということです。さらに「毛沢東同志は特にこの規律あることを一番先に持ってきましたが、たまたまそうなったわけではありません。なぜならこれは党が革命を維持し、敵に打ち勝ち、勝利を勝ち取る最も重要な条件だからです」と周同志はこのように述べました。幹部に何か問題があるときは例外なく規律を破っています。党の規律を厳格かつ公正にし、党のどの規律も厳しくしなければなりません。党の規律を順守することは無条件です。言ったことは実行し、決まりがあればこれを執行し、違反があれば調査しなければなりません。気に入ったら執行し、気に入らなければ執行しない、ではいけません。規律を緩やかな拘束や棚上げされた空文にしてはなりません。

「中国共産党第十八期中央紀律検査委員会第三回全体会議での演説」
（二〇一四年一月十四日）

解説

「東方紅」は中華人民共和国建国十五周年の祝賀のために捧げられた大型音楽舞踊史劇で、周恩来が総監督を務めた。「東方紅」の制作にはわずか二カ月しかかからなかったが、関わった人は三千五百人あまりに上った。この作品は一九六四年十月二日の夜に北京の人民大会堂で初演され、その後連続上演十四回、毎回満席で、空前の盛況であった。「東方紅」は歌と踊りの形式で中国共産党成立後、中国人民が中国共産党の指導の下、筆舌に尽くしがたい苦しい革命闘争を進め、最終的に民族独立と人民解放を実現したことを再現した。この作品はわが党が弱小から強大に変わっていく奮闘の過程を凝縮した感動的な歌舞史劇である。

周恩来は創作そのものはもちろん、関わった人たちの思想教育も重視していた。中国共産党が人民を導いて新中国を打ち立てるまでの困難な過程を皆によく理解させるために、人民大会堂で数時間にも及ぶ党史講義を行った。生き生きとした講義で皆は革命勝利の困難を知り、今の生活が一層ありがたく感じられるようになった。皆の思いが一つになると、公演への意欲もさらに高まった。

「規律あることを一番先に持ってきました」という周恩来の講演での言葉は、中国共産党が勝利に次ぐ勝利へと向かう「キーワード」と言える。毛沢東、周恩来をはじめ古い世代のプロレタリア革命家たちで規律を重視しない者はいなかったことは、夥しい論述が残されているだけでなく、彼ら自ら身をもって規律の権威を維持するよう努めている。一九二七年秋、井岡山に登る途中で、一部の兵士が農民の畑のサツマイモを抜き取ったことに、毛沢東は深く考えさせられた。ほどなく、毛沢東は部隊に三項目からなる規律を公布し、その中の一項目はまさに「農民の一本のサツマイモも抜き取らない」であった。「三つの規律と六項目の注意」はこのサツマイモがきっかけで生まれたものである。周恩来も同様に厳しく規律を守ることを自分や周囲の人に求めた。整風運動の期間中、南方局の組織では毎週一日は党の日としていた。ある部門の最高責任者は革命の時期に入党した古参党員であり、会議で講演を聴くときいつも籐椅子を持ち込み、足を組んでいた。周恩来はそれを見て彼を呼び出し、「これが規律を学び守っていると言えますか。党歴が長いほど規律を守るように自覚しなければなりませんよ」と懇ろに注意した。

習近平が昔のプロレタリア革命家の話をし、毛沢東、周恩来らの有名な言葉を引用したのは、全て「規律」が非常に重要だということを強調するためである。戦火の激しい革命の時期から、国づくりに燃えた建設時代、さらに活気あふれる改革の時期まで、規律を厳正かつ公平にすることはわが党が勝利に次ぐ勝利に向かうための貴重な宝である。

習近平国家主席は厳しく党を運営することをはっきりと考えており、規律を守ることを明確に求めている。初めて党総書記として内外の記者と会見したとき、よく通る声で「鉄を打つには自らが硬くなければなりません」と語り、「党を挙げて警戒するように」求めた。中国共産党第十八回全国代表大会以来、汚職撲滅と改革の両面作戦は、がんを取り除いて社会をきれいにし、病を治して健康な身体にすること、この二つが相まって形成されたまっとうな政治路線は、合流して全面的に厳しく党を運営する強い動きとなり、何が何でもやり遂げるという決意、たとえ身内でも不正は許さないという勇気、痛みをものともせず矯正する力となった。これによって党と政府の仕事ぶりを一新させ、党と民衆の心をきれいにしなければならない。ここで鍵となるのは、まさに習主席が言うとおり、すなわち「規律を緩やかな拘束や棚上げされた空文にしてはなりません」ということだ。

国内編④
国政運営を語る

文学と中国

九百年あまり昔、蘇東坡が海南の儋州《たんしゅう》に左遷されたとき、海南の風景を描写した多くの詩句、「雲散月明誰点綴、天容海色本澄清」（雲は散って月は明るく誰も曇らせることなどできない。空の色も海の色も本来澄みきったものなのだ）、「飛泉瀉万仞、舞鶴双低昂」（滝は万丈を下り、二羽の鶴が高く低く舞っている）、「丹茘破玉膚、黄柑溢芳津」（かぶりつく茘枝《レイシ》はみずみずしく美女の肌のよう、溢れる蜜柑はよい香りの果汁が口いっぱいにひろがる）などを残しています。私が湖南に行ったときも、湖南の同志に、湖南の自然の風景は素晴らしいと言いました。毛沢東同志は「友人に答える」で「洞庭波涌連天雪、長島人歌動地詩。我欲因之夢寥廓、芙蓉国里尽朝暉」（洞庭湖の波は天に連なる雪、長沙の橘子洲の人は大地を揺るがす歌を歌う。私はこのため広々とした大空の夢を見た。蓮の花咲く湖南省は隈なく朝日に照らされている）という詩句を書いています。宋代の文学者范仲淹の「岳陽楼記」では、「沙鷗翔集、錦鱗游泳、岸芷汀蘭、憂憂青青」（鷗が飛び交い集い、銀鱗魚の魚が泳ぎまわり、岸辺の芷、水際の蘭が芳香を放って青々と茂り）、「長煙一空、皓月千里、浮光躍金、静影沈璧」（たなびく靄が空一帯にかかり明るい月が千里を照らし、水面の光が金色に踊り、ひっそりとした月影は沈んだ壁のように見え）、どれも美しいですね。あのときは私は湘西にも行きましたが、沈従文が「辺城」「蕭蕭」などの作品で描いた湘西の風景を思いました。

「中央農村工作会議での演説」（二〇一三年十二月二十三日）

解説

　文学作品で中国の美しい風景に遭遇するのは心の旅における素晴らしい出合いと言えよう。蘇東坡は左遷されて南へ下り、范仲淹は楼に登って遠景を眺め、毛沢東の詩情は沸騰し、沈従文が足をとどめて見聞を広め、風景を描写すれば、感情はおのずと湧き上がる。

　山河の景勝地は、詩情を激しく湧き出させるだけではなく、慰めにもなる。蘇東坡が左遷されて海南の儋州に赴任したとき、すでに六十歳を超えていた。その前には左遷されて嶺南の恵州にも行っている。儋州での生活の困難さは恵州を優に超えていた。蘇東坡は修繕されてしばらく宿屋に身をおいていたのだが、宿屋は長らく修繕されていなかったので、雨のときは一晩に何度も部屋を変えていた。のちに蘇東坡は桄榔《クロツグ》の林の中に自ら草葺きのあばら家をしつらえ、「桄榔庵」と名付けた。庵では「食芋飲水、著書以為楽」（芋を食べ水を飲み、著作を楽しみとする）暮らしぶりだった。当時の南方の異民族もほとんど住まない島で、蘇東坡は「飛泉瀉万仞、舞鶴双低昂」「丹荔破玉膚、黄柑溢芳津」などの詩句で、美しい自然の風物を記録するだけでなく、物事にとらわれない闊達な心を養っている。三年経って儋州を離れるとき、「九死南荒吾不恨、茲游奇絶冠平生」（南荒で死にかけたことを恨みはすまい、この旅の経験は得難いものだった）の詩句を残している。

　范仲淹が「岳陽楼記」を書いたときすでに左遷されて河南の鄧州に赴任しており、当時は親友の滕子京も左遷されて湖南の岳陽にいた。滕子京は左遷されたことに落ち込むことなくよく領地を治めることに励み、岳陽楼を再建し、あわせて千里の外にいる范仲淹に楼のための文章を依頼した。范仲淹は滕子京から人を介して送られた「洞庭晩秋図」に想像の翼を広げ、一気に「岳陽楼記」を書き上げ、それは中国文学史上の名編となった。そこで述べられている「天下の憂いに先んじて憂い、天下の楽しみに後《おく》れて楽しむ」という理念は中華民族精神の至宝となっている。近代以降、毛沢東の「答友人」は同様に風景描写に感情を込め、「我欲因之夢寥廓、芙蓉国里尽朝暉」に理想的な社会への憧憬を表現している。沈従文の「辺城」「蕭蕭」などの作品では中国人の魂の深いところに安らかな浄土を残した。

　中央農村工作会議の席上、エコ文明の建設に言及したとき、習近平国家主席は昔から伝わる美しい文章を引用した。これはまさに、こうした味わい深い文章の中から、われわれの記憶の中にある「美しい中国」、あるいはわれわれが憧憬し、心を尽くして守るべき「美しい中国」を探求するためなのである。習主席はかつて「山を望み、水辺を見て、郷愁を覚える」ことを都市化の進むべき道としたが、これは美しい中国を建設するための青写真にほかならない。文学作品に記録された美しい中国、それは中華民族に残された記憶であると同時に、輝かしい未来でもあるのである。

国内編④ 国政運営を語る

失われた二百年

近代化以降の歴史を振り返るとき、われわれは好機を逃さないこと、時代に取り残されないことの重要性を痛切に感じ取らなければなりません。十八世紀半ばから十九世紀半ばにかけての、おおむね百年間は産業革命が起こり発展した時期でした。しかし当時の清朝の統治者たちは国を閉ざし、身の程知らずで、産業革命がもたらす発展の機会を逃し、わが国の経済と技術の進歩が世界の発展の歩みに大きく後れをとる結果をもたらしました。十九世紀半ばから二十世紀半ばの、これもおおむね百年間ですが、西側の強大な海軍力の攻撃により、わが国は半植民地状態になりました。列強の侵略、政府の腐敗、長期にわたる戦乱、社会の動揺、民生の不安、国家建設を進める条件も、時代の歩調に追いつく条件も根本的に欠けていました。一九六〇年代から七〇年代は、世界では科学技術革命と産業変革の波が興っており、東南アジアの国と地域はこの機会をとらえて発展していきましたが、わが国は「文革」をやっていたため、せっかくのチャンスを逃しました。

党の十一期三中全会以来、われわれはようやく機会を逃さず今日のような素晴らしい局面を迎えることができたし、わが国家と民族は急ピッチで追いつくことができたのです。

「中国共産党第十八期三中全会第二回全体会議での演説」(二〇一三年十一月十二日)

解説

十八世紀半ばから二十世紀半ばにかけての二百年は、西側が工業化の道を歩み始め、世界史が大きく転換する時期であり、中国が次第に封建時代から現代文明に合流する転換の時期でもあった。

チャンスは向こうからやってきて扉をたたいたが、惜しむらくはこの悠久の歴史を有する民族が目を覆い耳を塞いでいる間に通り過ぎてしまったことだ。習近平国家主席が線引きした最初の百年間の、いくつかのエピソードに清朝の統治者の閉鎖的で身の程知らずの様子が反映されている。当時、イギリスは中国第一の輸出相手国であり、輸入相手国でもあった。イギリスの対中輸入総額は西側諸国の九〇%ほど、輸出総額は七〇%以上を占めていたのに、大清帝国はこのことを何も知らず、イギリス人をオランダ人とまとめて「紅毛番」（赤毛の外国人）と呼んでいた。イギリス使節団が中国を訪問したとき、たくさんの素晴らしいものを持ってきた。天球儀、地球儀、ハーシェル望遠鏡、凸レンズ、気圧計などの科学機器、また蒸気機関、紡績機械などの工業機器、さらには熱気球と操縦士も連れてきていた。皇帝に興味があったなら、熱気球に乗って空の上をひと回りできただろう。そうすれば、皇帝は東半球で初めて空を飛んだ人間になったはずだった。しかしながら、清朝の皇帝は産業革命による新しい事物にはほとんど関心がなく、「からくり人形」「仕掛け犬」のような精巧な玩具への寵愛が高じて、初めての産業革命との対話のチャンスをみすみす無駄にした。

十九世紀半ば以降、「実業救国」の叫びが一部の愛国革命家の救国のための努力を挫折させ、実業救国が神州の大地を席巻した。著名な実業家張謇《ちょうけん》は「救国は焦眉の急であり……これを樹木に例えると、教育は花のようなもの、陸海軍は果実のようなもの、しかしてその根本には実業がある」と考えていた。当時、中国の民族工業は確かに長足の進歩を遂げており、張謇の南通の大生紡績工場は、第一工場、第二工場だけで一九一四年から一九二一年の期間に銀千六百万両あまりの利益を得ている。しかしながら長年にわたって戦乱が頻発し、混乱しており、国はいまだ独立と統一を実現しておらず、実業救国はあだ花にすぎず、まったく時代の歩みに追いつける条件もなかった。

党の第十八期三中全会第二回全体会議の席上、習主席は歴史に分け入り、二百年あまりの発展の道筋をはっきりと整理し、中国を世界的な視野から眺め、時代を歴史と対話させ、中国近代化の過程の成功と失敗、利益と損失を深く掘り下げて、「好機を逃さないこと、時代に取り残されないことの重要性を痛切に感じ取らなければなりません」と分析した。

失われた二百年と鮮やかに対照をなすのは、新中国成立以来、特に改革開放から三十数年来の奮闘と急追である。今日、改革はすでにより高いスタート台に立ち、中国がどこへ向かうのかは世界レベルの話題になっている。まさにそのような背景のもとで、習主席は中国近代以降の歴史を述べ、史実に語らせ、歴史を証人にすることを通じて、「改革開放は現代中国の命運を左右する重要な選択であり、党と人民の事業が急ピッチで時代に追いつくための大切な宝」で、これによって歴史的な改革の共通認識の土台が築かれたと指摘した。

国内編④
国政運営を語る

張之洞《ちょうしどう》の感嘆

歴史から考えると、改革を成功させるには共通認識の形成が非常に重要です。歴史上、戦国時代の商鞅《しょうおう》の変法、宋の王安石の変法、明の張居正の変法は、みな当時の条件下で一定の成果をおさめました。しかし、当時の専制君主政権の性質や社会の矛盾の絶え間ない激化によってさまざまな利益関係が錯綜し、その上統治集団内も複雑に絡み合って派閥争いがありました。改革が既得権益集団の利益に関わると強い抵抗に遭い、改革者は地位も名誉も失うことさえあったのです。清の代表的な洋務派である張之洞は、改革の概念を持った人物でした。清朝末期、社会の矛盾はひどく、大局の変革は待ったなしでした、さまざまな議論がかまびすしく、さまざまな人が次々に現れ、どれが良いとも決められず、張之洞はこう嘆きました。「旧者はむせて食を廃し、新者は岐路が多くて羊を亡くす。守旧派は融通がきかず、革新派は基本的なことがわからない。融通がきかなければ敵に対処する術がなく、基本的なことがわからなければ儒教道徳をないがしろにする」

「中国共産党第十八期三中全会第二回全体会議での演説」
（二〇一三年十一月十二日）

解説

長く続いてきた中国の歴史において、「改革」はそのキーワードである。歴代の王朝は改革により富国強兵に成功することもあり、改革の妨げによって状況が日増しに悪くなることもあった。「天変畏《おそ》るるに足らず、祖宗法《のっ》とるに足らず、人言恤《うれ》うるに足らず」という勇気があり、「後人これを哀しみてこれを鑑とせず、後人をしてまた後人を哀せしむ」という悲嘆もあった。

戦国時代の商鞅の変法、宋の王安石の変法、明の張居正の変法は、どれも中国の歴史上有名な改革である。なかでも商鞅の変法は、木を移動させて褒美を与え信を得ることから始め、徐々に井田《せいでん》制を廃止し、郡県制を実施し、農業や紡績、戦闘を奨励した。商鞅の変法によって秦の経済は発展を遂げ、軍事力は絶えず増強され、戦国後期において最も富める強い国になり、後に中国を統一する基礎が作られた。しかし商鞅を支持していた秦の孝公がこの世を去ると、商鞅の変法が秦の貴族の既得権益に触れたことで貴族らの強烈な反発を招いた。商鞅は最後には秦王室の「車裂き」の刑に処せられて改革者の悲壮さを示し、改革のために死ぬという重い注釈が付けられた。

清朝末期、西洋の海軍力と亡国の危機に直面し、改革維新は不可避の状況だった。張之洞は湖広の総督を務め、維新を唱える改革派であった。張之洞が湖北で開設した漢陽製鉄所は当時アジア最大の製鋼所となった。また湖北に兵器工場も開設し、一八九五年末から一九〇九年末にかけて年平均一万丁近い銃を製造した。「漢陽製」の小銃は、中国近現代史上最も広く使われ、最も多く製造され、使われた期間が最も長い小銃となった。一八九六年から「漢陽製」は無数の中国武装兵力の装備となり、中国軍の現代化を最大限に促進した。張之洞が改革に力を入れたために、改革に対する抵抗は強かった。それで「守旧派は融通がきかないが、革新派は基本的なことがわからない」という感慨に浸ったのである。

習近平国家主席は全面的に改革を深化させると位置づけた第十八期三中全会で、歴史上の改革者が直面した困難を通して、改革において「共通認識を得る」ことの重要性を提起した。これはまさに改革者を鼓舞、激励し、改革者が過激な思想と保守勢力の二重の攻撃によって孤立して力が出せない状況に陥るのを避けるためのものである。

実際、改革の共通認識の形成は、習近平主席が実践し続けていることでもある。中国共産党第十八回全国代表大会以来、習主席を中心とする党中央は改革の推進に力を入れ、難題に立ち向かう決心、激流を進む胆力、状況判断する勇気、全体に配慮する知恵を提示し、何億人もの人民の期待と信頼を呼び起こし、改革を中国の現代化促進の最大の原動力とし、この時代の最も鮮やかな精神的シンボルとなっている。

国内編④ 国政運営を語る

「貧困の帽子」

資料を見たのですが、報告では二〇一二年初め、ある省のある県が国家級貧困県に指定され、県政府はウェブサイトに「飛びきりの吉報」と発表し、国家広域特殊困難地区に入れたことを心から喜んでいました。もう一つの例では、二つの県が国家級貧困県の帽子（レッテル）を争い、負けた方の県長は目に涙をためて「われわれが貧困県争いに敗れた原因は、わが県が本当に貧しいからだ」と言ったそうです。さらに、ある地方はずっと国家扶貧（貧困救済）開発工作重点県の帽子をかぶっていたのですが、実は二〇〇五年に全国ベスト百県に入り、二〇一一年にメディアがそれを報じたことで国家級貧困県の資格が取り消されました。第十一期全国県域経済基本競争力ベスト百県、中国中部ベスト百県、中国西部ベスト百県ランキングには、なんと十七の国家級貧困県が含まれているということです。関連部門は、この現象について検討してください。帽子を脱ぐべきは脱ぐ、かぶるべきでなければかぶらない。特に優遇する必要はありません。

「河北省阜平県にて貧困支援開発活動を視察した際の演説」（二〇一二年十二月二十九、三十日）

解説

現在、貧困脱却の取り組みはスパート段階に入っており、二〇二〇年までに農村の貧困層の貧困からの脱却を確実なものにするには、時間がなく、任は重い。習近平国家主席の述べた、争って「貧困の帽子」をかぶる（貧困というレッテルを貼る）という話は、貧困支援の政策プロセスにおける深い問題である。

二〇一二年初め、湖南省のある県で大きなディスプレイが掲げられ、そこには堂々と「X県が国家広域特殊困難地区入りを果たし、新時代の国家貧困支援政策の主戦場となったことを祝す」と書かれており、県委員会や県政府の名が記されていた。この写真がネット上に公開されると、たちまち広く世論の関心を集めた。この県の公式サイトに掲載された「X県国家広域特殊困難地区入りに成功」と題された文章では、「第十二次五カ年計画」の国家貧困支援開発政策のチャンスをつかみ取るために、県政府は国家重点貧困支援政策内に入ることを「一つの重点、三つの主要項目」活動体制の最大目標とし、「語りつくせぬ苦労を何度も経験し、さまざまな方法をやりつくし、二年のきわめて苦しい努力を経て」ついに国家広域特殊困難地区入りを果たしたと述べられている。これに対し、多くのネットユーザーがこう指摘した。貧困県と評価されることを「喜び」とするのは、実際には貧困支援資金を得ることを喜んでいるのであり、「貧しさを見せびらかす」ことを重視することは貧困県へのリソースの偏重につながる、と。

習近平主席は福建省寧徳で任についていた頃から、貧困者を援助するにはまず志を援助する必要があることを十分に強調していた。習主席はしばしば「弱い鳥は先に飛ぶ見込みがあり、最も貧しい者は先に豊かになれるが、『先に飛ぶ』『先に豊かになる』ことが実現できるかどうかは、まずわれわれの頭の中にそういう意識があるかどうかによる」と述べている。寧徳で貧困支援活動を推し進めていた頃、習主席は思想から「貧困意識」を弱め、「貧困地区が完全に自身の努力、政策、長所、強みを生かして特定の分野で『先に飛』べば、貧困のもたらす弱みを補うことができる」と何度も強調した。

「貧困の帽子」は、多額の財政移転支出であがなわれるだけでなく、各政策の偏りと特別扱いも意味している。実際、争って「貧困帽」をかぶることの背後には貧困脱却の闘志の欠如があり、援助を待ち財政配分に頼り資金を求めるといった依頼心を生んでいる。習主席は、争って「貧困の帽子」をかぶるという話を通して貧困を援助するには「まず志を援助するべき」「知恵の援助が必要」であることや、貧困から抜け出す闘志を失ったり依頼心を持ってはいけないということを説明しようとしている。争って「貧困の帽子」をかぶるということは、たきぎを抱えて火を消しに行くようなもので、たきぎは尽きず、火は消えない。

　貧困から脱却する上で最も重要なのは、物質的な貧困だけでなく精神的な「貧困」から脱却することである。習主席は何度も「広く第一線の幹部や大衆の先駆的な精神を重視する必要があり、彼らの熱意を呼び起こし、行動を起こさせる、懸命な働きによって貧しく立ち遅れた現状を変える」と強調している。貧困地区の幹部や大衆がリーダーシップや積極性、創造性を奮い起こしてこそ外部の助けが初めて内部の原動力を刺激し、貧困支援政策が初めて持続的なエネルギーを得ることができる。結局のところ、全面的な小康（ややゆとりがある社会）とは待っているものではなく、作り出すものなのである。

国内編④ 国政運営を語る

「あなたは中国人ですか」

一九七九年にスウェーデンを訪れた時、ある広場で偶然中国系マレーシア人に出会いました。彼はたどたどしい中国語で「中国人ですか」とたずねてきました。私がそうですと答えると、とても感激して、やっと会えた、スウェーデンではなかなか中国人に会えないんですと言いました。今は世界中どこにでも中国人がいます。前回ベルギーの首都ブリュッセルに行った時、市庁舎から外を見ると広場の半分を中国人が占めていました。もし鄧小平同志の指導による我が党の改革開放という歴史的政策決定がなかったら、今日のような我が国の発展は想像もできなかったでしょう。

「広東省視察時の演説」（二〇一二年十二月七～十一日）

解説

中国人が海外にいるという状況であれば、世界から中国を観察するという視点もできよう。ただし改革開放以前は中国人が海外に行くことは少なかったので、「あなたは中国人ですか」とたずねられたのだ。改革開放前、広東省では密航ブームもあり、なんとかして国外に出ようとする人もいた。深圳の中英街はくっきりと二つに分かれていて、香港側には別荘が、深圳側には雑然とした古い家が建ち並んでいた。こうした細部が、当時の中国の経済社会発展が比較的遅れていたことを反映している。

「あなたは中国人ですか」。一九七九年、世界は中国を現在ほど知らず、中国と世界の隔絶もまた深かった。しかしまさにこの年に、中国の改革開放は始まったのである。そのため、「人類の二十一世紀は中国の一九七八年に始まった」とする海外の学者もいる。三十年あまり後、中国と世界はすでに互いに垣根を越えて深く融合し、中国の海外旅行者数は急速に増加し、二〇一五年にはさらに増えてのべ一億二千万人に、海外での消費額は一兆五千億元に達し、二〇一六年には連続四年世界一の海外旅行消費国となり、国際観光収入に平均一三％超の貢献をした。中国が世界第二の経済国となり、中国が急ピッチで海外に出たことで、ブリュッセルの「広場の半分を中国人が占める」という活況が生じたのである。

中国の海外進出の影響力を裏付けることはさらに細々とあり、フランスのパリでは、中国人観光客を呼び込むために、パリ商業産業局と地区の旅行局がわざわざ小冊子を印刷してフランス人に簡単な中国語を教え、中国人観光客の好みを理解する助けとしている。パリではホテル、レストラン、博物館で働く多くの人たち、はてはタクシーの運転手まで皆この冊子を持っている。韓国のソウルでは、空港のあちこちに中国語の広告があり、多くの店で簡単な中国語が通じ、中国人観光客を呼び込んでいる。

共産党第十八回全国代表大会開催後、習近平国家主席は最初の視察先に改革開放の先駆けである広東省を選んだ。この視察中、習近平主席は海外訪問時に自らが見聞したことを話した。詳細な比較対照によって開いた窓の中に、中国の発展が世界に与える影響をはっきりと描いてみせた。改革開放初期の国外で中国人に会うことが珍しかった時代から、改革解放後三十年あまりのブリュッセルでの「広場の半分が中国人」まで、中国の発展の壮大な物語はこうした生き生きした細部の再現によって、さらに心に響くものとなる。

習主席は自らの経験で中国の発展が世界に及ぼす影響を説明している。中国の行く道を堅持し改革開放を進めたことこそが中国を世界第二の経済国とし、世界の注目する「中国の奇跡」や「中国の物語」を作り出し、世界に「中国の台頭」「中国の衝撃」を感じさせた。習主席は、しばしば「改革開放は我が党の歴史上偉大なる目覚めであり、これこそが新しい時期を理論から実践へと育てる偉大な創造である」と強調している。新しいスタート地点にたった中国は、この正しい道に沿ってゆるぎなく進んでいくが、新たな措置やレベルの向上も必要である。

国内編④ 国政運営を語る

「和」あってこその「合」

同じ組織にいるのは同じ船に乗っているようなもので、仕事を進めるのは船をこぐのとよく似ています。皆が力を合わせて困難を克服し、目標を同じくして想いや力を一つ所に注ぎ、力を合わせれば、船は所定の目標に向かって高速で進むことができます。もし各々がそれぞれに主張してそれぞれの方向に船をこげば、船は同じところをぐるぐる回るばかりで、少しも進むことができません。のみならず、互いに足を引っぱり合えば転覆の危険性もあります。百年修行して、やっと同じ船に乗り合わせる縁ができるという言葉もあります。同志が集まり同じ組織で仕事をするのも何かの縁、一緒に事に当たる時間を大切にし、心を一つに協力して事業を成し遂げましょう。

「『和』あってこその『合』」(二〇〇七年一月十九日)

『之江新語』より

解説

『孫子』は、春秋時代の有名な軍事家、孫武の著した兵書である。後世の兵法家に高く評価され、「兵学の聖典」と称えられており、「武経《ぶけい》七書《しちしょ》」の第一とされている。中国の伝統的な兵法で、英語、フランス語、ドイツ語、日本語などに翻訳されており、国際的に有名な兵学の規範となっている。

『孫子九地』に「同舟而済」（利害を同じくする者が助け合う）という話が収められている。「それ呉人《ごひと》と越人《えつひと》とは相悪《あいにく》むも、その舟を同じくして済《わた》りて風に遇《あ》うに当たりては、その相救うや、左右の手のごとし」。ある人が孫武に、どのように兵を用いれば負けないか、と問うた。孫武は、兵を用いる時の布陣は蛇のように猟師に反撃すべきであり、蛇型陣は頭と尾が互いに配慮し一体となることができる、と答えた。孫武は言った。呉の国の人と越の国の人は敵同士だが、もし同じ船に乗って川を渡っている時に風や波が強ければ、あたかも左右の手のように助け合うだろう。ましてや（味方同士である）普通の兵ならば、なおさらである。

確かに、乗り合わせた同士が互いに助け合えば舟は波を切って水の上を進むが、それぞれが勝手に振る舞い足を引っぱり合えば舟は同じ場所を回るばかりで少しも進まない。「同じ組織にいるということは同じ船に乗っているようなものであり、仕事をするのは船をこぐのとよく似ている」。習近平国家主席は「党委員会組織の人や指導組織や各級の幹部の知恵を上手く集めなければならない。全てを掌握しつつ独占せず、分業しつつ分離せず、手を放しつつ手を引かないところまでやりとげる」と何度も強調している。二〇一六年初め習近平主席は、毛沢東が一九四九年三月三十日付で通達した『党委員会の工作方法』という文章を学習するよう重要な指示を出し、各級の党委員会（党組）の指導者層に、この古典的著作をもう一度学び直すよう求めた。党中央組織部は通知を出し、『党委員会の工作方法』を「両学一做」（党章や習主席の演説を学習し、党員として合格する）教育に組み込むよう求めた。六十七年を経て、古典的文献が改めて人々の目に触れた。偉人によって書かれたからというだけでなく、もっと重要なのはこの文章が示している方法論である。文章の冒頭では「党委員会書記は『分隊長』の役が務まらなければならない」「自分と委員会の間の関係をうまく処理」しなければならないと示されている。続けて「もしこの『部隊』全員の動きが揃っていなければ、何千何百万もの人を率いて戦争をしたり、事業を始めたりできるものではない」「党委員会の各委員の間では、それぞれの知りえた情報を互いに共有し、互いに交流しなければならない」と述べられている。この三千字に満たない古典的文献の中で、組織の団結は全文を貫くテーマとして強調されていると言え、習主席が各級の党委員会に古典を学びなおすよう指示したことの深意もここにある。

習主席は具体的な事物で象徴的な道理を説明している。船を使った同舟共済の話で指導部が団結協力する必要性を例え、党委員会組織の仕事をうまく進める重要な方法、すなわち「和」して「合」すれば、一致協力、一致団結の精神を理解できることを提示している。

指導部が団結するかどうかで、結束力、創造力、戦闘力を持つかどうかが決まる。「党委員会書記として全てを掌握しつつ独占せず、『ピアノを弾く』ように互いに調和を保つことを会得する」「良き指導部としてうまく団結協力する」「団結は指導部を組織する上で重要な問題であり、団結を重んじることは政治や大局を顧みる態度を重んじることである」。……習主席は何度も組織の団結を強調している。それはまさに、党委員会組織内の意見の食い違いや勝手な振る舞いを防止し、党組織がばらばらになって力を失うことを避け、党委員会組織が党のトップの「核心団体」になることを保証するものであり、さらに責任を明確にして役割を理解し、各々の役割を果たして互いに助け合い、最大の「指導力」を発揮し、われわれの党に中国の特色ある社会主義事業の強固な指導力をもたらすものである。

国内編④ 国政運営を語る

「二つの山」

われわれは人と自然の調和、経済と社会の調和を目指しています。平たく言うならば「二つの山」が必要だということです。金山銀山だけでなく、緑水青山（美しい山河）もまた必要なのです。これら「二つの山」の間には矛盾がありますが、弁証法的に統一することもできます。実際には、この「二つの山」の関係の認識は三つの段階を経ると言えます。第一の段階は、緑水青山を金山銀山に変える段階、環境の許容能力を全くもしくはわずかにしか考慮せず、ひたすら資源を求める段階です。第二の段階は、金山銀山も必要だけれども緑水青山も維持したい段階です。この段階では、経済発展と資源の欠乏や環境の悪化との間に矛盾が目立ち始め、人々は環境とはわれわれの生存発展の根本であり、青山を留めてこそ薪があるということに気づきます。第三の段階は、緑水青山は絶え間なく金山銀山をもたらし続けることができることを知る段階です。緑水青山自身が金山銀山であり、われわれの植える常緑樹がすなわち金のなる木であり、生態系の豊かさが経済の豊かさへと形を変え、調和のとれた渾然一体となった関係を作るのです。これらの段階はより高度なレベルで、科学発展観の要求を体現しており、循環経済を発展させ、省資源型でエコフレンドリーな社会をつくるという理念を体現しています。これら三つの段階は経済成長モデルの転換の過程であり、発展関連のたゆまぬ進歩の過程であり、また人と自然の関係のたゆまぬ調整、調和への過程でもあるのです。

『「二つの山」から見る生態環境』（二〇〇六年三月二十三日）
『之江新語』より

解説

「緑水青山」と「金山銀山」、この二つのありふれた言葉は深い意味の込められたイメージであり、経済発展と環境保護の関係を余すところなく表現している。そしてこの「二つの山」の暗示する発展の理念は、浙江省の発展を牽引するだけでなく、国家の指針ともなっている。

二〇〇五年八月、浙江省委員会書記だった習近平国家主席は、浙江省の安吉県余村を視察した時に「緑水青山はすなわち金山銀山である」という科学的な論断を行った。浙江省安吉県の竹海は美しい田園の象徴である。著名な映画監督アン・リーの作品「グリーン・デスティニー」のロケ地となったことで、安吉県は一躍有名になり、竹海を訪れる観光客は後をたたない。習主席は安吉県余村視察の際、鉱山を閉鎖し自然を生かした発展の道を行くという村の方策を知ると、高く評価した。余村村委員会の主任の潘文革は、いまだによく覚えている。村委員会の簡素な会議室で行われた座談会の席上、習主席は幹部たちを「過去の発展モデルにとらわれていてはならない」と戒めた。そして初めて「緑水青山はすなわち金山銀山」という言葉を使った。今では余村の年間観光収入はすでに千五百万元に達しており、十数年前に鉱山から得ていた収入の五倍にもなっている。余村の自然を生かした発展への転換は、「緑水青山はすなわち金山銀山」という重要な理念の具体的な証左となっている。

十数年来、「緑山青山はすなわち金山銀山である」という理念は浙江省の発展を牽引している。習主席が浙江省委員会書記だった時に提起した「八八戦略」の重要な分野の一つが、浙江省の生態環境の優位性を生かして

「緑色浙江」を創造することである。緑水青山は浙江省の「金の名刺」であるだけでなく、浙江省の持続可能な発展における「金のなる木」「打ち出の小槌」となった。習主席は総書記となって以来、多くの場で「緑山青山はすなわち金山銀山である」と強調し、自然を生かした発展を広く社会全体の共通認識にしようとしている。

「緑水青山」や「金山銀山」の例えは、経済発展と環境保護の関係を余すところなく説明している。習主席は、金山銀山と緑水青山は互いに否定し合う関係ではなく、互いに欠かせないものであり、調和の取れた渾然一体のものであるべきだとしている。まず緑水青山を金山銀山に取って替えるという誤った段階を乗り越え、次に緑水青山と金山銀山のどちらを取るかという、ためらいと矛盾の段階を乗り越え、最後は緑水青山と金山銀山の融合する境界に達する。習主席が提示したこの三つの段階は、あらゆる地方の発展において深く考えるべき命題である。

国内編④

国政運営を語る

ロバと馬の理論

現代民主政治の主要な成果は、権力に対する制御のメカニズムです。この問題について、有名な「ロバと馬の理論」があります。馬はロバより速く走りますが、比べてみると馬のひづめがロバより優れているのに気付きます。そこでロバのひづめを馬と交換してみても、ロバはかえって前より走りが遅くなります。さらに比較して、馬よりロバの脚が劣ることに気付き、脚も取り換えると、ロバは走れなくなります。続けて類推すると、身体を取り換え、内臓を交換し、最後にロバをまるごと馬に替えて、ようやく速く走るという目的を達成することができます。この「ロバと馬の理論」は、「民主的な選挙」が単に「馬のひづめ」にすぎず、民主政治建設を推進することは「馬のひづめ」を取り換えるだけで、それならばいっそ交換などしないほうがよいということを明らかにしています。「民主的な管理」「民主的な政策決定」「民主的な監督」は「民主的な選挙」と同様に重要な鍵となりますが、「半人前」の民主化は、「選挙した時には民主があったのに、選挙後には民主がなくなっている」事態をまねき、本来備わっていた秩序をも乱してしまいかねないのです。

「金華市にて調査研究した際の演説」(二〇〇五年六月十七日)

『実践的に行動し、先頭に立つ——浙江省の新しい発展を推進する思考と実践』

(中共中央党校出版社、二〇〇六年)より

解説

ロバに馬のひづめをつけても、ロバはやはりロバであるが、走りはさらに遅くなる。脚を交換し、身体、内臓……と全て取り換えたとしたら、走るのは速くても完全に馬に変わってしまう。習近平国家主席は、「ロバと馬の理論」を述べることを通して、絶妙な比喩表現や興味深い筋立てで人を大いに笑わせながら、論点をはっきり説明し、深遠な議論を軽妙に取り上げて親しみやすくして、絶大な効果をあげている。

この演説において習近平主席は、武義に端を発し、当時金華において推し進めていた「後陳の経験」をさらに例に挙げている。後陳村は、武義県の市街地と郊外の境界に位置する。二十世紀末、工業化と都市化の進展にしたがって、村に集まる資金が短期間に急増すると、村の幹部が規則違反をする問題が頻発し、幹部と村民との激しい衝突や、上級機関への度重なる陳情などが起きた。二〇〇四年六月、後陳村は「泥臭さ」あふれる末端組織の民主政治を刷新し、中国で最初の「村務監督委員会」を成立させた。村の党支部、委員会から独立した第三者監督機関によって、村務管理について制度の実施と運用を監督し、村務の民主的管理を実践する探求の幕開けとなった。これより後陳村は、全て監督によって制度の整備を促進し、民主建設を推し進め、社会の調和を保障し、村の繁栄を実現させるという新しい道をたどり、混乱から安定へと「転身」を遂げた。

この後、村務監督委員会は「村民委員会組織法」に明記され、当初は急場しのぎだった「治村の計」は「治国の策」へと格上げされ、農村の末端組織の民主建設の成功例の典型となった。

二〇〇五年、浙江省委員会書記だった習主席が、金華調査研究の際に「ロバと馬の理論」を述べたのは、この話にかこつけて、村レベルの民主的な政治の建設には「民主的な選挙」「民主的な政策決定」「民主的な管理」「民主的な監督」を積極的に推し進め、「この四つの分野の内容を完全に理解する」必要があることを明らかにしようとしたのである。習主席は、こう考える。民主化というものは単純に民主選挙と同一視することはできず、民主政治の建設推進は「馬のひづめ」を取り換えることにすぎない。つまり「半人前」の民主化をするくらいなら変革しないほうがよいということである。一度進むと混乱は避けられないが、四分野の組み合わせが完全に整えば、真の民主化が根付く。「淮南のミカンを淮北へ移すとカラタチになる」（状況の変化によって性質を変える）

という古語も習主席がよく引用する言い回しである。他国の政治制度を型どおりに真似するだけでは通用せず、その土地の気候風土になじまなければ残念な結果に終わってしまい、ひいては国家の命運を葬り去ることにもなりかねない、と強調している。

国内編④ 国政運営を語る

天子国門を守る

いかに指導者となるか？　単刀直入に言えば、組織においてわれわれを幹部たらしめるのは、先頭に立って見張りやパトロールをする責任感、つまり国を守る責任を持つことです。いにしえの劉邦の「大風歌」に、こうあります。「大風起こりて雲飛揚す。威海内に加わりて故郷に帰る。いずくにか猛士を得て四方を守らしめん」。いでよ勇士たち、この国土を守りぬこう、という意味です。また明の成祖は北京に遷都し、さまざまな要因がありますが、対外的に体裁よく言えば「天子国門を守る」という事態になりました。皇帝が中央に座して安逸を享受することはかなわず、国境を守らなければならないのは白明の理でした。清代の銭塘江の堤防を保守する役人は、四品官で府知事と同じ好待遇でしたが、絶対に堤防を決壊させてはならない使命を帯びており、もし任務を完遂できない場合は、皇帝から死を賜るまでもなく、自ら銭塘江に身を投げました。当時の封建的な官吏ですらここまでするのですから、今われわれは共産党の幹部として、さらに強い責任感をもち、責任の所在を明らかにし、勇気を出して責任を取る必要があります。一地方の平和を守り、経済を強め、民を富ませることが領土を守る責任につながるのです。

「幹部層は〝国を守る責任〟を果たさなければならない」（二〇〇五年二月十六日）

『之江新語』より

解説

　劉邦は、漢王朝を開いた皇帝で、中国古代の傑出した政治家である。もとは沛県泗水の亭長であったが、囚人を解放したために、芒山・碭山の山岳地帯に身を隠し、陳勝・呉広の乱が起きると呼応して挙兵した。紀元前二〇六年、劉邦は灞上に進軍し、秦の王子嬰は劉邦に投降し、秦王朝は滅亡した。楚の項羽との争いでは、最終的には劉邦が勝利をおさめ、中国を統一し、漢王朝を打ち立てた。

　紀元前一九六年、劉邦は淮南王英布の反乱を平定して凱旋する途上、故郷の沛県に立ち寄り、旧知の友、長老や若者を招いて酒宴を開いた。その席で、自ら即興で作った「大風歌」を披露し、広く人材を求めたい意向を明らかにした。

　明の成祖朱棣《てい》は、初代皇帝朱元璋の第四皇子であり、明の第三代皇帝永楽帝である。朱棣は明王朝が開かれた当初は燕王に封じられ、北平（今の北京）に領地を得てからは、北方の軍事活動に参加するようたびたび命を受け、二度の北方征伐で軍を率いている。後に建文帝が即位し、領地削減政策をとったことにより、朱棣は靖難の役を起こし、建文帝を破り、一四〇二年に南京で皇帝となった。一四二一年に朱棣が北京に遷都したのは、当時北方に蒙古の残存勢力があり、明の安全を脅かす存在だったからで、国防の観点で「天子が辺境を守る」方式を採用し、政治的手段を用いて全国の労働力や物資を北方の辺境に集中させたのである。

　清代になると、塘官（堤防の役人）は川沿いに生活する民の生命と関わり、職責は重かった。浙江の『海昌志』『海寧市志』によると、呉越から晩清まで、浙江海寧の塘官は数百名に及んだ。乾隆年間、銭塘江の大潮で堤防の石がくずれたことがあった。堤防修理と保全を担当する趙という塘官は、壊れた堤防を前に叫んだ。「塘官の身でありながら、堤防を守ることができず、どうして陛下や民に顔向けできようか。この上は死をもってお詫びするしかない」と言い終わると銭塘江の流れに身を投げ、周り一同、強く心を動かされない者はなかった。塘官の自尽は、職責を全うできない時には死をも辞さない覚悟を表わしている。

　劉邦の「大風歌」、明の成祖が国門を守る故事、堤防決壊を防ごうとする塘官の故事、これらは異なる時間軸の座標において発生してはいるが、いずれも責任と担当についての理念を含んでおり、「責任の所在を明らかにし、勇気を出して責任を取る」必要を強調している。習近平国家主席は、歴史上の例を引き合いに出し、封建時代の官吏ですらここまで強い責任意識を持っているのだから、共産党の幹部がどうして責任逃れや担当拒否をすることができようか、と現代に警鐘を鳴らしている。

「担当」は、習近平主席が最も頻繁に使うワードの一つであると言えよう。総書記の肩書きで初めて内外の記者と会ったとき、「責任は泰山より重く、事業は任重くして道遠し」ときっぱり言い切った。ロシアのテレビ局の独占インタビューでは、「人民のために奉仕し、担当すべきことの責任を果たす」と習主席は世界に向けて自身の政治理念を語った。担当とは、彼の政治スタイルを鮮明に表わしているといえよう。習主席が「担当」を大いに強調する姿勢は、幹部層一人ひとりに熟考を促すに十分である。

国内編④

国政運営を語る

桶の法則

未開発地域の小康社会が実現してこそ、全体の全面的な小康社会が約束されるのであり、未開発地域の近代化が進んでこそ、省全体の近代化が達成できるのです。これは経済学で言う「桶の法則」です。桶一杯で汲める水の量は、桶を構成する中でいちばん長い板で決まるのではなく、いちばん短い板によって決まります。つまり、全面的な小康社会を建設できるかどうか、期限内に基本的な近代化の目標を達成できるかは、おおむね地域間の格差を是正できるかどうかにかかっていると思います。これは、すでに発達している地域の発展を加速させるのに必要であるとともに、これから開発する地域を飛躍的に発展させるためにも必要なことです。

「未開発地域という〝短い板〟をのばそう」（二〇〇四年十二月十日）

『之江新語』より

解説

「桶の法則」で述べているのは、一つの桶でどれくらいの水が汲めるかは、組んである板のうち、最も長い板で決まるのではなく、最も短い板によって決まるということである。桶になみなみと水を満たしたいならば、組んである板はどれもそろって傷みのないものでなければならない。もし一枚でも不ぞろいで穴が開いているものがあったとしたら、その桶を水でいっぱいにすることはできない。「桶の法則」でしばしば述べられるのは、国家の発展にしろ、地方の発展にしろ、各部門の発展状況に差がある場合、全体の発展レベルは優勢な部分によって決まるのではなく、劣勢な部分に左右されるということである。発展を推進するには、順調な面に目を向けるのではなく、軌道にのっていないところを注視する必要がある。足りないところを極力補い、全体として持続可能で調和の取れた発展を実現させる必要がある。

二〇〇二年、浙江省は省内全域で調和の取れた発展を促進するために、「山海協力工事」に着手した。沿海の発達地域と、浙江省西部の南山区や島嶼部などの未開発地域が、産業の開発、新しい農村建設、職能開発、社会事業発展などの項目で協力を強化し、省全体で調和の取れた発展をし、同時期に近代化が実現するよう促すものである。その目的は、発達地域と未開発地域で全方位的に協力することで、ねらい通りに業務能力を増強し、未開発地域という「短い板」を補い、各地区の人民がともに経済社会発展の成果を享受できるようにすることである。

習近平国家主席は、浙江省を治めていた時期からすでに、短い板を補う調和の取れた発展を、改革発展の実践に取り入れている。彼がうち出した「八八戦略」では、「浙江省の都市と農村で調和の取れた発展を成し遂げてきた優位性を発揮して、都市と農村の一体化の推進を加速させる」と表明した。党の総書記となってからは、中国全土を念頭において調和の取れた発展の青写真を描いている。二〇一二年十二月、党総書記に就任して早々に、風雪をついて太行山の山間部を訪れた。この地域は道が狭くて険しく、全国でも有数の貧困地帯で、平均年収は九百元ほどである。彼は幹部たちに言った。「貧しさの実態に目を向けることができるならば、北京から三時間半かけてここに来る価値はある！」。このエピソードからも、習主席が地域間格差の是正に関心を寄せていたことがわかる。

二〇一四年二月、ロシアのテレビ局の単独インタビューを受けた際、習主席は「十本指でピアノを弾く」ことを例えにして、調和の取れた発展の意味を述べた。中国で指導者を務めるには、状況をよく把握した上で、一括して計画して各方面に配慮し、総合的にバランスをとる必要がある。重点を際立たせて、全体の推進に役立たせなければならない。ある時は大局をとらえて小事にこだわらない。大をもって小を兼ねる。またある時は小をもって大を帯びる。局所に現れた事象から全体をとらえる必要がある。その思考を貫いているのは調和の取れた発展である。

習主席は、「桶の法則」を通して、調和の取れた発展の重要性を訴えている。社会全体の小康とは、発達地域が小康社会となるだけではなく、未開発地域でも同時に小康社会となることを意味する。単なる物質文明の豊かさだけではなく、精神的な充足も伴わなければならない。

調和とバランスを重視するのは習主席の一貫した政治理念である。党の第十八期中央委員会第五回全体会議でうち出した新しい理念「調和の取れた発展」は重要な内容である。中国の発展がバランスを欠いていることは長年の懸案となっている問題であり、地域間の格差、経済と社会、物質文明と精神文明、経済建設と国防建設などの関係において顕著に現れている。もしも経済発展レベルが立ち後れている状況で、早く一定の成果を上げなければならない場合だとしても、ある程度結果が出た後で、各部分の関係を調整し、発展の全体的な効果について注意をはらう必要がある。こうした背景のもと、習主席は「〝第十三次五カ年計画〟の全国的発展において最上の一手をうつには、バランスの取れた発展こそが勝利を制する秘訣である」と強調した。優れた仕組みになるよう劣勢部分を補って急速な進展をはかり、発展の調和とバランスを高めることで、中国経済社会の持続可能な発展を促進するのである。

国内編④ 国政運営を語る

サツマイモ理論

ある人が「サツマイモ理論」というものをもち出して、「省を越えて浙江省を発展させる」現象を非常に上手に説明しています。サツマイモがつるを四方八方にのばすのは、より多くの日光と水を吸収して養分を増やすためです。芋は地中の根の部分にあるので、つるの広がりは最終的には芋をさらに大きく育てることになります。同様に、浙江省の企業が他の地域に進出するのは、積極的に上海と連携を深めたり、西部の大開発や東北地方の既存の工業地帯の改良に携わったり、国際市場で競争したりして、省外や国外に食糧、エネルギー原料、生産加工の拠点を建設することであり、決して資金の流出や企業の移転を招くわけではありません。さらに大規模に資源を配分し、より大きな空間で大きな発展を実現させる必要があるからで、「省を越えて浙江省を発展させ、全国に足がかりを作って浙江省を発展させる」ためなのです。このことについて、われわれは正しく理解し、積極的に取り組み、明るい展望をもって成し遂げていかなければなりません。

「より大きな空間でより大きな発展を実現させよう」（二〇〇四年八月十日）

『之江新語』より

サツマイモがつるを周囲にのばすのは、芋を太く丈夫に成長させるためである。つるがのびなかったら、芋には栄養が行き渡らない。根元がしっかりしないと、つるはどこにのびていいかわからなくなる。つるは、開放を拡大する方法論を例えており、芋は、足元をしっかり固める目的論を意味している。「サツマイモ理論」は、「地に足の着いた安定」と「開放の拡大」について弁証法的に示していると言えよう。

習近平国家主席は、浙江省を治めていた時期に「省の境界を越えて浙江省を発展させる」戦略を唱えた。「省の境界を越えて」というのは、サツマイモのつるが四方八方にのびて、より多くの日光や養分を吸収するのと同じである。企業が外に進出して、産業レベルの転換を実現させ、発展モデルのさらなる向上を促進するのも、最終的には「浙江省を発展させる」ためである。習近平主席が考える「浙江省を越える」こととは、「外に流出する」ことではなく、「外へ拡大する」ことである。例えば、多くの温州人は中国国内にとどまらず、世界中で商売をして現地で納税しているが、年越しの時期に温州人が故郷にもたらす資金は三百億元に達する。これは「つるがのびて拡張するのは芋をしっかり大きく育てるためである」ということを説明している。

習主席は総書記就任後、国家の命運について思索する際に「サツマイモ理論」を活用し、「国境を越えて中国を発展させ、世界に立脚して中国を発展させる」戦略の青写真を描いた。二〇一三年九月、習主席はカザフスタンのナザルバエフ大学で講演した折、初めて「シルクロード経済ベルト」の構想をうち出した。同年十月、インドネシアの国会で講演したときには、「二十一世紀における海のシルクロード」を唱えた。「一帯一路」戦略構想は、万事整ったところで発表され、アジアと中国の発展のために翼を広げ、血を通わせている。

習主席は、つると芋の関係を用い、「サツマイモ理論」に潜む哲学と知恵を生き生きと描いている。つるは開放の手段の一種であり、芋は開放によって達成すべき目標である。全面的に改革が進み、中国と世界が密接に関わる今日、習主席が説く「サツマイモ理論」をもう一度見直すことには重要な意義がある。習主席はたびたびこう強調する。中国共産党と中国人民は中国の大地に根ざし、人類の文明の優れた成果の恩恵を受け、国家の発展を自力で実現させるという政治方針は、今後も決して揺らいではならない。事実、独自に足固めした基礎のもとで、国内外の市場、資源と規則を計画的かつ総合的に運用してこそ、中国は独自の発展路線を歩み、目覚ましい成果を上げることができるのである。

現在は、経済の新常態（ニューノーマル）における大きなロジックや、戦略チャンスの広がりに直面している。われわれは習主席の要求に即して、「九百六十万平方キロメートルの広大な国土を足がかりに、中華民族の歴史ある文化を吸収し、十三億人の中国人民の力をまとめながら、「開放型の経済レベルを引き上げ」、経済発展のためにさらなる力を結集させて、新生面を切り開いていかなければならない。

国内編④ 国政運営を語る

アルゼンチンはなぜ王座を奪われたか

今、世界最高水準のサッカーの試合は、個人の技術レベルの高さを重視したり、脚さばきの巧みさに頼ったりするだけでは、もう時代に合わなくなっています。ゴールの決め手となるのは、主にメンバーの組織的なチームワークで、仲間との協調意識がピッチでの重要な戦術となります。ある著名な評論家は、第十二回ワールドカップでアルゼンチンチームが優勝の可能性を断たれた一戦についてこう評しています。「マラドーナはたしかにスタープレーヤーだが、試合では個人技にばかり関心を払い、チーム全体のことは考えていない。アルゼンチンは花形選手の個人主義サッカーによって、今回のワールドカップ優勝の夢を消し去られてしまった」。サッカーファンがよく「ドリブルしすぎ」と批判するのは、自身の個人技を過剰に披露し、組織的なチームワークを壊し、ゴールのチャンスを失う事態を招いた選手を嫌っているのです。一地方の経済活動は、周りの全てを含めて一つの全体像を作り出しています。各部門には相対的に独立性がありますが、全体の中の一部でもあるので、外に独立して存在することはできませんし、他の部門との連携を断つことも許されません。

「〝経済大合唱〟を提唱する」（一九八八年九月）
『貧困からの脱却』より

解説

マラドーナはアルゼンチンを代表するサッカー選手である。正確なキックと熟練したボールさばきの技術をもち、十七歳でアルゼンチン代表チームに選抜された。代表チームでもクラブチームでも、彼はいつもチームの「キーパーソン」だった。イングランド戦においては、ディフェンス五人抜きでゴールし、多くの人から「彼はサッカー界の最も偉大な天才である」と称賛された。

サッカーというゲームは一人で戦うものではなく、選手の卓越した技術のほか、チームワークや連帯感が関わってくる。もしも個人技を磨くことばかりに専念して、集団での協力をなおざりにするチームがあったとしたら、華麗な個人プレーは繰り出せても勝利を収めることはできないだろう。

例えば、一九八二年第十二回ワールドカップ・スペイン大会の折、マラドーナは弱冠二十二歳で代表チームのエースナンバー十番を身につけた。アルゼンチンチームが四対一でハンガリーに勝った試合では、彼は自分の才能を見せつけることに終始した。しかし、マラドーナが個人の力を発揮することだけに気をとられ、チーム全体への協力をおろそかにしたので、相手チームのディフェンスから徹底的にマークされ、それ以後は得点を重ねることはなくなった。対ブラジル戦では、相手の反則に対して悪意をもって報復し、審判からレッドカードを出されて退場となり、アルゼンチンチームの決勝戦進出はかなわなかった。

ピッチでの勝敗は、サッカーの範囲を超えて示唆に富んでいる。習近平国家主席は一人のサッカーファンとして、この点に関して深い思い入れがある。イギリスのメディアは習近平主席を「外交舞台におけるサッカー紳士」と評した。二〇一二年のアイルランド訪問の際は、習主席がサッカーをする写真が世界中のメディアで取り上げられた。二〇一四年のドイツ訪問では、ドイツで練習する中国人サッカー少年選手との対面を希望し、二〇一五年のイギリス訪問においては、マンチェスタークラブチームを見学する……といった具合に、個人の趣味を示し、親しみやすいイメージを作り、習主席の「サッカー外交」は中国と世界の人々との距離を縮めることにつながった。習主席が二〇一四年の新年の挨拶を発表した時、彼がアイルランドを訪問した際の写真が書架に置かれていたことにメディアの注目が集まった。彼はかつて自身に「中国サッカーの夢」があると述べた。サッカー改革も、すでに改革の全面的深化の議題に含まれている。

習主席はサッカーを例にして、全体と部分の関係の問題を明らかにしている。各部分の間で組織的に協力されれば、全体の力が倍増する。部分に問題があれば、全体の力は削がれる。習主席はこう強調する。国政を運営する過程においては、調和と協力が大切である。「一兵卒の身であったとしても最高指揮官のように考え」、終始大局から問題を捉えることが肝要なのである。

国内編④
国政運営を語る

人を用いるは器のように

中国の歴史を通して見ると、太平で繁栄した時代には、必ず多くの人材や賢者が現れています。何かを成し遂げ、功績を残した歴史的人物は、常に人材を非常に重要であると考えています。蕭何《しょうか》の「月下に韓信を追う」や劉備の三顧の礼を尽くして「臥竜」（諸葛孔明）を迎えたといった故事はよく知られており、永らく美談として語り継がれています。ここで私はもう一つ古人が賢者を推挙し、用いた故事をお話ししますので、皆さんによく考えて頂きたいと思います。

唐の太宗李世民は、皆さんよくご存じの人物ですが、その人を用いるやり方は、後世の人々から称賛され続けています。李世民は皇帝になったのち、大臣の封徳彝《ほうとくい》に賢才を推薦するように命じました。ところが数カ月経っても一人の人材も推薦してきません。推薦してこないばかりか次のように言いました。「心を尽くさざるに非ず。但《た》だ今に於いて奇才有らざればなるのみ」（私はどうして気持ちを尽くさないことがありましょうか。ただ私の見るところ奇才のものがいないのです）。太宗は即座に反論して言いました。「君子人を用いること器の如く、各々長ずる所を取る。古の治を致せる者は、豈《あ》に才を異代に借らんや。正に己の知る能《あた》わざるを患《うれ》う。安《いずく》んぞ一世の人を誣《し》う可《べ》けんや」。意味は次の通りです。「君子が人材を用いるには、器を使うように人それぞれの長所を活かすべきである。そうしないで、別の時代に人材を借りに行くことなどできようか。人材を推薦できないのは、お前に人材を見る目がないということだ。どうして人材がいないといえるのか。あまりにも天下の人を低く見ているのではないか」。太宗は抵抗を排し、広く人材を求め、型にとらわれず、新しい人材を抜擢しました。一つ際立った例を挙げると、馬周を見出し、重用したことです。馬周は卑賤の出身で、中郎将の常何の家に起居し、その食客となっていました。あるとき太宗が大臣に「極言得失」、すなわち皇帝に対する意見を具申させました。常何に代わって二十数件もの意見を書いた意見陳述書を提出しました。これを見た太宗は大いに喜びました。馬周は常何の口から、これを書いたのは馬周という者だと聞くと、即刻呼びにやらせました。到着が遅れると、人をやって督促もしました。太宗は当時わずか二十九歳の馬周と自ら話し合い、その才能を評価して、門下省の役人にすえ、そののちも取り立てていきました。馬周は太宗の下、数々の複雑な案件を処理し、名臣といわれるまでになりました。太宗は型にとらわれず、広く人材を求め、賢才を重用したため、その治世は中国封建社会では数少ない天下泰平の世となり、かの「貞観の治」に帰結しました。

「経済発展への人材の役割は計り知れない」(一九八三年四月二十五日)

『知之深 愛之切』より

解説

唐太宗李世民の治世には、人材がきら星のごとく輩出している。房玄齢は国のために黙々と尽くし、李靖は文武兼備の国家の柱石であった。魏征は君主に対し、堯、舜に及ばずと直言するなど諫言を責務と考えていた。王珪《おうけい》は悪を憎んで排除し、善を好んで称揚した。戴冑《たいちゅう》は煩雑で難しい仕事を全てこなした。まさに人に才能を尽くさせ、物に効用を尽くさせることによって、初めて青史に名を留める「貞観の治」が現出したのである。これはある面から太宗李世民の人を用いるは器のようにという思いを映し出している。太宗は封徳彝の「但だ今に於いて奇才有らざればなるのみ」という誤った考え方を退けたが、これは賢才を得ることを渇望し、礼を尽くして有能の士を招くという太宗の度量を示しているものである。

習近平国家主席は太宗が見い出し、重用した馬周の故事も語っている。馬周は卑賤の生まれであり、家は貧しく、中郎将常何の家に起居する食客となっていた。常何にかわって、二十数件の意見を記した意見陳述書を書いたことが、太宗の覚えめでたく、重用された。馬周はかつて「古より国の興亡は積蓄の多少にあらず、惟《ただ》百姓（人民）の苦楽にある」という命題を提示したことがある。歴史を読むことをこの上なく好む毛沢東は、馬周のこの当代の政治に関する上奏文を「賈生の『治安策』以後の第一等の奇文（優れた文章）」と称えた。太宗はかつて「馬周に一日会えないと、彼のことを想う」と語ったことがある。李世民の心中における馬周の存在の大きさがよくわかる。当時の宰相岑文本《しんぶんほん》は馬周の才能は漢の張良に匹敵すると言っている。西暦六四四年（貞観十八年）馬周は宰相となり、皇太子李治の教育係をも兼ね、諄々と教育を行った。李治に教えた治政の要諦は、皇帝になったのちの政治に大いに活かされた。太宗は馬周の国家に対する大きな貢献を顕彰すべく自ら筆をとって「鸞鳳凌雲、必資羽翼、股肱之寄、誠在忠良」（天子の政治には良臣が必要であり、良臣には寄るべき主君が必要である。忠義を尽くすことが何より重要だ）と題辞を書いた。馬周を格別に高く評価したのだ。こういった例は名臣が群がり、賢才が輩出した唐代初期においてもさほど多くはない。

習近平国家主席は、太宗の型にとらわれず人材を登用する故事によって、広く人材を求め賢才を重用することが、立派な政治にとっていかに重要かを説いている。人材の仕事を全うするために「人を用いるは器のように、その長ずるところを取る」という考え方を示したのだ。

習近平主席は一貫して人材を重視し、繰り返し次のように強調している。「中国のことをうまくやるには、党、人、人材が肝心である」「優れた素養を持つ大きな人材の集団がなければ、全面的な小康社会を建設するという奮闘目標と中華民族の偉大なる復興という夢の実現は難しくなるだろう」。戦略全体の見地からも、人材がこの上なく重要であることを説いている。「より多くの優れた人材を育成し集める者が、競争の中で優位に立つことができる」。国際競争の観点からも、人材に関する仕事の重要な役割を示している。「人材に対する強い意識を樹立し、人材を探し、賢者を求め、人材を発見すれば宝物のように扱い、人材の推挙に当たっては型にこだわらず、用いるときはその才能を尽くさせる」。人材を尊重する観点からは、人材を用いる仕組みの改革を深める現実的な道筋を明らかにしている。習近平主席の賢者を渇望する声は、各級の幹部層に対する注意喚起であり、天下の英才に対する心の底からの呼びかけでもある。

国内編④
国政運営を語る

五百金で死馬の骨を買う

各級の幹部層は人材の問題を扱う上で「五百金で死馬の骨を買う」という姿勢と心構えを持たなければなりません。燕の昭王は即位後、かつて滅ぼされかけた斉に復讐しようと、大臣の郭隗《かくかい》に人材の推挙を頼みました。郭隗は一つの故事を話しました。ある国王が千里馬を買おうとしました。ところが、使者は五百金で死んだ千里馬の骨を買って帰ってきたのです。たちまち評判になりました。国王は千里馬の骨さえ大切にしている、生きた千里馬ならもっと大切にするだろうと思われたからでした。結果、まもなく三頭の生きた千里馬を手に入れることができました。郭隗は国王に対して、自分を死んだ馬の骨に見立てて、数多くの千里馬を引き寄せるように言いました。昭王はそれも道理だと考え、郭隗のために行宮を建て、いっそう厚遇するようになりました。易水の川辺に高台を建て、上に黄金を積み上げ、招賢台と名付けました。黄金台とも呼ばれました。劇辛《げきしん》、蘇代《そだい》、鄒衍《すうえん》のような名士が相次いで燕にやって来ました。楽毅《がっき》さえも評判を聞いてやってきました。ほどなく、楽毅は軍を率いて斉を攻めました。破竹の勢いで進軍し、斉を大いに破り、燕の仇を打ちました。

「経済発展への人材の役割は計り知れない」（一九八三年四月二十五日）
『知之深 愛之切』より

解説

「五百金で死馬の骨を買う」は中国の古代から語り継がれている故事である。燕の昭王は郭隗の提案を聞き入れ、幅広く人材を登用し、最後には人材の力によって、燕の復興を果たし、斉を大いに打ち破ったということである。長い間、「五百金で死馬の骨を買う」という言葉によって、人材を尊重し、賢者を渇望する価値観が表されてきた。

昭王が即位するまで、燕には内乱があり、機に乗じて出兵した斉の侵略を受けていた。昭王が即位したとき、山河は荒れ果て、全て復興が待たれるという状況であった。昭王は身を低くし、厚遇でもって人材を招聘し、復興を図ろうとした。昭王は郭隗に賢者を求める方策を尋ねた。郭隗は昭王に「五百金で死馬の骨を買う」という故事を話した。昔ある君主が大金で千里馬を買おうとしたが、三年経っても一頭も手に入らなかった。このとき千里馬を買う仕事をやらせて欲しいと自ら申し出る者がいた。果たして彼は三カ月で千里馬を探し当てたものの、時すでに遅く、馬は死んだ後だった。かれはそのまま帰ることはせず、五百金で千里馬の屍《しかばね》を買い求め、帰って来て主君に報告した。君主は当然ながら怒りを爆発させた。「買いたいのは生きた馬である。なぜ死んだ馬を買ってきたのだ」。かれは落ち着きはらって主君に言った。「死んだ馬でさえ、大枚五百金で買って帰るのに、生きた馬ならなおさらでしょう。陛下がそのように熱心に千里馬を求めているとの評判がひとたび立てば、必ず向こうから千里馬がやってきます」。果たして、一年もたたないうちに良馬をひさぐ者が次々と向こうからやって来た。

ここまで話を聞いて、昭王は意味がわかった。郭隗は続けて言った。「陛下が天下の英才を自分のものにしたいと心から思っておられるのなら、私、郭隗から始めたらいかがか。私のようなものでも重用されるのに、まして私より優れた人材にあってはなおさらである」。郭隗は自分のことを千里馬の骨に見立てることによって、昭王の有能の士を礼遇する心意気を持ちあげたのだ。昭王は郭隗に宮殿を建て、師匠に対する礼節で接し、優秀な人材を集めるための「黄金台」を建てた。これは天下を驚かせ、楽毅、劇辛、鄒衍など賢者が集まり、ついに斉を打ち負かすことになるのである。

習近平国家主席は燕の昭王と郭隗の故事によって、方法論の観点から人材を引き寄せる具体的な道筋を明らかにした。幹部層は強い人材意識を樹立し、真に有能の士を礼遇し、人材を尊重しなければならない。こうして初めて在野に賢者が遺されず、人がその能力をいかんなく発揮できる域に達することができる。習近平主席は常に次のように強調している。「人材を活用するには、もっと柔軟な人材管理の仕組みを作らねばならない。人材の流れや活用、能力を発揮させる上での体制や仕組みのハードルを取り払わなければならない」。これは各級の幹部層に対し、人材を渇望する意識を持つこと、さらに人材を受け入れる良好な制度仕組み作りを求めるものであり、こうして初めて習近平主席の「一人の賢者を用いれば、多くの賢者が集まり、賢者を見習うことが気風になる」という要求を満たすことができるのである。

国内編④
国政運営を語る

敬老は大いなる徳

「敬老」は中華民族の優れた伝統です。二千年以上も前に、孟子が斉の宣王の国を治める道についての問いに答えて「吾が老を老として、以て人の老に及ぼす」（自分の父母を尊敬するように他人の父母も尊敬する）という考えを示しています。孟子は「敬老」を国を治め、天下を太平にするという域まで高めました。歴代王朝の封建支配者層の中では、権勢同士のいがみあいや父子の殺しあいなど珍しくありません。言わば「敬老」は太平を装い、人心を籠絡する手段に過ぎませんでした。しかし、勤労大衆は「敬老」を一貫して立身処世の大きな徳目として代々受け継いできました。今では「敬老」という伝統的な美徳は、封建的要素を捨て去り、新しい社会的内容を加味して、社会主義精神文明の一部となっています。青壮年の幹部であればなおさらのこと、自ら実行し、模範とならなければなりません。

「人民日報」に発表された署名入り文章「青壮年の幹部は〝敬老〟であれ」
（一九八四年十二月七日）

解説

中華民族は「慎終追遠《しんしゅうついえん》」（物事の終わりを慎み、先祖の美徳を思い慕うこと）を重んずる民族である。「敬老」は心にしみいる情感の込もった言葉であり、社会の共感が得られる価値観でもある。

一九八四年、わずか三十一歳の習近平国家主席は「人民日報」に「青壮年の幹部は老人を敬おう」という署名入り文章を発表し、その中で鄭板橋の詩「新しい竹は古い竹より高いけれども、全て古い竹の手助けのおかげだ」を引用しながら、古参幹部の価値を称えた。習近平主席は次のように指摘している。われわれ幹部の集団の中で新旧交替を行うのは、同一の目標、同一の事業のためであって、個人あるいは対立する集団間の権力の移転でもなく、権力闘争でも何でもない。

習近平主席は古い同志に特別の敬意を払い、大切にしている。正定で仕事をしていたとき、町を離れて遠くに行かない限り、自転車を使い、正定県共産党委員会が保有するたった一台の車「二一二」ジープは古参幹部の使用に回した。古参幹部が行事や活動を行う場所がないと聞くと、共産党委員会と県政府が一緒に使っている大会議室を空け、古参幹部の娯楽室に改装した。習近平主席が転勤で正定を離れるとき、何人かの古参幹部は目を真っ赤にしていた。祁永という古参の幹部が言った。「習書記、何とかこの地に留まって頂けないでしょうか」。

二〇一三年二月四日、習近平主席は甘粛省蘭州市城関区にある仮想養老レストラン（在宅介護者に食事を提供するレストラン）鴻瑞園店で七十二歳の退職労働者、楊林太さんに自ら給仕をした。二〇一三年十一月三日、習近平主席は湘西花垣県十八洞村の特別困窮家庭、施斉文さんの家にいた。老人の手を握り、年を尋ねた。六十四歳と聞くと、習近平主席は「私のお姉さんだ」と言った。二〇一三年十二月二十八日、習近平主席は北京四季青養老院で、新聞を読む活動を行っている老人たちの「養生歌」の朗読に熱心に耳を傾けた。

習近平主席が「敬老」を訴えかけるのは、家風や家庭教育を重視するところにも現れている。二〇〇一年十月十五日、習家の人々は深圳で習仲勲の米寿を祝う宴を催した。習家の三代と親戚や友人が一堂に会して、老人の長寿を祝った。しかし、当時福建省省長であった習近平主席だけは出席していなかった。父親の長寿の祝いの席に出席したくないわけではなかったが、一省の長として、公務が多忙を極めており、実際任地を離れるわけにはいかなかったのだ。習近平主席は恥ずかしい気持ちを抱きお祝いの手紙を書いた。手紙の中で習近平主席は、情愛を込めて、次のようにしたためた。「父母の存在は、父母への気持ちと同じように時間につれてますます大きくなっていきます。父の気高く立派な気風を受け継ぎ、吸収していきたいと思います」

時間を超越した対話のように、習近平主席は北京を離れて赴任した正定でも、老人を敬い、愛することを強調している。「青壮年の幹部であればなおさらのこと、自ら実行し、模範とならなければなりません」。数十年後、北京に転勤で帰ってきても、老人を敬う気持ちは変わらない。習近平主席は繰り返し強調している。「社会全体で古い同志を尊び、愛し、古い同志に学ぶという雰囲気を広く醸成しなければなりません」。さらに以下のように求めている。「各級党委員会と政府は党の優れたやり方を伝承し、中華民族の伝統的美徳を発揚し、新しい情勢下での古参幹部関連の仕事を立派にやり遂げること」。社会の転換期に入り、高齢化社会の到来に伴って「豊かになる前に年老いる」というリスクが付いて回っており、老人を尊び、愛する伝統的美徳を改めて打ち出すことは、高齢化社会のリスクへの対応にも有利である。習近平主席は、「敬老」には明確な時代的意義があり、文化の伝承だけでなく、複雑な改革発展の問題とも関連するものであると強調している。

国際編①

人民の友好を語る

「国の関係は人民の親しさにあり」

国際編①

人民の友好を語る

偉大なる兄弟

中国とチリは地球の反対側に位置し、遠く離れていますが、人民の交流の歴史は長く、両国は深い縁で結ばれています。ノーベル文学賞の受賞者でチリの大詩人ネルーダは、親しみを込めて中国を「偉大なる兄弟」と呼びました。中国（China）とチリ（Chile）には兄弟のような国名だけでなく、兄弟のような人民の友情があります。

中国とチリ両国人民にはよく知りあい親しくなるという伝統があります。両国人民は海を隔てて向かいあい、お互いを認めあってきました。ネルーダは何度も中国を訪れ、「中国の大地の歌」「アジアの風」など中国を称え、祝福する詩を書きました。彼の作品は中国で広く親しまれており、多くの中国の詩人に影響をあたえました。チリの有名な画家ベンチュレリは中国に長年滞在し、水墨丹青画法を手本に「長江」などの作品を描きました。その作品は中国への深い愛慕の念であふれています。これら詩や絵画は中国とチリ両国人民の深い友情を凝縮しています。二人はラテンアメリカで初めての民間対中友好組織であるチリ・中国文化協会を立ち上げ、数多くの有識者たちが中国とチリの友好事業に参画するよう促しました。サンティアゴに「長江小学校」があります。中国とチリの友情が長江のように、後ろの波が前の波を蹴立てるように流れていくことを意味しています。

チリのメディアに発表した署名入り文章「中国とチリ両国関係の美しい未来を共に創ろう」
（二〇一六年十一月二十二日）

解説

パブロ・ネルーダは一九〇四年チリのパラルで生まれたチリを代表する詩人である。十三歳で詩の発表を始め、一九二三年初めての詩集『たそがれ』を出版した。一九二四年名作となる『二十の愛の詩と一つの絶望の歌』を発表した。ネルーダは中国や中国文化に興味を持ち、生涯に三度中国を訪れた。一九二八年訪中の際は、宋慶齢にレーニン国際平和賞を授与し、茅盾、丁玲、艾青など文学界の名士たちにも面会した。中国訪問中、自分の中国名の「聶《にえ》」が三つの耳からなりたっているのを知り、「私には三つの耳があり、第三の耳はもっぱら海の音を聞いています」と言った。

ホセ・ベンチュレリは一九二四年チリのサンティアゴで生まれ、一九八八年北京で死去した。国際的に名が知られた絵画、版画、壁画の大家であり、中国とチリ、中国とラテンアメリカの交流の「使節」でもあった。一九五二年、招聘を受けて妻女を連れて北京にやって来た。新中国成立後、中国を訪れた最初のラテンアメリカの著名な芸術家となった。アジア・太平洋平和大会秘書処の副秘書長として、ベンチュレリとその家族は、中国に八年もの間滞在した。その間周恩来総理、芸術家の徐悲鴻、斉白石、詩人の艾青などと深い親父を結んだ。中央美術学校で教鞭をとったときは、新しい芸術理念を中国の学生たちに注入した。彼の芸術的創作も中国の影響を受け、精巧な線と筆づかい、ゆったりとした構図と自由闊達な色づかいを追い求めた。「激怒の秋」「廬山」「北京の庭園」などの作品は中国の伝統的な技法を取り入れている。習近平国家主席が言及した「長江」は、伝統的中国山水画の構図を採用している。まさに彼の孫娘のマルワの言った言葉の通りだ。「ホセ・ベンチュレリにとって、中国は決定的に重要です。中国は彼の思想、芸術および精神を表しているのです」
中国とチリは地球の反対側に位置しているが、両国の友好往来は長く絶えることなく続いている。一九五二年、ネルーダ、ベンチュレリおよび政治家のアジェンダたちはラテンアメリカ最初の民間対中友好組織である「チリ－中国文化協会」を立ち上げた。現在人口千六百万に過ぎないチリに二校の孔子学院と二十カ所あまりの中国語教室が開設されている。孔子学院ラテンアメリカセンターは首都サンティアゴに置かれている。習近平が名前を挙げた「長江小学校」はサンティアゴ・メトロポリタン地区のレイナ市にあり、一九八七年に正式に命名され、二〇〇八年チリの小学校では最初に中国語課程が設けられた。

習近平主席は二〇一一年にチリを訪問し、その後二〇一六年に再びこの美しい土地を踏んだが、ひときわ親しみを感じ、期待に胸が高鳴った。署名入り文章で述べたように、中国（China）とチリ（Chile）は国名が兄弟のようであり、人民には兄弟のような友情がある。この一文の中で習近平主席は両国の関係が作り出したいくつかの「最初」をあげている。チリは新中国と外交関係を結んだ最初の南アメリカの国である。中国のＷＴＯ加盟にあたって、中国と二カ国間協定を結んだ最初の国である。中国の完全な市場経済国としての地位を承認した最初の国である。中国と二カ国間自由貿易協定に署名した最初のラテンアメリカの国である。長江は後ろの波が前の波を蹴立てるようにして流れる。両国人民の共同の努力によって、中国とチリの関係には枝葉が茂り、果実がたわわに実る。習近平主席は中国建設銀行チリ支店がラテンアメリカにおける最初の人民元取り扱い銀行となり、中国とチリの関係に新しい「最初」が加わったことをも文中に書き込んでいる。現在、中国はチリの最大の貿易パートナーとなっており、銅、チェリー、ブルーベリー、海産物、ワインなどチリ製品の最大の輸出先となっている。

チリの前駐中国大使のフェルナンド・レーエスは次のように語っている。習近平主席のいくつかの「最初」の話は非常に印象深いものだ。中国とチリ両国人民の友好往来の「古い話」と「新しい話」は、習近平主席がチリを訪問したさいに引用したラテンアメリカのことわざのようだ。「真の友人は世界のどこからでもあなたの魂に触れる」

国際編①
人民の友好を語る

金玉《きんぎょく》の良縁

中国人は素晴らしい縁を「金玉の良縁」といいます。二〇〇八年の北京オリンピックの金メダルは、チリの金と中国の玉で作られたものでした。一枚一枚のメダルが中国とチリ両国人民の兄弟のように深い縁を象徴しています。

チリのメディアに発表した署名入り文章「中国とチリ両国関係の美しい未来を共に創ろう」
（二〇一六年十一月二十二日）

解説

中国四大名著の一つである『紅楼夢』の中で、薛宝釵《せつほうさ》の「金鎖」と賈宝玉《かほうぎょく》の「通霊宝玉」は「金玉の良縁」の象徴と考えられており、縁と感情に託された意味を象徴的に示している。

二〇〇八年北京オリンピックのメダルは、「金鑲玉《きんじょうぎょく》」のデザインを採用し、中国人のオリンピック精神礼賛と選手への称賛を具現している。デザインは斬新であり、オリンピックメダルが単一の材料で作られていた今までの伝統を打ち破っただけでなく、典型的な中国文化の要素も取り入れている。中国とチリは北京オリンピックの「金鑲玉」のメダルを通じて、再び良縁を取り結んだ。六千枚あまりの金、銀、銅メダルに使われている玉は「崑崙玉」である。玉がはめ込まれた合金は全て鉱業界の雄であるオーストラリアBHP社のチリの鉱山企業によって提供された。世界最大の露天掘り銅鉱山エスコンディーダ鉱山の含金銅精鉱より金メダルの製作に必要な一三・四キログラムの金が提供された。キャニントン銀鉱山より金メダル、銀メダルの製作に必要な一・三四トンの銀が提供された。さらにスペンサー銅鉱山より銅メダルと記念メダルの製作に必要な六・九三トンの電気銅が提供された。チリは世界最大の銅の輸出国であり、一方中国はチリの銅の最大の輸入国であり、輸入銅の四〇%はチリから輸入されている。チリ国家銅業委員会のデータによると、二〇一四年中国はチリから二百二十万トンの銅を輸入した。これはチリの銅輸出量の三九%に相当する。

現在中国とチリの経済貿易取引はますます緊密になっている。中国はチリの最大の貿易相手国であり、最大の輸出先でもある。一方中国にとって、チリはラテンアメリカ諸国の中で第三位の貿易相手国である。果物は第二位の輸入先であり、ワインは第三位の輸入先である。さらに海産物は第七位の輸入先である。二〇〇六年二カ国間自由貿易協定が発効してのち、両国の貿易は急速に伸びており、二〇〇五年の八十億ドルから二〇一五年には三百十八億ドルに増え、十年前の四倍近くになっている。現在、中国ブランドの自動車のチリ市場におけるシェアは、上位に位置している。チリのワイン、サーモンおよびブルーベリー、チェリー、食用グレープなどの果物は、中国の消費者に好まれている。

チリのメディアに発表した文章において、習近平国家主席は北京オリンピックのメダルを例に、中国とチリ両国人民の「金玉の良縁」を語った。チリの金と中国の玉で作られた「金鑲玉」は、習近平主席の奥深い判断に思い至らせる。中国とチリの関係が長く順調に発展できたのは、双方が平等に向き合い、尊重し信頼しあって来たからである。双方が相互補完しあい、ウィンウィンの関係を築いて来たからであり、さらには双方が時代と共に歩み、開拓進取の気持ちを持って、両国関係を一歩一歩新しい高みに押し上げてきたからである。

地理的位置から言えば、チリはたしかに世界で最も中国から遠い国ではあるが、習近平主席は「海内知己存せば、天涯比隣の如し（天下に知己がいれば、地の果てでも隣のようなものだ）」と言っている。今や太平洋は中国とチリを隔てる障碍ではなく、お互いを結びつけるきずなであり、懸け橋である。習近平主席がチリのバチェレ大統領と会談した際に語ったように、中国とチリは高度な政治的信頼関係の上に、経済的なウィンウィン関係を築き上げ、多方面の協力関係が日増しに緊密になっている。中国とチリの関係はすでに成熟し、安定した新しい段階に入っている。習近平主席とバチェレ大統領は中国とチリの関係を全面的戦略パートナー関係にレベルアップすることを決定した。これは両国関係の戦略性と全面的な広がりがさらに進み、両国関係がより深く、全面的に発展する新しい段階に入ったことを示している。

国際編①

人民の友好を語る

「中華通恵総局」百年の物語

ペルーは中国にとって、太平洋を挟んだ「隣人」です。早くも四百年あまり前には、大海原をものともせず人々が往来する両国間交流の歴史が幕を開けました。ペルーに暮らす華僑や華人は長年にわたり、現地の方々と苦楽を共にし、たゆみない努力を続け、苦難にも負けず産業を興し、ペルーの経済社会の成長に大きな貢献をしてきたのです。百三十年前に設立された「中華通恵総局」は、中国とペルー両国の関係発展に大いに寄与してきました。いまやペルーには、祖国の血を分けた華裔がおよそ二百五十万人もいると聞いております。ペルーでは、スペイン語の「同郷人」という言葉がそのまま中国の後裔を指すものとして、また広東語の「ごはんを食べる」という言葉が中華レストランの総称となって使われています。中国とペルーのまるで家族のように近しい、いわば血の通った交わりは、かくも遠い昔から、両国の人々の心に根付き芽吹いているのです。

「同じ船で共に協力して出帆し、中国・ラテンアメリカ関係の美しい未来を共に創ろう――ペルー国会での演説」（二〇一六年十一月二十一日）

解説

「通商恵工、造福僑社」（貿易を興して商工業を潤し、華僑社会に幸福をもたらすべし）。

一八八四年、清国政府はこのようなスローガンを掲げ、光禄寺卿の地位にあった鄭藻如を米国・スペイン・ペルーの三カ国に派遣した。そして鄭藻如はペルー入りして初めて、華人がすでにその地で四十年にわたり生活を営み、ペルー各地に点在する同胞は総勢六～七万人にも上る事実を知ることとなる。一八八六年、鄭藻如はペルー各地の華人を連携させ同胞の権利や利益を守り、併せてさまざまな場面で社会に貢献するため、ペルー中華通恵総局を設立。中華通恵総局はいまやその誕生から苦節百三十年を経て、ペルー国内で最も長い歴史を誇り、かつ最大の影響力を有する全国規模の華僑組織にまで成長するに至っている。

中華通恵総局は創立以来、その三大信条「復疇無私・通商恵工・義重合群」（同胞の事業のために努むべし・貿易を興し商工業を潤すべし・愛する祖国のため睦み合い力を合わせるべし）に従い、幾多もの華人・華僑の結束を図り、中国・ペルー両国の親善を深め、さらには祖国の建設を支援するなど、両国社会に多大なる貢献を果たしてきた。十九世紀中葉に福建・広東等を出立した華人たちは大洋を越えてペルーへとたどり着いたものの、鉄道の建設や鉱山の採掘といった仕事はきつく、苦しい生活を余儀なくされた。通恵総局はそれを知るやペルーで寄付を募り彼らの苦境を救い、さらには貧しい老華僑が祖国へ帰るための資金を援助するとともに、広州にペルー華僑のための寄宿舎を開設し、帰国した老華僑たちを受け入れている。

抗日戦争中には、遠くペルーにいる華僑・華人も祖国に心を寄せ、中華通恵総局も全力を挙げて在ペルー華人をまとめ上げ「ペルー華僑抗日籌餉総会」を設立。ペルー各地に分会を設けて寄付集めやチャリティーバザーを企画し、祖国を支援したのである。わずか一年あまりの間に、これらの活動を通じて集まった義援金は百万米ドルにもなった。周恩来はペルーの同胞たちの行動を讃え、「万里の外六千の同胞がペルー通貨にして二百万にもなる寄付を集めたことは、中華同胞の模範とすべきものであり、抗日戦争における栄誉ある行い」との言葉を残している。

中華通恵総局は現在も、先人の跡を継ぎ未来を切り開くべく「百年の老舗」の金看板を磨き続けている。通恵総局は在ペルー中国大使館や中国国内の華僑関連機関と常日頃より力を合わせ助け合いながら、多種多彩な座談会・祝賀会・交歓会を開催するのみならず、現地警察と民間の関係改善のため当局を支援したり、資金調達委員会を発足させて毎年、ペルー全土でテレビ放映されているチャリティー番組に華人名義で義援金を送る活動等を継続しているのだ。このように日々重ねてきた善行や義挙は、中国とペルーの友好関係と人々の相互理解の懸け橋として、両国各界から高い評価を受けている。二〇一六年六月に北京で開催された第八回世界華僑華人社団聯誼大会（世界華僑華人団体懇親大会）では、その貢献により栄えある「華僑・華人社会の光」団体の称号も贈られている。

中国・ペルー両国民間の深く厚いよしみは、果てしなく広がる太平洋ですら隔てることはできない。二〇一六年は中国・ペルー国交樹立四十五周年にあたる。このような大切な節目に、習近平国家主席はペルー国会で中華通恵総局の歩んできた歴史と中国・ペルー両国民の百年にわたる親交について演説したのであるが、これはまさに両国が「家族のように近しい」背景に、かくも深く厚い歴史的な土壌があることを物語るものといえるだろう。「相知るに遠近なく、万里なお隣となす」。「アンデスの雄タカ（コンドル）」とも称されるペルーはラテンアメリカ諸国のなかで最も早く華人が移民し、かつ最も早く新中国と国交を樹立し、最も早くから対中経済貿易が展開された国の一つである。さらには習近平主席がペルーを訪問したわずか二カ月前、就任したばかりのクチンスキー大統領が国賓として中国を訪れており、その訪中は大統領にとって就任後初めての外国への公式訪問となった。双方の元首が二カ月という短い期間で相互訪問を果たすのは両国の交流史上、新たな記録を打ち立てたことになる。ペルーのアラオス第二副大統領は感慨を禁じ得ない様子で「習近平主席のペルーご訪問の意味は非常に大きく、必ずやペルーと中国の両国関係を新たな高みへと引き上げるだろう」と述べた。習近平主席は今回の演説の前に、ペルー国会最高の栄誉とされる「太陽勲章大十字章」も授与されている。このような経緯からも明らかな通り、中国とペルー両者関係の進展はまさに「高速道」に乗り入れたかのごとく、そのスピードを増しているのである。

国際編①

人民の友好を語る

ペルーの二人の「中国人民の良き友」

「人生楽在相知心」（人生における楽しみは知己を得ること）という中国の古い言葉があります。中国とペルーは心の通いあう良好な関係をずっと続けてきました。今回私は、二人のペルーの友人についてお話ししたいと思います。一人はもうすでに亡くなっていますが、ペルーの作家で記者のアントニオ・ジョゼ氏で、氏はラテンアメリカの人々に本当の中国の姿を知らせようと、六十年代から何度も取材のため、中国にいらっしゃいました。一九七〇年に北京で生まれたご息女のメイメイ氏は、敗血症に罹られたことがあります。その時、周恩来総理の指示で、専門医が治療にあたり、人民解放軍も献血に駆け付けたおかげで、危険を脱することができました。長じてからはご尊父と同様、長期にわたり、中国とペルーの友好のためにご尽力されています。

もう一人は、ペルー人の中国研究家で翻訳家の吉葉墨氏です。氏は一九七九年から一九九一年まで、中国の南京大学や対外経貿大学でスペイン語を教え、『中国からの報道』『李白詩撰』『中国文化百科全書』等を書かれました。他にも、中国では映画俳優として、「大決戦」「重慶談判」など二十五本の中国映画に出演し、人気を博しました。氏は現在八十七歳ですが、毎年訪中されていると聞いています。氏に敬意を表したいと思います。

「同じ船で共に協力して出帆し、中国・ラテンアメリカ関係の美しい未来を共に創ろう――ペルー国会での演説」（二〇一六年十一月二十一日）

「中国人民のよき友」アントニオ・ジョゼ

氏はペルーの記者、作家である。一九三一年ペルー北部の都市トルヒーリョに生まれ、二十五歳の時全国ペルー記者協会の主席に選ばれる。また、有名な新聞各紙の総編集長を務めてきた。

氏は長期にわたり中国の変化や発展に関心を払い、新聞にも新中国に関するニュースをしばしば発表してきた。一九六七年、氏は、北京広播電視台（放送局）で働くために、妻子を連れて訪中、三年後、娘のメイメイが誕生するが、しばらくしてメイメイは重篤な敗血症を発症し、一刻を争う事態となる。周恩来首相はそれを知ると、すぐに軍区の医院に専門医を手配し、治療にあたらせた。メイメイの治療のためには、大量の輸血用血液が必要だが、医院には適合する血液があまり残っていない。この緊急事態に、医療部門はすぐに北京に駐屯している部隊に救援を求めた。兵士たちはそれを知るや、医院に次々と献血に訪れたので、メイメイは危険を脱することができたのであった。

中国とペルーの外交関係の歴史の中で、アントニオ・ジョゼ氏は「特使」の役割を果たしている。一九七〇年頃、重い病の父を見舞うためペルーに帰国した氏は、ペルーとの外交を拡大したいという中国側の希望、そして外交の原則をペルー政府に渡した。氏の仲介のおかげで、中国とペルーの両政府は交渉を持ち、一九七一年十一月二日、正式に国交を樹立した。一九八三年アントニオ・ジョゼ氏は新華社国際部のスペイン語専門家として再び訪中し、中国に関する記事をたくさん執筆した。その記事は、ラテンアメリカやスペインの新聞に掲載された。

九十歳近くという高齢でも、まだ中国文化の種をまき続ける吉葉墨氏（本名＝ギジェルモ・ダニノ）は、ペルーの中国研究家だ。氏の中国との縁は一九七九年に始まる。氏は当時、ペルー国立サンマルコス大学の文学、言語学の教授で、南京大学に招聘されて、十五名のスペイン語教師のためにカリキュラムを開設した。また、映画俳優でもあり、詩人でもあった。中国在住の二十余年の間、「大決戦」「重慶談判」「毛沢東とスノー」など二十五本の中国映画に出演し、九年かけて九編の唐詩を翻訳して、ラテンアメリカの国々の中で唐詩の翻訳が一番多い中国専門家となった。他には、『彫龍・中国古代詩歌選』『慟き蜂・成語、ことわざ、しゃれ言葉百条』『中国文化百家全集』など、中国の歴史や文化を紹介する著書が多数ある。

習近平主席は、ペルーの国会演説の中で、二人のペルーの友人の感動的な話を取り上げたが、その意図は、「中国とペルーの人民の心は昔から通じ合っていたこと」、つまり、心の「運命共同体」であると説明することにある。国家間の友好関係とは、根は人民に、源は交流にあるものだ。一九九〇年代に習主席はペルーを訪問したことがあるが、二十余年を経て再びこの地を訪れて、三つの「好」で中国とペルーの友好をまとめた。「お互いを信頼している好き兄弟であり、ともに発展する好き仲間であり、ともに責任を担う好き友である」。さらにペルーの作家リベロの名言「真の幸福は、フロンティア精神を持ち続けることにある」を引用して、二つの国の人民が、それぞれの理想を実現していく中で、誠実に協力していきたい」という願望を託した。ペルーは二〇二一年の独立二百周年に当たり、「公正、公平、団結のペルー」を目指し、一方中国は同じ時期に、小康社会（ややゆとりがある社会）を全面的に築き上げているが、これは中国の「二つの百年」のうちの一つ目の目標を実現したことになる。習主席が中国とペルー両国の目標を並べたのは、両国人民の「肩を並べ、手を携えて理想を実現する」という希望の表れなのである。

国際編①

人民の友好を語る

革命歌を歌う自由の戦士

中国とジンバブエは遠く離れていますが、両国人民の心は、伝統と友好の絆で固く結ばれています。ジンバブエが民族解放闘争の時期、両国人民は共に手を携えて戦い、忘れられない友情で結ばれました。当時、中国国内やナチングアの基地で中国式の訓練を受けた自由の戦士の中に、「三大規律、八項注意」などの歌を口ずさむ人が未だにたくさんいるとお聞きして、非常に感動しております。

ジンバブエのメディアに発表した署名入り文章

「中国とジンバブエの友好の花をさらに美しく咲かせよう」

（二〇一五年十一月三十日）

解説

「三大規律、八項注意」は、「革命歌ナンバーワン」として、長年歌い継がれており、重要な場面ではたいていこの歌を耳にする。現在の「三大規律、八項注意」になるまでに、一九二七年「三湾改編」時に「三大規律」が提出されてから、一九四七年十月に「中国人民解放軍総部の三大規律八項注意を重ねて発布することに関する訓令」が出されるまでの二十年を要している。「三大規律、八項注意」は、党の路線、方針、政策を貫徹し、さまざまな任務を完遂するための重要な保証であり、さらに軍隊の戦闘能力を決める重要な要素となっている。そして、軍隊の強化、軍と人民の団結、革命的戦争の勝利に、大きな影響を与えている。スノー、スメドレー、ソールズベリーらアメリカ人記者は、それぞれ作品の中で、人民軍の名歌であるこの歌について触れている。スノーは当時甘粛省の豫旺で取材をしていたが、徐海率いる紅軍第十五軍が皆この歌を歌っているのを聞き、国民党が紅軍に勝てないのは、このためだと思ったという。紅軍が初めて陝北に来た時、当地の人々は慌てふためいたものだが、わずか数カ月後には親しみを込めて、「私たちの軍隊」と呼ぶようになった。「鉄の規律、鉄の軍隊、鉄の戦闘力」は、音楽とともに人々の心に深く染み入ったのである。

ジンバブエ人民がこの中国の軍歌を熟知しているのは、一九六〇年代という早い時期に、ジンバブエの独立と解放闘争の中で、中国が無償の支援を行ったからである。ジンバブエ「解放軍」の兵士の一部が、中国式の軍事訓練を受け、戦略や戦術を学ぶとともに革命歌も覚えて、中国革命の精神を理解したのだ。ジンバブエの言語学者ポンウェイニ氏によると、当時、軍隊で最も流行していた革命歌はこの「三大規律、八項注意」で、民衆の士気と団結力を高めるために役立っていたとのことだ。

一九八〇年四月十八日、ジンバブエ共和国独立の日、中国とジンバブエ政府間で国交が締結された。それから三十余年、相互理解、相互支持、相互協力の下、友好関係を順調に発展させ、実質的な成果をたくさん上げてきた。中国とジンバブエの関係は中国とアフリカの協力関係の規範と言えよう。

二〇一五年十二月、習近平主席は、ジンバブエを初めて公式訪問した。行くに先立ち発表されたこの文章の中で、習主席はジンバブエの自由の戦士達が「三大規律、八項注意」を歌えることを例に挙げ、ジンバブエの解放闘争の時期、両国人民の共闘の中で結ばれた固い友情を振り返った。これは、中国とジンバブエの友好の歴史と、固い結びつきを意味しており、また、中国は、未来永劫この友人を忘れないということの表れでもある。

歴史を振り帰るのは、未来を展望するためである。「中国ジンバブエ両国は、政治の上のパートナーとしてだけでなく、ともに発展していくよきパートナーとしても交流していくべきだ」。それは、まさに習主席の言う、中国とジンバブエはいかなる時も助けあえる真の友人で、その友情をもとに、協力関係をより深め、ともに繁栄を目指していくということだ。「中国とジンバブエの友好は、友情や義を大切にする両国の文化、自主独立、相互尊重などの外交の基本原則、経済発展と、生活改善という共同の使命に依るものなのだ」

国際編①
人民の友好を語る
母たちの団体「非愛不可」

中国とジンバブエの友好は、人々の心に根を張り、芽吹いています。ジンバブエの華僑の中には、母親で構成される「非愛不可」（Love of Africa）という団体があり、また現地の子どもたちに車のナンバーさえお馴染みの「程パパ」（Father Cheng）もいます。この人たちは長年にわたって、当地の孤児たちに思いやりとぬくもりを伝えてきました。実際に行動することで、中国とジンバブエの友好の「今」を描き、「将来」を育んでいるのです。

ジンバブエのメディアに発表した署名入り文章
「中国とジンバブエの友好の花をさらに美しく咲かせよう」
（二〇一五年十一月三十日）

解説

当地の孤児院に寄付をしたり、はるばる薬を探しに行ったり、孤児たちに愛を注いだり……。ジンバブエ在住の華僑の中では、「非愛不可」という母親の慈善団体が有名である。

統計によると、ジンバブエでは両親に捨てられたり、両親と死別したりした孤児が百八十万人ほどいて、その中には、エイズに罹患している子どもも少なくないという。運が良ければ、孤児院に収容されるが、たくさんの孤児がストリートチルドレンと化している。社会の経済状況が良くないので、大部分の孤児院の資金繰りはたいへん苦しい。二〇一四年四月十日、彭艶と当地の華僑の母親たちが、公益組織を立ち上げることにし、インパクトの強い名前「非愛不可」を付けた。掛詞になっていて、一つは、「必ず愛しなさい」という意味、もう一つは、「アフリカ（非州）の愛」という意味だ。

慈善団体「非愛不可」は成立後、主に資金の乏しい孤児院に支援をしてきた。お金や品物の他、子どもの学費の援助も行った。アフリカ大陸に母親たちが蒔いた種は、「程パパ」と同じく、孤児たちの心にぬくもりを与えた。このような善意の行為に感動した人も多く、カルロイ孤児院の財務経理である林迪氏は、次のように語っている。

「私は今まで、こんなに慈愛に満ちた人々に遇ったことがありません。子どもたちに、学費や新しい布団、食べ物と、たくさん支援をしていただきました。もしこの中国のお母さんたちの優しい心が無ければ、私たちはやっていけなかったでしょう」

この文章で、習近平主席は二つのことわざを引用している。一つはジンバブエのことわざで、「一本の槙では、サザ（Sadza ジンバブエの主食）は焼けない」。もう一つは中国のことわざで、「大勢で薪を拾えばたき火の火は高くなる」である。中国とアフリカの人民の友好は、両国の関係が発展していくための基盤である。それは二〇一二年、第二期中国アフリカ民間フォーラムの開幕式で、習主席が基調演説を行った際に述べた次の言葉と同じ意味を持つ。「現在、アフリカと中国の提携や交流に携わる一般の人が、ますます多くなっています。中国・アフリカ関係の発展への期待も高まる一方です。われわれは積極的に環境を創り、その協力から得られる成果を双方の人たちが享受して、中国とアフリカが協力する民意の基礎をさらに固めていかなければいけません」

国際編①

人民の友好を語る

マッケラス教授を忘れない

本日は、グリフィス大学のマッケラス教授をお招きできて、たいへん光栄に思います。マッケラス教授は、一九六四年に初めて中国に赴任されました。半世紀の六十数回に及ぶ訪中で、中国の発展をご自身で体験なさると同時に、オーストラリアをはじめとする世界に向けて中国の現実を発信され続けてこられました。特にお話ししたいのは、マッケラス教授のご子息スティーブン氏は、中華人民共和国建国後、初めての中国生まれのオーストラリア人であるということです。マッケラス教授は、たゆまぬ努力と熱意で、両国の人民をつなぐ懸け橋を築き上げられてきたということもできます。今年九月、マッケラス教授は中国政府から「友誼賞」を授与されました。オーストラリアの皆様の両国の友好に対する貢献に、心より謝意を表したいと思います。

「手を携えて中国とオーストラリアの発展の夢を追い　肩を並べて地域の繁栄と安定を実現させよう――オーストラリア連邦議会でのスピーチ」

（二〇一四年十一月十七日）

解説

マッケラス教授は、一九三九年にシドニーで生まれ、一九五〇～六〇年代からライフワークである漢学研究を始める。メルボルン大学卒業後、引き続きケンブリッジ大学にて研究を続ける。一九六四年に卒業すると、教授は妻子を伴い自ら訪中し、教鞭を執る。この頃は中国とオーストラリア間に国交関係は樹立していない。一九六五年二月、中華人民共和国初のオーストラリア人の子どもとして、教授の長男スティーブン氏が中国で生まれた。

往年の青年学者は、今ではもう「著作等身」（著作数が自分の背丈と同じくらい多い）の中国問題の専門家となり、オーストラリア・グリフィス大学名誉教授、オーストラリア旅行孔子学院院長、オーストラリア連邦人文学院会員を兼任する。教授は中国の演劇にも関心を持ち、『京劇の勃興』『中国演劇の略史』を出版した。教授は中国の少数民族を研究し、『中国少数民族とグローバル化』『一九一二年以後の中国少数民族の文化、身分および融合』にはたくさんの卓見が見られる。教授がさらに関心を払った中国の歴史には、『新ケンブリッジ当代中国手帳』『私の見た中国——一九四九年以後の欧米諸国における中国のイメージ』などの著作がある。教授はかつてこのように語ったことがある。「中国へ来たのは母の影響だが、その後の生活では、中国が母のように影響を与えてくれる」

中豪友好の使者として、マッケラス教授は六十回も中国を訪問し、学者として学術会議に参加したり、観光や実地調査をしたり、中国人民大学や北京外国語大学で教鞭を取ったりしてきた。半世紀にわたって、教授はオーストラリアと中国を行き来して、オーストラリアや国際社会に向けて一貫して中国を紹介し続けている。二〇一三年出版の『私の見た中国——一九四九年以後の欧米諸国における中国のイメージ』では、欧米諸国の中国に対する見方を、新中国成立から系統立てて整理し、中国のイメージの背景にある政治、経済、文化などの影響の要因を深く分析して、中国研究家の好評を博した。

古い友や新しい友の話を後世や世界中の人たちに紹介するにあたり、習近平主席は、今回教授の話をオーストラリア連邦議会で披露したが、それは次の道理を生き生きと伝えている。「友好のビルディングを建てるには、国を超えたたくさんの人々の共同作業が必要だ」ということだ。

「中国人民はどんな友も永遠に忘れない」。習主席は外交の場面で、詳細に証明して見せる。日本から三千名あまりが訪中した時も、日中友好のさらなる発展を期して、習主席は自ら出席し、旧交を温めあった。インドを訪問した時は、ゴートス博士の妹にわざわざ会いに行き、中国政府や人民は、博士たちを忘れないと伝えた。エジプトを訪問した時は、ガリ国連事務総長を含む「中国アラビア友好傑出貢献賞」の人々とわざわざ会見した。二〇一四年六月、習主席は、多くの人に平和五原則の精神発揮のための模範となってもらえるよう、「平和共存五原則友誼賞」を設立すると発表した。

国際編①

人民の友好を語る

中国の心を持ったブラジル人

卒寿を超えているブラジルのカレラス・タワレス氏は、自らを「中国の心を持ったブラジル人」と呼びます。タワレス氏は四十年以上も中国に注目し研究を続けており、これまでに中国関連の書籍を八冊、文章を五百本以上発表したほか、中国に関する講演も数百回こなしています。ブラジル人の多くはタワレス氏の著作で中国を知り、中国を身近に感じるようになったのです。ある時、何が目的でこんなことをしているのかと聞かれたタワレス氏はこう答えました。「中国を広く紹介して、多くの人に知ってもらいたい、ただそれだけだ」

この感動的な逸話は、中国とラテンアメリカ諸国の友好の歴史に咲いた一輪の花に過ぎません。数多くのタワレス氏のような人々に支えられ、中国とラテンアメリカ諸国との関係は、あたかも長江やアマゾン川のように勢いよく流れ、前進し続けているのです。

「伝統と友好を発揚して 協力の新たな一章を記していこう――ブラジル国会での演説」
（二〇一四年七月十六日）

解説

中国からブラジルに赴任したばかりの記者は、たいていこんなアドバイスを受ける。「ブラジルの過去や現在について何かわからないことがあったら、タワレス氏に聞くといい。中国の過去や現在について何か困ったことがあったら、やはり中国問題の専門家であるタワレス氏に聞くといい」

すでに卒寿を迎えたタワレス氏は、中国に注目し、中国に関する研究を四十年以上も続けている。一九七一年、ブラジル紙「オ・グローボ（O Globo）」に中国関連の長編記事を初めて寄稿した氏は、翌一九七二年、軍事独裁政権下にあったブラジルで、まだ国交のなかった中国の代表団を、命の危険を冒して接待した。一九九〇年、ブラジル国内のメディアにインタビュー記事が掲載され、「中国の心を持ったブラジル人」と紹介された氏は、二〇一〇年、中国ラテンアメリカ友好協会と全国商業連合（CNC）より、「中ラ友好勲章」を授与された。この栄誉ある勲章を授与されたのは、過去にわずか一人だけである。二〇一四年には、「人民日報」に「中ラは互恵関係の模範」と題した文章を発表し、「中国が万里の彼方にあるラテンアメリカと極めて親密なパートナーシップを構築したことは、世界平和とバランスのとれた発展の促進のために重要な意義を持つ」と述べた。

習近平国家主席がタワレス氏の逸話を紹介してほどなく、氏は新著『ディルマに捧げる二つの課題――中国と港』を上梓し、近年の中国の改革・発展の成果と、対外開放政策を紹介した。同書の刊行記念イベントで、篆書が散りばめられたネクタイを締めて登場した氏は、次のようにコメントした。「中国は今や世界で最も重要な経済国の一つになり、ブラジルの最大の貿易パートナーになった。しかし、大部分のブラジル人は中国について何も知らないか、ごく一部しか知らないし、少なからぬ偏見も持っている。だが、中国は急速な発展を続けており、その経験はブラジルにとって参考になるものが多い」

習主席が「中国の心を持ったブラジル人」について語ったのは、「中国はもっと世界を知り、世界ももっと中国を知る必要がある」ということを伝えるためであろう。真に中国を知るにはどうしたらいいか。習主席は「中国を理解するには努力が必要だ。一つや二つの事柄だけ見ても全く足りない」と言う。開放的で包容力のある中国は、自らの「チャイナ・ストーリー」を語ることができなければならず、同時に、多くの人に、中国に来て、中国を知り、中国を推薦し、紹介してもらわなければならない。自ら語ることも必要だが、他者が語ることも大いに必要なのだ。そうして初めて、色眼鏡を捨て、本当の中国の姿を見てもらうことができるし、また国と国、人と人との相互理解が深まるのである。

国際編①
人民の友好を語る
義烏のアラビアレストラン

中国とアラブ諸国との関係の急速な発展は、双方のごく一般の人々の運命をも、より緊密に結びつける役割を果たしているようです。私がかつて仕事をしていた浙江省ではこんなケースがありました。アラブ系ビジネスマンが集まる義烏市に、モハンナドという名のヨルダン人が本格派のアラビアレストランを開きました。本場の味そのままのアラブの食文化を義烏にもたらした彼は、義烏の繁栄の中でビジネスを成功させ、中国人女性と結婚して、中国に根を下ろしました。ごく普通のアラビア人青年が、自らの夢を、中国の庶民の幸福の追求である「中国の夢」に重ね合わせ、諦めることなく奮闘し、輝かしい人生を描き出すと同時に、中国の夢とアラビアの夢の見事な融合をも人々に示してみせたのです。

「シルクロード精神を高く掲げ 中国・アラブの協力を深化させよう
——中国アラブ協力フォーラム第六回閣僚級会議開幕式での演説」
（二〇一四年六月五日）

解説

　年若いモハンナド氏は義烏の外国人ビジネスマンたちの間でかなりの有名人である。モハンナド氏はヨルダン出身、妻の劉芳氏は安徽省出身。初めて中国に来た二〇〇〇年、モハンナド氏は広州のアラビアレストランで働いた。それがきっかけで中国との縁が生まれ、中国のみならず、同じレストランに勤務する、明るく話し上手な安徽省出身の劉芳氏をも愛するようになった。モハンナド氏は翌二〇〇一年に劉芳氏と結婚し、晴れて中国人妻の「婿殿」となった。その後、おじが二〇〇二年に義烏に開いたアラビアレストランを引き継ぐと、店名を「花」に改めた。この花という名には、「幸せの花」や「平和の花」という意味が込められており、店のロゴマークもモハンナド氏がデザインした白い一輪の花だ。

　世界的に有名な国際貿易都市である義烏は、アラブ諸国との貿易も盛んで、アラブ系ビジネスマンが大挙して商品を買い付けに来る。二〇〇五年、公安部は義烏市に対し、外国人のビザと在留許可手続きを直接行えるよう許可を出した。義烏に常住するアラブ系ビジネスマンは四千人を超えるが、モハンナド氏は今や自らの貿易会社を持つまでになっている。二人の息子は義烏で小学校に通っており、流暢な中国語を話す。中国での暮らしは、友人もたくさんいてとても楽しいと話すモハンナド氏は、近々義烏に家を買い、本格的に定住するつもりでいる。

　これほど多くのアラブ系ビジネスマンが義烏に集まる理由は何か。地元の人曰く、義烏は現代版シルクロードと呼ぶにふさわしく、住民は包容力があり、非常に親切だ。義烏に行ってみればわかるが、国際商貿城でも、篁園市場や賓王市場でも、とにかくさまざまな言葉を話す「ガイジン」を常に見かける。商品の集散地から商人の集散地へ、包容力の成長は、義烏だけでなく、中国全体に新たな成功をもたらし続けている。

　「金のハト、銀のハト、飛んで飛んで義烏に行く」。開放・市場・包容をモットーとする義烏は、不用品の廃品回収業からスタートし、今では最も品ぞろえのいい「世界のスーパーマーケット」となった。「輸入商品館」ではこれまで、百を超える国と地域の五万五千種に及ぶ商品を輸入販売しており、「世界に売る」のみならず、「世界を買う」ことも可能にした。二〇一四年以降は、アラブ諸国向けの貨物輸出額が義烏の輸出総額の半分以上を占めるようになり、毎年十万人を超えるアラブ系ビジネスマンが義烏に買い付けに訪れている。このうち数万人は義烏に定住し、自らの夢を叶えることを望んでいる。

夢に言葉の壁はない。習近平国家主席はこれまで何度も、「中国の夢」はすなわち世界の夢、世界各国の人々の夢と相通じると指摘してきた。「それはつまり、経済を活性化し、貿易を自由化し、投資の利便性を高め、さまざまなルートをスムーズにし、人と人との往来をより密にすることであり、人々の生活を安らかに豊かにし、子どもたちにより良い成長、仕事、生活の場を与えることに他ならない」。習主席が中国アラブ協力フォーラム第六回閣僚級会議開幕式で義烏のアラビアレストランのエピソードについて語ったのは、「中国の夢」は世界に混乱ではなく平和をもたらすもの、驚異ではなくチャンスをもたらすものだということを伝えるためであろう。

「中国の夢」を提唱し、アジアの夢、アジア太平洋の夢を願う。中国の夢を描き、アメリカの夢、EUの夢を引き寄せる。習主席の唱える「中国の夢」は決して閉鎖的で単一的なものではなく、アメリカの夢をはじめとする世界各国の人々の美しい夢と相通じるものである。夢は「土の中の種のように、成長して芽を出し、陽の光の方向に伸びていくもの」だ。モハンナド氏の「チャイナ・ストーリー」は、開放と包容、切磋琢磨、ウィンウィンの中で咲いた、相通じる夢の花なのだ。

国際編①
人民の友好を語る

母をたずねて半世紀

一九四〇年代末、新疆ウイグル自治区で働いていた青年が、現地の病院に勤めていた美しい女性・ヴァレンティナさんと知り合い、やがて愛し合い、結婚して子どもをもうけました。しかしヴァレンティナさんは、その後ある事情で帰国してしまいます。当時、二人の間に生まれた息子はまだ六歳でした。息子は成長すると、母親を探し始めました。思いつく限りの方法を試しましたが、母親の手がかりは一向につかめないままでした。そして二〇〇九年、息子はついに母親のヴァレンティナさんを探し出しました。母親は中国のすぐ隣の都市、カザフスタンのアルマトイで暮らしていたのです。このとき、息子は六十一歳、母親は八十歳になっていました。息子はその後、母親に会いにアルマトイを訪れ、母親を中国旅行に連れて行きました。半世紀を隔ててやっと訪れた彼らの幸せは、中国とカザフスタン、両国人民の友好の何よりの証です。

「人民の友好を高く掲げ、美しい未来を共に創ろう――ナザルバエフ大学での演説」
（二〇一三年九月七日）

解説

この国際恋愛が始まったのは一九四〇年代末。黎遠康氏の父親・黎懐鈺氏は新疆ウイグル自治区で仕事中に、現地の病院に勤めていたヴァレンティナさんと知り合い、恋に落ちて結婚し、子どもを授かった。しかし一九五四年、ヴァレンティナさんはある特殊な歴史的事情により娘だけを連れて、六歳の息子・黎遠康を残して帰国してしまう。「お母さん、お姉ちゃん、泣かないで。一週間後にお父さんと一緒に迎えに行くから」。――別れの場面は、五十年以上も脳裏から消えることはなかった。幼い頃に母が心を込めて用意してくれたパンや牛乳、ソーセージの味、別れるときに母からもらった古い腕時計と小さな馬車の飾りが、黎遠康氏にとって唯一の母の思い出となった。

一九八〇年代に父親がこの世を去ると、黎遠康氏の母親に対する想いはさらに募った。知り合いがロシアやCIS（独立国家共同体）の国々に行くときは、必ず母親を探す手がかりとなる資料を託した。そして二〇〇七年の冬。黎遠康氏の友人が、ロシア国営テレビの公開捜索番組「私を待ってて」に氏の母親の資料を送ったところ、番組スタッフは、カザフスタンから寄せられていた資料に条件が極めて合致することを発見する。なんと、黎遠康氏が母親を探す一方で、母親の方もわが子を探し続けていたのだった。

二〇〇九年九月、CCTVロシア語チャンネルの「悠悠歳月」という番組が、ロシアの「私を待ってて」と合同で、オンラインで動画のライブ配信を開始した。その年の十二月二七日、CCTVは黎遠康氏をモスクワでの番組撮影に招き、そこにカザフスタンのアルマトイに住むヴァレンティナさんと娘も呼び寄せた。スタジオで黎遠康氏の目の前に現れた母親には、生き別れた当時の面影はなく、腰は曲がり、顔はしわだらけだった。それを見た黎遠康氏は力なく崩れ落ち、母親の両足を抱きかかえると、おいおいと泣き出した。

半世紀にわたる母親探しが無事成功したのは、活発さを増す中国とカザフスタンとの、人的および文化的交流のおかげだ。中国とカザフスタンの間の人的往来は、今や年間のべ五十万人、友好省（州）や友好都市は十二組に達し、民間交流はまるで「親戚付き合い」のように気軽で親密になっている。習近平国家主席の演説に取り上げられてからというもの、黎遠康氏の携帯は、親戚や友人からの祝いでほぼ鳴りっぱなしだった。氏は習主席に取り上げられたことを非常に喜び、「私と、カザフスタンの母と姉の間にあるのは肉親の情だが、同時に私たちは、中国とカザフスタンという二つの国の友情の象徴でもあると思う」と語った。

「土地の歴史とは、そこに暮らす人々の歴史にほかならない」。ナザルバエフ大学での演説において、長い間離れ離れになっていた家族が再会を成し遂げたこのエピソードを語ることで、習主席は中国とカザフスタンとの深い友情を示し、「血は水よりも濃い」という言葉で形容される両国の友情・家族愛や文化的つながりを感じてもらい、両国民の心の距離を縮めたのである。

互いに依存し合う親密な隣国である中国とカザフスタンは、ラクダの鈴の音が鳴り響く古代シルクロードの時代から、「一帯一路」を牽引する「中欧班列」（中国と欧州を結ぶ国際貨物列車）が駆け抜ける現代まで、連綿と交流が続いている。習主席は「母をたずねて半世紀」のエピソードを語る前に、「私の故郷は、古代シルクロードの起点だった陝西省。そこに立ち、歴史を振り返ってみると、まるで山々にこだまするラクダの鈴の音が聞こえ、大砂漠に舞い上がる砂煙が見えるかのよう。本当に懐かしい」とも語っていた。古代シルクロードの起点だった故郷の記憶と、「母をたずねて半世紀」への共感が、歴史と現実という二つの角度から、両国の友情を重視する習主席の姿勢の真実味や本気度に説得力を持たせた形となった。

国際編①
人民の友好を語る

中国人に捧げた「パンダの血」

Rh陰性（マイナス）の血液型は、中国では非常に珍しく、その希少性から「パンダの血」と呼ばれています。この血液型の人が病気になると、輸血をしてもらうのにも一苦労です。カザフスタンからの留学生・ルスラン君もこの血液型を持つ一人でした。ルスラン君は海南大学に留学中の二〇〇九年から献血を始め、年に二回、中国の患者のために貢献してきました。中国人の友人に褒められたとき、彼はこう言いました。「人助けをするのは当然。献血は僕の義務だ」

「人民の友好を高く掲げ、美しい未来を共に創ろう――ナザルバエフ大学での演説」
（二〇一三年九月七日）

解説

「パンダの血」とはRh陰性の血液型のことで、非常に珍しい血液型だ。人の血液型は、ABO式の他にもRh式があり、陰性（マイナス）と陽性（プラス）の二種類に分かれているが、大多数の人は陽性だ。Rh陰性の血液型の人は、欧米人で約一五％だが、アジア人ではわずか〇・三～〇・四％しかない。

エピソードの主人公である海南大学のカザフスタン人留学生・ルスラン君は、正にこの血液型の持ち主だった。二〇〇九年に海南大学に入学したルスラン君は、自国にいたときはまだ幼かったため、ほとんど献血をしたことがなかったが、中国に来て初めて、自身の血液型が特別であることを知った。クラスメートが献血しているのを見た彼は、自らもその輪に加わり、年に二回の献血を行うことで、「パンダの血」を持つ中国人患者の需要を満たしている。中国の国家主席から、中国とカザフスタンの友好の使者だと称えられたことについて、ルスラン君は非常に光栄だとし、「これからも中国とカザフスタンの友好のために貢献していきたい」と語った。

ルスラン君の中国での行動は、中国とカザフスタンの友好交流の縮図だと言える。カザフスタンの統計によると、カザフスタンから中国に来ている留学生は現在一万千二百人に上り、その多くが習近平国家主席の言う「友好の使者」になっている。西安交通大学に留学中のカミラとナヤ姉妹は、中国に来た当初、「中国語が全くわからない」状態だったが、今では、「故郷より西安に詳しくなり、たまに帰国すると、地元なのに道を聞いている」ほどだという。二〇一四年にカザフスタン首相に任命されたカリム・マシモフ氏も、流暢な中国語を操る「元留学組」だ。その一方で、中国からカザフスタンに進出する人も増加している。寧夏回族自治区からカザフスタンに派遣された技術者の王琨氏と藺志学氏は、高い技術と真面目な態度で幾多の困難を克服し、カザフスタンの三大製油所の一つであるアティラウ製油所の重要な技術トラブルを解決した。この一件は、現地で模範事例として語り継がれている。彼らが帰国する際は、カザフスタン側が空港で盛大な送別式を挙行した。その場面はあたかも、相互につながり合う世界で、中国とカザフスタンの「友好の使者」が描き出した一枚の美しい絵のようだった。

青年は民間の友情を担う新鋭部隊だ。青年同士は、趣味が近ければすぐに意気投合し、最も純真な友情を結ぶことができる。習主席は「パンダの血」のエピソードを語ることで、中国とカザフスタンの人々の、心と心が通じ合う兄弟のように親しい友情を示すとともに、両国の青年が友好の使者となり、中国とカザフスタンの全面的戦略パートナーシップのために若き力を発揮してほしいという願いも表明したのである。

この演説で、習主席はカザフスタンの偉大な詩人にして思想家のアバイ・クナバエフの詩を引用し、青年らへエールを送った。「世界は大海原／時代は強風／前の波は兄／後ろの波は弟／風が後ろの波を抱え込み前の波を押す／古《いにしえ》から絶えることなく」。中国とカザフスタンの民間交流から生まれた「母をたずねて半世紀」と「パンダの血」のエピソード。習主席が語った二つの感動的な逸話は、「国の交わりは民の相親しむに在り」の「民の相親しむ」が、青年間の交流にかかっていることを物語っている。

国際編①

人民の友好を語る

金メダル独占の快感

私はサッカーファンです。中国代表チームは懸命に努力を続けていますが、今までワールドカップに出場できたのは、ただの一度きりです。そのとき中国チームを率いてワールドカップ初出場という記録を打ち立てたのは、メキシコ代表の監督だったこともあるボラ・ミルティノビッチ氏です。

昔の話になりますが、メキシコのスポーツ部門のある官僚が、中国の飛び込み代表チームの監督に、金メダルを独占するのはどんな気分かと聞いたことがあるそうです。その後、二年前の二〇一一年、中国人監督の指導の下、メキシコの「飛び込みクイーン」パオラ・エスピノサ選手とチームメイトは、パンアメリカン競技大会の飛び込み種目の金メダル八個を独占しました。メキシコもついに金メダル独占の快感を味わうことができたのです。メキシコの飛び込みチームが、今後も多数の金メダルを獲得できるようお祈り申し上げます。そして、中国とメキシコとの協力関係においても、より多くの「金メダル」を獲得していきましょう。

「共に発展することを促進し 共に美しい未来を創ろう――メキシコ合衆国上院での演説」

（二〇一三年六月五日）

解説

「凄腕監督」ミルティノビッチ氏が生み出した奇跡を、メキシコのサッカーファンと中国のサッカーファンは、決して忘れないだろう。

一九八六年のワールドカップ・メキシコ大会で、ミルティノビッチ氏率いる「ソンブレロ軍」が八強入りし、氏の「八六年チーム」のスタイルはその後、メキシコサッカーのスタンダードとなった。二〇〇二年の日韓大会では、氏の「〇二年チーム」が同じく中国サッカーのスタンダードになった。二〇〇一年十月七日、瀋陽五里河体育場で、于根偉のゴールによりオマーンを下した中国チームは、初めてワールドカップ本大会への出場切符を手にした。このときの監督、つまり、世界でただ一人、異なる五カ国のチームをワールドカップ本大会へ導いた経験を持つセルビア出身のミルティノビッチ氏は、その後「環球時報」により、中国に影響を与えた六十人の外国人に選ばれた。メキシコ人も、自国で結果を残したミルティノビッチ氏の「二度目の奇跡」を称えた。世界最大の人口を擁する中国がワールドカップの本大会に出場を果たしたことは、「ワールドカップにとって大きな意味を持つ」からだ。

一方、飛び込みと言えば、中国人なら中国の「ドリームチーム」を知っているだろうが、実はメキシコにも「ドリームチーム」が存在する。二〇一一年のパンアメリカン競技大会で、メキシコは金メダル八個を独占する快挙を成し遂げたが、このうち四個は「飛び込みクイーン」パオラ・エスピノサ選手が一人で獲得したものだ。このときメキシコチームを率いてメキシコに金メダル独占の快感をもたらしたのは、中国政府から派遣されていた馬進監督だった。中国のメキシコ支援コーチ団のメンバーだった馬監督は、合同練習以外の選手の自主トレを管理しただけでなく、器具や試合のセッティングにも気を配り、さらには選手の私生活まで徹底管理した。エスピノサ選手は当初このやり方に従わなかったが、成績が上がりだすにつれ、心から馬監督を信頼するようになった。馬監督の誕生日、「飛び込みクイーン」はボーイフレンドと共に、男の子と女の子がついたネックレスを馬監督に贈った。そこには、自分たちを監督の子どもだと思ってほしいという意味が込められていた。メキシコで有名人になった馬監督は、中国とメキシコの友好の使者の役割も担った。メキシコの前大統領は何度も馬監督に接見し、メキシコ政府は「アステカの鷲」の勲章を贈って、メキシコの飛び込み種目、および中国との友好関係促進に果たした貢献を表彰した。飛び込みは中国とメキシコのスポーツ交流における主役であるが、両国関係の友好的な発展は、彼女が今後もメキシコでスポーツ交流を展開し、さらに仕事を広げていく上で有利な環境を整えてくれると馬監督は感じている。

ミルティノビッチ氏が中国代表を率いてワールドカップ出場を果たした偉業と、中国人監督がメキシコの飛び込みに金メダルをもたらした快挙。習近平国家主席はスポーツに関するこの二つのエピソードを語ることで、「合すれば則ち強く、孤すれば則ち弱し」という道理を説明しようとした。現在の世界情勢では、相互依存から脱して発展できる国はなく、協力を通じてのみ互恵ウィンウィンが成し遂げられるのである。

二つのエピソードを語り終えた習主席は、中国の古いことわざ「花一輪では春とは言えぬ、百花斉放これぞ春」と、さらにメキシコの詩人アルフォンソ・レイエスの名句「天下に利益をもたらすことのみが、自国を利する」を引用した。金メダルを独占する快感とはどんなものか。それは、皆で協力し、ウィンウィンの境地に至りさえすれば味わうことができる。習主席はスポーツの発展を例として、自分ひとりが発展するより、皆で一緒に発展するほうがずっと良いと述べた。これは正に、習主席が日頃唱えている「互恵協力を強化すれば、『1＋1＞2』になる」ことの強力な証左である。

国際編①
人民の友好を語る

中国人夫婦のアフリカ新婚旅行

このような話を聞いたことがあります。中国のある若いカップルが子どもの頃にテレビ番組でアフリカのことを知り、憧れを抱いていました。後に二人は結婚をして新婚旅行の行き先はタンザニアと決め、結婚後初めてのバレンタインデーにバックパックを背負って出発し、その土地の風土と人情、セレンゲティ草原の壮大な美しさを存分に味わいました。帰国後、タンザニアで見たことや聞いたことをブログにアップしたところ、数万件のアクセスがあり、数百のコメントが寄せられました。「アフリカを本当に愛しています。この神秘的な土地が忘れられないのです」と彼らは語ったそうです。中国とアフリカの人々の間には自然に生じた親近感がありますが、今後も人々の交流が活発化されれば、必ずやその友好関係はさらに深く揺るぎないものとなることをこの話は示しています。

「永遠に信頼できる友人と誠実なパートナー——タンザニア・ニエレレ国際会議センターでの演説」
（二〇一三年三月二十五日）

解説

国家主席の演説原稿に取り上げられたこのカップルは、「詩と遠方」（生活の中に「詩」を見つけ、頭を上げて「遠く」を見渡すことで心の潤いを大事にすること）が好きなバックパッカーであった。彼らは旅行中に将来の結婚相手と出会い、その後アフリカへと渡るが、この陳さんと李さんの新婚旅行には今までとは異なる彩りが添えられた。二〇一〇年二月十四日は中国の暦では元日にあたり、彼らにとってアフリカ訪問二日目の朝は、結婚後初のバレンタインデーでもあった。

新婚旅行になぜアフリカを選んだのだろうか？　李さんは「子どもの頃、CCTV（中国中央電視台）の番組『動物世界』を見るのが特に好きで、アフリカは人間と自然が調和しながら付き合い、浄土へと心を浄化してくれるのだとずっと思っていた」と話す。「ライオンキング」「マダガスカル」「愛と悲しみの果て」やBBC（英国放送協会）のアフリカ関連のドキュメンタリーは、いつも彼女に大陸への熱い思いを呼び起こさせた。彼らは共にアフリカに強く憧れていたため、新婚旅行先はタンザニアと決め、長年の希望を果たしたのだった。

李さんはかねてより、アフリカ旅行での驚きや感動をメディアに向けて発信していた。彼らは大草原で動物大移動を追いかけ、火口ではライオンやチーターを探し回り、「アフリカの屋根」では、赤道付近の万年雪の山の美しい景色を眺め、インド洋ではイルカと一緒に泳いだ。これらの経験は強く印象に残るものとなり、また旅の途中でアフリカ人の友人を得ることもできた。彼らを乗せたタクシーの運転手は、面倒がらずにホテルを探してくれたばかりか、雨の中、全身びしょぬれになりながら荷物を運んでくれたのだ。また、ガイドをする際には、野生動物エリアには侵入しないよう大回りをして接近し、できる限り野生動物の邪魔をしないようにしていた。アフリカの人々の純朴な善良さ、自然への愛情は、両国の人々をつなぐ最も直接的な心の懸け橋となる。

旅は、国家間の友好と協力にとって重要な絆となるが、アフリカは中国の海外旅行市場において最も旅行者数が拡大しているエリアである。中国旅遊研究院が発表した「中国の海外旅行における発展状況の年度報告二〇一五」によると、二〇一四年の中国の海外旅行市場において、アフリカは九・四%を占め、前年同期比の増加率は八〇・九%に達し、近年の海外旅行増加率が最も急速なエリアの一つである。また、毎年八月から十月にタンザニアへ動物の大移動を見物に行く中国の旅行者数はすでに欧米諸国を上回っているという。

　中国国家主席に就任後、習近平主席が初めてアフリカを訪問し、一番に訪れる国として選んだのがタンザニアであった。タンザニアのキクウェテ大統領はその話を聞き、「自分の耳が信じられなかった」と語った。演説中、中国のアフリカに対する「親愛なる情」を示すにあたり、習主席は、中国の若者がアフリカに憧れ、アフリカを訪問し、アフリカを愛しているという話を取り上げることで、一般的な中国人のアフリカに対する素直な感情を表現した。このことは、中国とアフリカとの友好的な交流において歴史的一コマと言える。

　習主席自身も中国とアフリカ間の友好においては重要な証人である。彼は若い頃より、毛沢東や周恩来など一世代前の中国の指導者とその当時のアフリカの指導者が心のこもった交流を行っていたことをよく知っていたため、自らも相次いでアフリカを七回訪問している。二人の若者の話は、中国とアフリカの人々の間には自ずと生じた親近感があるが、今後も人々の交流が活発化されるならば、必ずやその友好関係はさらに深く揺るぎないものとなることを示している。

国際編②

国家間交流を語る

「国と国の交わりにも
和を貴しとすべき」

国際編②　国家間交流を語る

シルクロード上での中国とイランの友情

今回、初めてのイラン訪問ではありますが、昔からわれわれ両国の偉大なる民族はシルクロードでつながっておりましたし、歴史があり、美しいあなた方の国は決して馴染みがないわけではないと多くの中国人と同様に感じていました。史書にもいくつもの素晴らしい故事が記されています。古くは二千年以上前の中国前漢時代に、中国の使者、張騫の副使はイランへと赴き、盛大な接待を受けています。七世紀後半の中国唐宋時代には、多くのイラン人が医療や商売を学びに中国を訪れ、西安や広州などの地にも足跡を残しています。十三世紀、イランの著名な詩人、サアディは、新疆カシュガルの忘れがたい旅について記録しています。十五世紀、中国明代の鄭和は大船団を率いて七回の遠洋航海をし、そのうち三回はイラン南部のホルムズ地区を訪れています。

中国産シルクとイランの優れた技工の融合からはペルシア絨毯の高級感が生まれ、イラク産スマリチンと中国の優れた技工の融合からは青花磁器（白地に藍色の模様の磁器）の上品さが醸し出されました。中国の漆器、陶器および、製紙、冶金、印刷、火薬などの技術はイランを経て、アジア最西端から更にはヨーロッパなど遠方へと伝わり、反対に、ザクロ、ブドウ、オリーブやガラス、金銀製の器などはイランやヨーロッパより中国へと伝えられたのです。

イランのメディアに発表した署名入り文章
「中国とイランの関係の素晴らしい明日を共につくろう」
（二〇一六年一月二十一日）

解説

中国同様、イランも五千年もの古い歴史がある文明国である。陸上のシルクロードであろうと、海上のシルクロードであろうと、古代のイランは避けては通れない土地であった。今日、イランは、北は海に面し、南はペルシア湾を臨む国であるため、中東の海上交通の「急所」であるホルムズ海峡を守っており、また、「一帯一路」（シルクロード経済圏構想）が交差する場所である。

中国とイランの交流は紀元前二世紀にまでさかのぼる。『史記・大宛列伝』にはこう記されている。紀元前一三八年と紀元前一一九年の二回、張騫は使節として西域へ赴き、初めはシルクロードを通った。二回目の時、張騫の副使の甘英一行は、亀茲（現在の新疆クチャ）より出発し、条支（現在のイラク）を経て、安息（現在のイラン）諸国に到着した。安息の王は、甘英ら漢からの使者一行を二万の騎兵隊で出迎え、盛大な儀礼により接待した。その後、後漢から唐朝までさまざまな開拓が続けられ、唐の都である長安より出発し、河西回廊（甘粛省の黄河から西、祁連山脈の北側にそった狭長な地域）を通過し、西域の陽関（甘粛省敦煌の西部）へ出て、イランを経由し、ヨーロッパ地中海沿岸へと至る「シルクロード」が形成された。

駝鈴相聞、舟楫相望（駱駝の鈴を互いに聞き、舟の舵を互いに見合う）。延々と続く陸と海のシルクロードに沿って、中国とイラン、二つの大文明が共に歩み、一体となり、両国の人々は出会い、親密に付き合う。このことは、イランの詩人サアディが自身の詩に書いた、「久しい時間、それはまさに断ち切れない思いと同じ」の通りである。イランにおけるサアディは、中国における杜甫によく似ており、「ペルシア古典文壇で最も偉大な人物」の詩人と称えられ、数百年来ペルシア文学の典範であった。中国とイランの交流は青花磁器やペルシア絨毯のような芸術品を生み出しただけでなく、詩人による創作も豊富にあり、両国の人文交流をも推し進めた。

中東への旅は、習近平主席の二〇一六年初の海外訪問となり、中国共産党第十八回全国代表大会以来掲げていた、海外訪問による全世界網羅を実現することとなった。習主席が今回訪問した中東三カ国は、中国が提唱する「一帯一路」建設への重要な協力パートナーかつ積極的サポーターであり、中国と中東の国家関係は、まさに習主席が述べるところの、上を受けて下を起こし、先人の跡を引き継ぎ将来の道を開くようでもある。平和協力、自由化の許容、互いに学び互いに観察し、互恵ウィンウィンであることが双方の関係を発展させる重要な特徴となっている。習主席は海外訪問に際して、歴史的故事を述べることで、中国とイラン両国の大文明が再び一体となる気配を際立たせている。

古くは有無相通じる歴史的友情があり、今では「一帯一路」の共同ビジョンを共に構築している。歴史上、中国とイラン両国にとって、シルクロードの建設と東西文明交流の促進が重要な貢献をしていると言うのならば、両国の四十年以上の国交による友好的な付き合いは、シルクロードに対する精神の継承と解釈と言える。イランのロウハーニー大統領は、習主席はイランの核問題解決後初めてイランを訪問した外国元首であり、両国の積極的な友好関係の深さを反映していると語った。習主席は演説の中でイランから中国へと伝わったザクロを例に挙げ、中国とイランの関係に新たな期待を表明しつつ、両国の協力でより多くの素晴らしい成果を得られることを望む、と述べた。

国際編②
国家間交流を語る

鄧小平記念碑

歳月如梭、光陰荏苒（月日が経つのは本当に早い）。中国とシンガポールの関係発展の過程を振り返ると、われわれはいやがうえにも両国の関係を打ち立てた二人の偉人、鄧小平氏とリー・クアンユー氏（元首相）のことが偲ばれます。五年前にシンガポールを訪問した際、リー氏と共にシンガポール川の河畔にある鄧氏の記念碑の除幕を行いました。すでにリー氏も亡くなられましたが、彼らの偉大なる功績をわれわれは永遠に忘れることはないでしょう。

「協力パートナー関係を深めアジアの素晴らしいわが家を共に築こう――シンガポール国立大学での演説」
（二〇一五年十一月七日）

解説

シンガポール川の河畔に鄧小平の記念碑がある。記念碑には、著名な彫塑家、李象群によって鄧小平の半身像が彫られ、その眼光は毅然としており、面差しは穏やかで、沈思しながら遠くへ旅立つかのようである。記念碑の裏には鄧小平のこの名言が刻まれている。「発展こそが確固とした道理である」と。

九十年以上前、鄧小平はフランスで働きながら勉学をしていた時に、シンガポールを訪れ二日間滞在するが、この時からシンガポールとの関係は結ばれていたのかもしれない。一九七八年、中国では改革開放の潮流が高まり、今にも噴き出しそうな状況下で、鄧小平は再びシンガポールの地を踏んでいる。この訪問期間に、鄧小平はリー氏に「シンガポールの変化」を祝福したが、リー氏は「中国もすぐに追いつき、シンガポールよりも素晴らしい変化を遂げるだろうが、そんなことは問題ではない」と考え、このように説明した。「われわれは、福建省や広東省などの文字も読めず、田畑すらない農民の末裔に過ぎないかもしれないが、彼ら（中国人）は、国の中央で都を守る高官や官吏、文人や学士の子孫も多くいるのだから」と。鄧小平はこれを聞き黙して語らなかった。一九九二年、有名な南巡講話において、鄧小平は「われわれはシンガポールの経験を手本として学ぶべきである」と改革開放路線を前進させる講話を発表した。

記念碑の碑文は、両国政府の同意を得ており、その内容には鄧小平の生涯、中国の改革との関係、また両国関係において特別な役割を果たしたことが含まれている。さらに「鄧小平は有名な一九九二年の南巡講話において、シンガポールの優れた国政と整然とした社会秩序について言及した。その後、多くの中国政府関係者はシンガポールへ研修に赴いている。長年来、両国の幹部は頻繁にお互いの国を訪問し、経済協力は絶えず強化され、人文交流は日々拡大し、双方の関係はさらに深まっている」とも触れられている。

場面は変わって、二〇一〇年十一月十四日、夕暮れ時の青々と茂った雨に濡れた木の下で、当時の習近平副主席はリー氏との心温まる会談後、共に河畔へ向かい、記念碑除幕式に出席した。

二〇一五年十一月七日、習主席は中国とシンガポールの国交二十五周年の際、シンガポールを訪問した。シンガポール国立大学にて、鄧小平とリー氏の二人の偉人を偲び、また、五年前に自身が参加した鄧小平の記念碑の除幕式の情景を回想しながら、心を込めて行った演説の中で、両国が今後歩むであろう、時代とともに前進する協力への道をこのように示した。「シンガポールの実践は、中国が改革発展する過程で当面した難題を解決していく上で、貴重な手本を与えてくれました。中国の発展もシンガポールに大きな発展のチャンスをもたらすことでしょう」と。両国の国民が共に努力を続け、政治的信用を互いに深め、実務提携を拡大していくならば、両国関係は必ずや新たな、より大きな発展を遂げ、歴史に新しい一ページを刻むことだろう、と述べた。

国際編②

国家間交流を語る

頼りになる真の友

二〇〇八年、中国の四川省汶川県で大地震が発生した折、発生した直後に、国民生活は決して裕福とは言えないパキスタンが救援のため、所有していた全ての戦略輸送機をすぐに出動させ、戦略上備蓄していた全てのテントを被災地区へ届けてくれました。随行医療チームは飛行機内により多くのスペースを割くため座席を取り払い床に直接座っていたそうです。今日も何千というパキスタン人スタッフが各地の中国人職員と共に一日中休まずに建設作業を行っています。こうして数え切れないほどの感動的な物語が生まれたのです。

同じように、パキスタンが助けを必要とする際には、中国はいつでもパキスタンの強力な後ろ盾となります。二〇一〇年、パキスタンで大洪水が発生すると、中国はすぐさま援助の手を差し伸べるべく陸空あらゆる施設から救援活動を行い、歴史上最大規模の医療救援隊および初の大規模輸送隊とヘリコプターを派遣する救援を行いました。これは中国の海外援助史上において先駆けとなるものでした。二〇一四年、ペシャワールのテロ襲撃事件発生後に中国はパキスタン人の負傷した学生や家族を中国で療養するよう特別に招き入れ、子どもたちの幼少期の心に中国国民の誠実な気持ちを捧げました。

先日のイエメンでの撤退行動の折には、中国軍艦は百七十六名のパキスタン国民を乗せてアデン港を離れ、パキスタンの軍艦はムカラ港で八名の中国人留学生の救助に協力してくれました。パキスタンの軍艦の指揮官は「中国人留学生が到着するまで、われわれの軍艦は港を離れてはならない」と命令したそうです。力強い言葉があふれるこの話は、中国とパキスタンとの友情が海よりも深いことを改めて証明するものです。

「中国・パキスタン運命共同体を構築してウィンウィンの新しい道を共に切り開こう――パキスタン議会での演説」
（二〇一五年四月二十一日）

解説

中国とパキスタンは地理的に近く、利益面でもつながりがあり、互いに親しみを持っている。パキスタンは、中国が初めて外交関係を樹立したイスラム国家であり、両国は一九五一年五月二十一日に早くも外交関係を結んでいた。中国の指導者は、中国とパキスタン間の始終変わらない友好関係を「山よりも高く、海よりも深い」と形容し、また、パキスタン側も「二つの比較」であるならば、「蜜よりも甘く、鋼よりも硬い」と付け加えた。

「中国とパキスタンとの友情を捨てるくらいならば黄金を捨てる」。パキスタンにはこのような名言がある。二〇〇八年五月十二日、汶川大地震後、当時のパキスタン大統領ムシャラフ氏は自ら駐パキスタン中国大使館を訪れ、まず、中国国民に対して心のこもったお見舞いの意を表明した。「中国の揺るぎない盟友」のパキスタンはこの時、自身が持つ全てのものを捧げる覚悟をしており、「国の全ての輸送機を用いて」「戦略上備蓄していた全てのテントを運搬した」のだった。また、「この援助にお金がいくら必要かなどと考えたりはしない。兄弟である中国が以前われわれを救ってくれた時、われわれに金銭を要求しただろうか？」と述べてテントの価格を明かすことを始終拒んだ。

「疾風知勁草、烈火見真金」（苦境や逆境におかれて初めて人の真価がわかり、厳しい戦いの中でこそ真の強者が見出せる）。パキスタンが助けを求めた際には、中国もパキスタンの強力な後ろ盾となる。二〇一〇年七月、パキスタンは歴史的な大洪水に見舞われたため、全国の五分の一の地域が洪水災害により約三カ月間苦しめられ、被災者は二千万人に上り、経済損失は百億ドルを超えた。中国は最大規模の医療チームを派遣し、派遣スタッフは水たまりの中を歩き、高温の中、危険を冒して人命救助を行った。熱中症で点滴をしていたが針を引き抜いて作業を始める者や、高温のあまり一日に十五本の水を飲んだにもかかわらず、救援活動が忙しいために一日中トイレに行かない者もいた。二〇一四年十二月、パキスタンで、タリバンがペシャワール陸軍公立学校を襲撃し、百四十一名の教師や生徒が被害に遭うという、「どんなに小さな棺桶であろうとも持ち上げるのにこれ以上重いものはない」ことが起きた。中国は即座にテロ攻撃を非難し、援助を申し出た。また、パキスタンの負傷した学生やその家族が中国で療養できるよう、北京、深圳、香港、広州などに迎え入れる手配を行った。彼らは「中国の歴史、文化や発展を目の当たりにして、中国国民のパキスタン国民に対する深く厚い気持ち」を理解したことだろう。

中国人は本当に信頼できる友人を「鉄竿」の友（頼りになる友人）と呼ぶが、パキスタンこそ永遠の「鉄竿」の友である。パキスタンの指導者はかつてこのように語っている。「もし、世界で二国間がどれほど強固な友好関係を持つことが可能なのかを知りたいならば、中国とパキスタンの関係を見るべきだ」と。パキスタンは「中国はパキスタンの揺るぎない盟友」であると小学校の教科書にも書かれているほどの国で、一方の中国では「いかなる条件下においても戦略的協力パートナー」である国はパキスタンだけである。

「与君初相識、猶如故人帰」（初めて知り合ったにもかかわらず、まるで旧友に会ったようだ）。習近平主席にとってはパキスタンへの公式訪問がかの地への初回訪問となった。習主席は「パキスタンへは初めて訪れたが、全く見知らぬ場所とは思えない」と述べ、また、「この美しい土地を踏むやいなや、私も随行スタッフも心の込もった友好という海の中に浸っているかのように感じ、あたかも仲の良い兄弟の家に戻ってきたかのようだ」とも述べた。今回の訪問期間中、習主席はパキスタンのフセイン大統領とシャリフ首相と共に、中国とパキスタンが「いかなる条件下においても戦略的協力パートナー」となるよう関係を強化することに同意した。

パキスタン議会において、習主席は中国とパキスタンの国交、民間交流についての物語を心を込めて述べた。この物語は、両国の「風雨無阻、永遠同行」（風雨にも負けず、永遠に共に歩む）という唯一無二の友情を生き生きと反映しており、両国の誠意を互いに映す信用と道義の交わり、苦楽を共にする苦難の交わりを説明した。また、中国は終始、戦略の精度や長期的観点から両国関係を見ており、パキスタンを外交上優先すべき国と位置付けていることも表明している。同時に、五つの見解を提起し、両国の運命共同体としての内在的構成要素をさらに強化した。演説の中で、習主席は中国の前駐パキスタン大使で、かつての上司でもある耿飈氏による未来を見据えたこの言葉を引用した。「中国とパキスタンの伝統ある友情はカラコルムの道と同じように進めば進むほど必然的に広がっていくだろう」

国際編②

国家間交流を語る

ニュートン力学

メルケル首相は物理学博士ですので、「ニュートン力学の三法則」から中国とドイツの関係をいかに発展させていくべきかを連想してみようと思います。一つ目は、両国間協力の「慣性」をしっかりと捉えるべきです。協力は中独関係の主旋律かつ重要な政治的方向性であり、両国はこれを揺らぐことなく堅持しなければなりません。よりハイレベルな交流を継続し、政府間協議・戦略的対話などの枠組みをうまく活用して、戦略的な相互信頼を絶えず高めていくべきです。二つ目に、実務的な協力を深化させ、中独関係の「加速度」を高める必要があります。中国は今まさに改革によって調整を促進し、調整によって発展を促しています。われわれは、経済が持続的かつ健全な発展をすると信じており、このことは中独協力にさらなるチャンスをもたらすでしょう。両国はパートナー意識およびチャンスの意識を高め、互恵ウィンウィンや共同発展の精神に基づき、利益の融合を拡大し続け、全面的な実務協力を深めていかなければなりません。三つ目に、両国関係発展の「反作用力」を軽減させる必要があります。両国は共通の利益に着目し、「大同を求めて小異を残す」ことにより、両国関係発展の障害を減らすべきなのです。

「ロシア・サンクトペテルブルグにてドイツのメルケル首相との会見でのコメント」
（二〇一三年九月六日）

解説

ニュートンは一六四三年に生まれた、イギリスの著名な物理学者で「百科事典型」の天才である。一六八七年、彼が出版した『自然哲学の数学的諸原理』は第一次科学革命の集大成といえる。その中の万有引力と三大運動法則は、その後三世紀の間、物理分野の科学的観点を構築し、現代工学の基礎となった。

ニュートン力学の三法則は、「ニュートンの運動三法則」とも言われ、ニュートン第一運動法則、ニュートン第二運動法則、ニュートン第三運動法則とがある。第一法則は、力は物体の運動状態を変化させる原因となる、と力の概念を説明し、第二法則は、力は物体に加速度を生じさせる、と作用効果を指摘しており、第三法則は、力は物体間での相互作用をもたらす、と力の本質を明らかにしている。

ニュートンの三大運動法則はあらゆる著名な物理学の基礎となっており、また近代科学の基礎でもある。アインシュタインは「ニュートン力学は全ての物理学の基礎であると同時に近代化学の基礎でもある。ニュートン力学がなければ現代科学もなかっただろう」と評価している。ニュートン力学は物理学の分野では並外れた地位を占めており、典型的な力学のほとんど全ての定理や法則がこれを基礎としているため、ニュートンの三大運動法則は力学の三大支柱であることがわかる。

ニュートンの現代科学への貢献を「ニュートン革命」と称する人もいる。ニュートンはコペルニクス、ケプラー、ガリレオ、デカルト、フック、ホイヘンスなどの研究成果を熱心に研究し、価値ある思想を注意深く選択して変革を起こしたため、このような象徴的な近代精密科学誕生という革命をもたらしたのだ。故に、ニュートンは「私が他の人よりもかなたを見渡せたのだとしたら、巨人の肩に乗っていたからだ」と話している。

二〇一三年九月、習近平主席はロシアのサンクトペテルブルグにて、第八回主要二十カ国・地域首脳会議に出席した。会期中、ドイツのメルケル首相と会見し、習主席は「ニュートン力学の三法則」を用いて、中独関係の政治的方向性、新たなチャンスや起こり得る問題について述べた。メルケル首相はライプツィヒ大学で物理学の博士号を取得しており、政界へ入る前までは科学研究者であった。故にニュートン力学を引き合いに出し、西側諸国の文化を合理的に取り入れ、メルケル首相の学識と教養を尊重する気持ちまでも説明した。習主席はさらにこのような比喩を用いた。「中独関係の発展は車の運転のようです。安全かつスムーズであるためには遠くまで見渡す必要があります。われわれ双方の燃料が十分にあり、ハンドルをしっかりと握っているならば、中独協力という車は必ずや高速で安全に走行し、希望に満ちた未来へと進んでいくでしょう」と。マクロで長期的な観点が両国関係発展を画策する青写真に加わるならば、中独協力の車輪は走るほどに速く、快適なものとなるだろう。

国際編②

国家間交流を語る

「源泉があってこそ川の水は深い」

アフリカにはこのようなことわざがあります。「源泉があってこそ川の水は深い」。――中国とアフリカの友好関係は古く長いものです。一九五〇、六〇年代、毛沢東、周恩来ら新中国の初期の指導者たちとアフリカの前世代の政治家は共に中国とアフリカの関係の新しい時代を切り開きました。それ以来、中国とアフリカの人民は反植民地主義・反帝国主義、そして民族の独立と解放の闘争の間、その発展と振興の途上において、互いに支持し合い、誠実に協力し、共に息づき、運命を共にし、心を一つにした兄弟のような友情を結んできたのです。

「永遠に信頼できる友人そして誠実な仲間として
――タンザニア・ニエレレ国際コンベンションセンターでの演説」
（二〇一三年三月二十五日）

中国とアフリカは千山万水に隔てられているが、両者の友好的な民間交流は古く長い歴史を持ち、エネルギーに満ち溢れている。歴史的境遇に相通ずるものがあり、民族解放のための闘争において終始同調し合い、互いに支持し合い、厚い友情を結んだ、苦難を共にした親友なのである。

一九五〇、六〇年代、アフリカの人民が民族独立に向かっていた時期に、中国は断固としてアフリカの人民の側に立ち、アフリカ各国の人民による反帝国主義・反植民地主義および民族独立を勝ち取るための正義の闘争を全力で支持した。毛沢東は明確に表明している。「われわれが仕事をし、朋友となる」場合、重点は「アジア、アフリカそしてラテンアメリカに置かれるべきである」。

一九六三年十二月から一九六五年二月までの間、周恩来が訪問団を率いて、相次いで三回アフリカ十カ国を訪ねたことにより、新中国の外交史において中国・アフリカの新しいタイプの関係の「開山の旅」が始まり、中国・アフリカの五十年の歴史が書き綴られた「旧友記」の序言となった。エジプトとアルジェリアを訪問した際に、周恩来は中国とアフリカおよびアラブ諸国との関係発展の五つの原則を提示した。これが中国とアフリカの交流の基礎となり、相互理解および相互支持を柱にした新しいタイプの関係が築かれた。中国とアフリカの交流は平等かつ誠実で、国際関係史において未だかつてないものである。

アフリカの人民もまた中国の人民を強く支持し、私心のない援助を提供した。一九七一年十月、第二十六回国際連合総会の決議により、中華人民共和国は国際連合において合法的な議席を回復したが、二十三の提案国のうち十一がアフリカ国家であり、採決の際も七十六の賛成票のうち二十六票はアフリカ国家のものであった。「中国人権状況」という反中国議案と「台湾の国際連合参加」提案の破棄、中国の世界貿易機関（ＷＴＯ）への加入や中国によるオリンピック招致の支持など、これらの重大な問題に関して、アフリカの大多数の国家から強力な支持を受けた。

半世紀以上にわたる中国とアフリカの友好関係は歳月の試練に耐え、不断の強化と発展を継続してきた。現在、アフリカの五十四の国家のうちすでに五十二の国家が中国と国交を結んでいる。

二〇一三年三月二十四日、習近平国家主席一行はタンザニアのダルエスサラーム市国際空港に到着した。この東アフリカの国家での二十六時間の滞在は、習主席が国家主席になって初めてのアフリカ訪問であり、アフリカ大陸に足を踏み入れるのはこれで六度目であった。タンザニアのニエレレ国際コンベンションセンターでの重要な演説において、習主席はこう述べた――中国とアフリカとの友情の古く長い歴史は、中国とアフリカの関係は一朝一夕には発展し得ず、また誰かから与えられたものでもなく、双方が苦難を共にし、力を合わせて乗り切ることで、一歩一歩足跡を残してきたことを物語っているのである。

「結交一言重、相期千里至」（交友関係は一言一言が重要であり、共に長く続いていくことを望むものである）。また、今回の重要な講演において、習主席は中国の対アフリカ関係の発展について「四字の主張」を発表した――アフリカの友人に相対するには「真」の字を、アフリカとの協力関係を進展させるには、「実」の字を、中国とアフリカの友好関係を強化するには、「親」の字を、協力関係における問題を解決するには、「誠」の字を重んじる。習主席の「四字の主張」は中国とアフリカの関係の本質的な特徴を、生き生きとした言葉で説明している。誠実な友好関係、相互の尊重、平等互恵、共に発展すること――中国とアフリカは、海また海を隔てていても、互いの心は通じ合っているのである。

国際編②　国家間交流を語る

友情が鋳《い》込《こ》まれたタンザン鉄道

四十数年前、五万人強もの中国の若い男女が、当地の人々への溢れる友情を胸にアフリカにやってきました。兄弟のようなタンザニア、ザンビアの人々と肩を並べて奮闘し、広く果てしないアフリカの草原でいばらの道を切り開き、幾多の困難や危険を克服し、血と汗そして命でもって友情の道、自由の道と称えられるタンザン鉄道を造り上げたのです。そのうち六十数人がその尊い命を捧げ、故郷から遠く離れた土地で永遠の眠りにつきました。彼らは偉大な国際主義の精神を命をもって体現し、中国とタンザニア、中国とアフリカの友情に偉大な功績を打ち立てた英雄であり、彼らの名前はタンザン鉄道と同じく、中国はもちろん、タンザニア、ザンビア両国の人々の心に永遠に刻まれています。

「共同墓地でタンザニア支援に尽力した中国の専門家を偲んで語る」

（二〇一三年三月二十五日）

解説

「平和の港」ダルエスサラームの西南の郊外にある墓地で、タンザニアの建設のために その身を捧げた六十九名の中国同胞が長い眠りについている。墓地は緑の草がしとねのように茂り、クロマツ、ホウオウボクがまっすぐにそびえ立ち、巨大な石碑に中国語と英語で「中国援坦専家光栄犠牲同志之墓」(中国のタンザニア支援事業に貢献した専門家で、犠牲となった誉れ高い同志の墓)と二列の真紅の大きな字が刻まれている。

一九六〇年代以降、中国はタンザニアに相次いで延べ数万人を派遣し、さまざまな分野でこのアフリカ国家の経済建設のために私心のない貢献を果たした。六十九人の同胞の中には、タンザニアの人々のため炭鉱の建設に尽力した者、農業の発展に尽力した者、水利工事に尽力した者もいたが、大多数はタンザン鉄道のために身を捧げたのである。

タンザン鉄道は中国とアフリカの友情の際立った象徴である。一九六八年五月、第一中国探査隊が果てしなく草の生い茂った計画予定線に足を踏み入れてから、一九七六年七月にタンザン鉄道が正式に開通するまで、計五万人の中国の技術者が二千キロメートル近い建設現場で悪戦苦闘を繰り広げた。中国、タンザニア、ザンビア三国の技術者があらゆる困難や危険をなめ尽くし、高く険しい山々で一八六〇キロメートルにも及ぶ鉄道輸送ルートを切り開き、それがタンザニア・ザンビア両国、ないしはその他のアフリカ国家をつなぐ経済の動脈となり、タンザニアとザンビアの経済発展のために有利な条件をつくった。同時に南部アフリカの民族解放闘争の支えとなり、両国の人々によって「自由の道」「解放の道」と褒め称えられた。

タンザニアを支援した専門家の共同墓地に眠る水利の専門家である張敏才は、最初の犠牲となった。現地の人々の飲み水となる水源を見つけるため、張敏才は一九六七年十月に野外の潅木林を探査中に、天地を覆い尽くさんばかりの野生の蜂の群に襲われ、全身に中毒症状を起こした。周恩来総理はそれを知るや、すぐに中国から医師を派遣して応急手当を行わせたが、三十五歳の若い命を救うことはできなかったのである。

習近平国家主席はタンザニア支援のために犠牲となった中国の専門家を深く偲び、中国とアフリカの友好協力の往事について愛情を込めて語り、タンザン鉄道の精神をさらに発展させ、中国とアフリカの伝統的な友情という、この貴重な財産である美しい希望を、心を込めて守っていくと表明した。習主席が国家主席に就任して初めての外国訪問先に、このアフリカという「希望に満ち溢れた大陸」が含まれたことには、中国の発展途上国に対する常に変わらない兄弟のような心情が映し出されているのである。「中国とアフリカの友好関係を強化するには、『親』の字を重んじる」。往時を語ることで、習主席は世界に告げる。中国とアフリカの友好関係は、決して何らかの条件に基づいたものではなく、困難や試練を耐え抜いてきた友情によって支えられているのである。タンザニアの前駐中国大使のチャールズ・サンガ氏はまさにこう評している。「アフリカ大陸の絶え間ない発展によって、大いに励まされたと習近平主席が喜んでくださるのは何と誠実で、感動的なことでしょうか。これは心の底から湧き出る愛なのです」

国際編②　国家間交流を語る

マスカティン市から贈られた「金の鍵」

本日の午後、アイオワ州訪問に向けて出発します。二十七年離れていたかの地を再び訪れるのです。私はアイオワの旧友たちにこう告げるでしょう。あの時にマスカティン市役所の代表が贈ってくれた「金の鍵」、これは中国とアメリカ両国の地方交流の扉を開けた象徴であると。現在中国とアメリカにはすでに三十八組の友好省州と一七六組の友好都市関係が築かれ、そして、アメリカ五十州のうち四十七州において、過去十年間の対中輸出額の増加は数倍から数十倍に及んでいます。これは、中国とアメリカの地方交流の扉は一度開かれれば、いかなる力によっても再び閉ざされることはなく、かえって開くにつれて大きくなることを表しているのです。

「中米パートナーシップの素晴らしい明日を共につくろう——米国の友好団体の歓迎昼食会での講演」
（二〇一二年二月十五日）

解説

マスカティン市はアメリカ・アイオワ州マスカティン郡の郡庁所在地であり、ミシシッピ河畔に位置し、地方経済の支柱は農業と畜産業で、物産ではスイカと真珠が特に有名である。

一九八五年当時、河北省正定県委員会の書記を務めていた習近平国家主席は代表団を率いてアイオワ州を訪問し、マスカティンの小さな町で現地の農業と畜産業を視察した。農場へ赴き、温室内でどのようにサツマイモの苗を育てるのか、農場主に教えを請うた。民家に滞在し、アメリカについて深く理解する機会を得た。そして帰国後書き上げられた詳細な報告書には、アメリカの現地の人に直接取材した話が多く引用され、正定県の農業と畜産業の発展の参考となった。現地の人の目に、「非常に有能なリーダーであり、自分が何を理解すべきかが明確で、毎回時間どおりにきちんとした身なりで現れ、しかもいつでも好奇心に満ちていた」ように映る習主席は、どこへ行っても教えを請い、尋ね歩いた。

二〇一二年二月、中国国家副主席を務めていた習主席は、アメリカ訪問の際再びこの地を訪れた。アイオワ州の州長ブランスタッド夫妻、副州長レイノルズ夫妻、マスカティン市市長、当時習主席を接待した家主のドボチェク夫妻および現地の高校生の代表らが熱意をもって習主席一行を迎えた。習主席の今回の訪問は過去と未来の懸け橋であり、二十七年前に結ばれた特別な縁と友情の続編を書き足すと同時に、中国とアメリカ両国の人々の間に手本を打ち立てるものであり、習主席の来訪によってより一層良好な協力関係が築かれることが望まれ、信じられていることを、次から次へと訪れる旧友たちが示した。そして、マスカティン市長がこの市の「金の鍵」を習主席に贈呈した。マスカティン市の歴史上で、習主席は二つの「金の鍵」を獲得した最初の人物となった。

「私にとっては、あなた方こそがアメリカなのです」、マスカティンの人々の心には今でもこの習主席の言葉が刻まれている。二〇一五年九月十七日、マスカティン市長のドウェイン・ホプキンス氏は、習主席が三十年前に暮らしていた民家を「中国・アメリカ友好の家」と名付け、中国とアメリカの協力関係と民間の友好関係の証として、無料で公開することを発表した。「この部屋は中国とアメリカ両国の友好の象徴なのです」と、ドボチェク夫妻の子息のグレイ・ドボチェク氏は語る。「中国・アメリカ友好の家」に入ると、その上品な佇まいの部屋には「中国風」が湛えられ、壁じゅうに、暖炉のまわりに、習主席とマスカティンの友人たちの映った写真がいっぱいに飾られている。

「衣莫若新、人莫若故」（衣服は新しいものに及ぶものはなく、人は古い友人に及ぶものはない）。二〇一二年二月十五日、習主席は再びマスカティンを訪れて、この古い言い伝えを用いて、年老いた家主のドボチェク夫妻とのよしみを表現した。まさに言わんとしているのは、「アメリカ人民と中国人民は同様に純朴で、勤勉で、親切で、友好的であり、両国人民の間の共通言語は多く、互いに有益な協力関係を完全に築くことのできる良き友人であり、良き仲間だ」ということである。彼が歓迎昼食会で「金の鍵」について語ったことは、古いよしみを懐かしみ、旧交を温め、新しい友情に引き続いていく交友の道を体現しただけでなく、中国・アメリカ両国の地方交流における協力関係の重要さを際立たせたのである。

末端から出世した習主席は、外国の地方との協力関係を展開させることを特に重視し、二〇一五年九月二十二日、アメリカ・シアトルで開かれた第三回中国・アメリカ省州長フォーラムに出席した際に、「国と国との関係はそもそも人民からの支持を必要とするものであり、最終的に人民のために役立つべきである」、そして「地方は一般大衆に最も近づくことのできる場所である」と改めて強調した。

国際編③

文化交流を語る

「同じようなものがないのは自然の道理である」

国際編③ 文化交流を語る

チェコから来たモグラくん

チェコは最も早い時期に新中国を承認し外交関係を結んだ国家の一つである。国交を樹立して六十七年、中国とチェコ両国の人々の伝統的な友誼は絶えず深まっている。一九五〇年代、チェコの著名な画家スクレナールが中国を訪れ、呉作人、斉白石など中国の美術の大家と親交を結んだ。スクレナールはチェコに戻るとたくさんの「美猴王」（孫悟空）を制作し、孫悟空の七十三番目の変化と呼ばれた。「モグラの物語」は最も早く中国に入ってきたアニメ作品で、モグラくんという天真爛漫そのもので、善良で勇敢なアニメキャラクターは中国でも子どもたちに深く愛されている。音楽の大家であるスメタナの連作交響詩「我が祖国」や作家ハシェクの著作『善良な兵士シュベイク』は中国でも広く知られた作品である。

チェコのメディアに発表した署名入り文章

「中国・チェコ関係の時代の力強い音を鳴り響かせる」

（二〇一六年三月二十六日）

解説

チェコの著名な画家ズデニェク・スクレナールは一九一〇年に生まれた。一九五〇年代に、スクレナールは中国で展覧会を開き、中国の美猴王、孫悟空の故事に強く惹きつけられ、絵によってチェコの人々に美猴王と『西遊記』の物語を紹介し始めた。スクレナールが創作したチェコ版「美猴王」は、中国の伝統文化の要素がチェコの民族の特色と組み合わさり、強烈な色彩の変化と、多様なイメージを持つ、五百以上の『西遊記』の登場人物を新たにデザインし、孫悟空の七十二の変化術に七十三番目を加えたことによって、スクレナールは「チェコの美猴王」と誉め称えられた。

「モグラくん」はチェコの国民的なアニメキャラクターであり、「モグラの物語」はチェコの著名な挿絵画家・映画監督のズデニェク・ミレルによる古典的な作品である。「モグラくん」が言語の壁を乗り越えて世界中で活躍できるように、ミレルはアニメの製作において、豊富な動作や表情と簡単な音声で表現し、極力言語表現を避けた。一九八〇年代、「モグラの物語」は中国に入ってきて、この世代の人々にとって思い出の定番の作品となった。二〇一六年三月、中国・チェコ両国合作によるアニメ「パンダとモグラくん」が放映され、中国の要素を導入した「モグラの物語」によって、モグラくんは今も両国の子どもたちの心に友情の種をまいているのである。

ベドルジハ・スメタナは一八二四年生まれの、チェコのクラシック音楽の草分けであり、チェコ民族オペラの先駆者であり、チェコ国民楽派の創始者である。一八七四年、スメタナは不幸にも聴覚を失ったが、それでも創作をやめず、多くの作品を書き上げた。習近平国家主席が取り上げた連作交響詩「我が祖国」は、スメタナの代表作である。一八八三年生まれのチェコの著名な作家ハシェクは、作品ではユーモアと風刺に秀で、代表作の『善良な兵士シュベイク』は、ある一般的なチェコの兵士による第一次世界大戦中の経験が話の筋であり、オーストリア＝ハンガリー帝国の統治者の凶悪さと横柄さ、そして軍隊の腐敗と堕落を深くえぐり出している。多くの評論家がシュベイクをセルバンテスのドン・キホーテになぞらえた。『善良な兵士シュベイク』は中国語を含め三十近い言語に翻訳され、世界各国の人々に愛されている。

二〇一六年三月の、習主席のチェコ訪問は、国家主席に就任して以来初めての中東欧の国家への訪問となった。中国とチェコの文化交流にふれて、習主席は特にチェコを「山河は麗しく、優れた人材を輩出し、文化の歴史は豊かで奥深い」と評している。一九九〇年代にかつて訪れたチェコを思い返せば、勤勉で聡明なチェコの人々、凄まじい勢いで発展するチェコの経済社会建設、ブルタバ川が育んだボヘミア文明、全てが深い印象を残しているのである。

チェコの画家が孫悟空のキャラクターに基づいて「美猴王」を生み出し、「モグラの物語」が中国の子どもたちに広く受け入れられる――習主席がチェコのメディアに発表した署名入り文章で触れたこれらのエピソードは、キャラクターが中国とチェコの友情の歴史を表しているだけでなく、文化交流の重要さを生き生きと描き出しているのである。習主席は中国とチェコ両国の人々が日頃から文明、文化について互いに評価し、この数年はさらに交流の高まりが絶え間なく起こっていることを指摘して、「文化交流を強化することで、時代に内在するさまざまな奥深いことを教えてくれる」そうしたことを強く望んでいると述べた。

国際編③ 文化交流を語る

シンガポールの大学生が見た中国

今年七月、数名のシンガポールの「九〇後」（一九九〇年代生まれの人）の大学生が二〇一五年の「中国を見る・外国の青年による映像プロジェクト」に参加しました。彼らは中国の西北に赴き、カメラで現代の中国を記録し、秦腔（中国西北各地で上演される地方劇）、蘭州牛肉麺、羊皮の筏などを通じて中華文化を理解し、また伝達しています。また、さらなる研究のため中国からシンガポール国立大学にやって来た二名の大学生は、一年という時間をかけて、五十名に及ぶシンガポールの現地の人々が夢について語る様子を撮影しました。今ここに座っている学生の皆さんの身の回りにもこのような事例はたくさんあると信じています。

「協力パートトナー関係を深めアジアの素晴らしいわが家を共に築こう——シンガポール国立大学での演説」
（二〇一五年十一月七日）

解説

「中国を見る・外国の青年による映像プロジェクト」は、北京師範大学の中国文化国際伝播研究員と会林文化基金が連合で主催する、外国の青年が独自の視点で中国を観察し、自ら撮影した映像を通じて中国での出来事を語り、中国の様相を記録した、中国の精神を現す文化体験活動である。二〇一五年の「中国を見る」は、二十の国家から来た百名の青年大学生が参加し、彼らを取り巻く「人・家・国」をテーマに、百本のショートフィルムが撮影された。中でも、「箸」から中国の陰陽平衡の文化をたずねた「箸：青島の陰陽」、牛肉麺を手がかりに「家」の文化を考察した「蘭州牛肉麺を一杯」、高等学校で長年総務に携わる老夫婦にフォーカスした「連れ合い」——近い距離での接触、続く密着取材、深い観察力によって、彼らは「異なる中国を見つけた」のである。ある参加者は甘粛省での十七日の撮影生活の後、「中国の西部の都市の伝統に対する印象が変わり、伝統が現代と交錯する新しい中国の西北地域の都市の姿が見えた」と述べている。

同様に「他者の視点」として、二名の中国の大学生がカメラで記録した五十名のシンガポール現地の人々の出来事もまた、「夢の巨大な力を感じさせる」ものである。この五十名のシンガポール人のうち、最年少は生まれたばかりの赤ちゃんで、最年長は九十七歳。彼らのシーンをつなぎ合わせて、色とりどりのシンガポール時代の絵巻が作り上げられた。映像は市場で初披露され、観衆はほとんどが現地の通りがかりの人々だった。彼らは観終わるや感嘆した。このライオンの町でかつて対日作戦に参加した「飛虎隊」の隊員、数十年一日のごとく変わらずに数え切れないほどの作品を生み出す木彫り師、さらに草の根から始まり、やがて青々と茂る「文化の防護林」となった書店を見守ってきた人——感動する者は、こんなにも多くの感動的な出来事があるのかと語り、嘆く者は、こんなに身近なところで起きていたのに自分は全く気づいていなかったと語った。

「不患人之不己知、患不知人也」（自分が人に知られていないのを気にかけるのではなく、自分が人を知らないことを気にかけなさい）。二〇一五年十一月七日、習近平国家主席はシンガポール国立大学の演説で、中国とシンガポール両国の大学生が互いに相手方の国について探究し、発見したという出来事にふれて、「両国の友情のバトンはまさに若い世代によって次の走者に手渡されたのであり、言うなれば、理解を深め、互いに学び、互いに考えてこそ友誼は増進されるのである」と説いた。

　毎回の文明探究の旅、毎回の深い交流の行程は、どちらも心を取り囲む塀を取り去る契機となる。習主席は世界各国の人々を何度も招き、彼らが中国にやって来て中国を感じ、中国を理解することを、誠意を込めて歓迎している。さらにこう強調する。「中国を理解するには、ある一点、ある一面だけを見て、全体を判断することは避けるべきである」「さまざまな偏見や誤解が時間によって消し去られ、より客観的で、歴史的で、多元的な視点から中国を観察し、全面的で、立体的な、真実の中国を正しく認識されることを期待する」。彼の観点からいえば、「政治、経済、安全保障協力が国家間の関係の発展を推し進める堅固な力であるならば、文化交流は民衆の感情を強化し、心を通わせる柔和な力である。この二種類の力が交流をスムーズにすることによって、それぞれの国がより誠意をもって向かい合い、互いに近づき、受け入れていくことができるのである」。

国際編③ 文化交流を語る

シェイクスピアをたずねて

「生きるべきか死ぬべきか、それが問題だ」。ハムレットのこの言葉は、私に非常に強い印象を残しています。私は十六歳にならないうちに北京から陜北（陜西省北部）のある村の農民となり、そこで青春時代の七年間を過ごしました。その間、私は八方手を尽くしてシェイクスピアの作品を探し、『真夏の夜の夢』『ベニスの商人』『十二夜』『ロミオとジュリエット』『ハムレット』『オセロ』『リア王』『マクベス』などの戯曲を読みました。シェイクスピアが描く起伏に富んだストーリー、生き生きとした登場人物、もの悲しい情感に私は強く引きつけられました。若かった私は、当時の陜北の貧しい黄色い大地で絶えず「生きるべきか死ぬべきか」という問題を考え、ついに祖国のため、また人民のために自己を捧げるという信念を打ち立てたのです。シェイクスピアの作品を読んだ人は、彼の卓越した才能を感じることができるだけではなく、人生の啓発も大いに得られると私は信じています。

中国の明の時代の作家湯顕祖は「東洋のシェイクスピア」と称されて、彼の書いた『牡丹亭』『紫釵記《しさいき》』『南柯記』『邯鄲記』などは世界的に名声を博しています。湯顕祖とシェイクスピアは同時代の人間であり、両人とも一六一六年に世を去りました。来年は二人の没後四百周年に当たります。中英両国はこの二人の文学の巨匠を共に記念しますが、このことを通じて両国は人々の交流と相互理解を深めることでしょう。

「開放・包容を共に提唱し　平和的発展を共に促進しよう」
シティでのロンドン市長晩餐会における演説（二〇一五年十月二十一日）

解説

湯顕祖とシェイクスピアは同時代の東洋と西洋それぞれの偉大な劇作家であり、二人とも一六一六年にこの世を去っており、二〇〇〇年にはユネスコの歴史文化の有名人百人に同時に選ばれている。

ヨーロッパのルネッサンスの時代のイギリスの最も重要な作家であるシェイクスピアは多くの戯曲と十四行詩を書いており、「人類の文学のオリンポス山にいるゼウス」と称せられている。彼の作品は巧みで比類ない言葉の芸術というだけでなく、とても意味深長で味わい深い構想とテーマも有している。彼が書いた優柔不断な王子ハムレット、邪悪で冷酷な陰謀家マクベス、愚かで暴虐なリア王など登場人物のイメージは強烈である。また愛と寛容、復讐と裏切り、死と滅亡という「人間の哀楽と命の輝き」といった作品のテーマは広く深いものである。アルゼンチンの作家ボルヘスはかつて「意識の川の流れはどれもシェイクスピアに通じており、昼も夜も絶え間なくシェイクスピアに通じている」と感慨深げに話した。さらにシェイクスピアの親友の詩人ベン・ジョンソンはこう断言している。「彼は一つの時代に所属しているのではなく、全ての世紀に所属しているのだ」。シェイクスピアの代表作は四大悲劇の『ハムレット』『オセロ』『リア王』『マクベス』以外に『ロミオとジュリエット』『真夏の夜の夢』『ベニスの商人』『十二夜』『お気に召すまま』などの名作がある。

湯顕祖は中国明の時代の劇作家、文学者であり、多くの作品を残したが、その中の『牡丹亭（還魂記）』『紫釵記』『南柯記』『邯鄲記』の四作品は「臨川四夢」と称されている。シェイクスピアの巨編と同様にこれらの作品はさまざまな人生を描いており、その中の多くの名句とイメージは広く知れ渡っている。シェイクスピアの巨編と同様に、これらの作品は人生の豊富さを表しており、その中の名言やイメージは早くから人々に知られており、今でも絶えることはない。『牡丹亭』の主人公の杜麗娘、『邯鄲記』の書生の盧生、『南柯記』に出てくる武士の淳于棼など、湯顕祖は夢の世界で人生を書き、幻で現実を表現し、そのロマンチックな文学表現や美しく芸術的な言葉遣い、深い人文学的精神は当時の演劇界でずば抜けたものだった。湯と同時代の評論家である王驥徳は彼の戯作を「美しい描写と心に刺さる言葉」と賞賛した。

シェイクスピアと湯顕祖はどちらも「巨人の時代」の「時代の巨人」であり、人間の尊厳、価値と力を謳歌することで、西洋のルネサンスと東洋の人文的な啓蒙の「時代のスピリット」となり、芸術的な魅力で一つの国に止まることなく世界規模になっているのである。

二〇一五年十月二十一日、習近平国家主席がロンドンのシティで開かれた市長主催の晩餐会の席上で行ったスピーチの中で自分はシェイクスピアと時空を超えて対話をし、シェイクスピアと湯顕祖の両方から次のような判断が生まれた。すなわちわれわれの世界は「開放的で包容力を有し互いに照らしあうことを基本とする」ということである。習主席は故事を用いて文化的な交流を通じて中国とイギリスの「文化的な距離」を縮め、「中国とイギリス両国の文化的な精華」が「両国民の考え方や生活スタイル」に対して不思議な「化学反応」を引き起こすことができるよう願っていると述べた。

国際編③ 文化交流を語る

ヘミングウェイの「モヒート」を注文する

中国人民はアメリカ人の進取の精神・創造の精神に対し一貫して敬意を払っています。私が青年だった頃は『ザ・フェデラリスト』やトマス・ペインの『コモン・センス』などの作品を読み、ワシントン、リンカーン、ルーズベルトなど、初めて接するアメリカの政治家の平和の思想を理解することも好きだったし、さらにソロー、ホイットマン、マーク・トウェイン、ジャック・ロンドンなどの作品も読みました。ヘミングウェイの『老人と海』における強風や暴雨、大波と小舟、老人とサメの描写は私に強い印象を残しました。キューバに最初に行った時にはヘミングウェイが『老人と海』を書いた桟橋付近にわざわざ行きました。二回目にキューバに行った時は、ヘミングウェイがいつも通っていた酒場に行き、ヘミングウェイが好んで飲んでいたというミントの葉と氷を加えたラム酒も注文しました。私はヘミングウェイが数々の作品を書いた当時の精神世界やその場の雰囲気を体験したかったのです。異なる文化や文明というものをわれわれは深く理解しなければならないと考えています。

ワシントン州にて当地の政府とアメリカの友好団体共催の歓迎レセプションにおける演説
（二〇一五年九月二十二日）

「文壇のハードボイルド」と称されるヘミングウェイは一八九九年生まれのアメリカの有名な作家であり、アメリカの民族的な精神の偉大な功績者として讃えられている。第一次世界大戦の勃発後、彼は赤十字の運転手として戦場に飛びこんだ。そこで中尉の位と三つの勲章を得たが、二百三十七カ所の傷と夢にうなされるほどの記憶が残った。体調が回復した後、パリで記者をしながら小説を書いた。一九二六年に最初の長編小説『日はまた昇る』を出版し、若い世代に対し戦争が生理的精神的にもたらした傷をリアルに表現した。ヘミングウェイと彼をはじめとする作家群は「ロストジェネレーション」（失われた世代）と称されている。

一九五二年に発表された中編小説『老人と海』は、ヘミングウェイの最も有名で影響力も最大の作品の一つである。サンチャゴという老漁師と巨大なカジキや群れをなしたサメとの海上における格闘を描いた物語であり、困難な時に現れる非常に堅固な精神の力を称賛している。「人間は、負けるように造られてはいないんだ。殺されることはあっても負けることはないんだ」。これは『老人と海』からよく引用される名言である。彼は六十二年の生涯において、『武器よさらば』『キリマンジャロの雪』『河を渡って木立の中へ』などの多くの不朽の名著を創作している。一九五四年にはノーベル文学賞を受賞した。

ヘミングウェイは一生の三分の一以上をキューバのハバナで過ごした。彼はかつてこう語っている。「私はこの国を愛し、自分の家のように思っている。自分の家と同じように感じられる場所というのは、生まれ故郷を除けば運命の終着点ではないか」。ここにある一軒の「街の酒場」で最も有名な酒は、キューバ特産のラム酒にミントとレモン果汁を加えた「モヒート」というカクテルで、ヘミングウェイの一番のお気に入りだった。

ヘミングウェイと同様に『ザ・フェデラリスト』もアメリカの精神を色濃く体現している。一七八七年五月、アメリカ連邦国会の招きに応じてジョージ・ワシントン主宰の下にフィラデルフィアで全国代表会議が行われた。会議は今までの「連合規約」を否定し、新たに一部手直しした新しい憲法を制定した。新憲法はアメリカ各州で、擁護と反対という明らかに相反する二つの意見を生み出した。そのためアメリカの歴史上最もはげしい論戦が生まれた。『ザ・フェデラリスト』は、この論戦の集大成である。アレクサンダー・ハミルトン、ジョン・ジェイ、ジェームズ・マディソンの三人がニューヨークの新聞紙上で新憲法の批准を勝ち取るために、「パブリアス」というペンネームを使って発表した一連の論文集である。

トマス・ペインはアメリカ建国の父の一人とされており、アメリカ合衆国という国名もペインが考えたものである。アメリカの独立戦争の期間に執筆され広く読まれたパンフレット『コモン・センス』は独立を求める北アメリカの民衆を鼓舞し、共和制が打ち立てられた。

「同じようなものがないのは自然の道理だ」。それぞれの文化はそれぞれの価値を有している。習近平国家主席は自分が読んだことのあるアメリカの古典的な作品とヘミングウェイの酒場を訪れた自らの経験を詳細に語り、次のように述べた。文明は多彩なものであり、平等で包括的なものであり、「異なる文化や文明に対してわれわれは理解を深めなくてはならない」。

この演説の中で、習近平は雄大にそびえるレーニア山や波打つワシントン湖の話を詳しく話しただけではなく、映画『めぐり逢えたら』（Sleepless in Seattle）の中国の人々に対する影響についても取り上げた。この映画は古典的なラブロマンス映画であり、映画を見た中国人のシアトルに対する最初のイメージをロマンの都と印象づけた。今日まで映画ポスターに書いてあるキャッチフレーズは今でも色あせていない。「今までまだ会ったことも見たこともないし、あなたのことを知らなかった人が、あなたにふさわしいただ一人の人だとしたら、どうしますか。ここはシアトル、人と人との奇跡を信じるところ」。習近平主席はこのことを例に挙げて説明した。「文明の交流を深めることで、人類の文明の色合いが豊富になるし、それによって各国の人々がさらに含蓄ある精神的な生活を楽しむことや、より選択肢のある未来を作り出すこともできるようになるのです」

国際編③

文化交流を語る

仏典を背負った白馬と玄奘の西域への旅

西暦六七年、天竺の高僧の迦葉摩騰と竺法蘭は中国の洛陽に行き、経典を翻訳し、訳された四十二章経は中国の仏教史上初めて翻訳された経典となりました。「仏典を背負った白馬」や「玄奘の西域への旅」はインドの文化を中国にもたらしました。中国の大航海家である鄭和は七度航海に出て、インドには六度訪れており中国との友好を深めました。インドは歌舞、天文、暦の計算、文学、建築、製糖技術などを中国に伝え、中国は製紙、養蚕、磁器、茶、音楽等をインドに伝えましたが、こうしたことは両国の人々が古くから往来し、互いに教えあい学びあってきたという歴史的な証拠となっています。

「手を携えて民族復興の夢を追う」——インド世界問題評議会での演説（二〇一四年九月十八日）

一週間ほど前にインドのモディ首相が私の故郷である陝西省を訪れ、私は西安で首相とともに中国とインドとの古代文化交流の歴史を遡ってまいりました。隋や唐の時代、西安は中日の友好的な往来の玄関口でもあり、当時日本からの多くの使節や留学生、僧たちがかの地で学び、生活していました。その中で代表的な人物である阿倍仲麻呂は唐代の大詩人、李白や王維と友情を結び、心に残るエピソードを残しています。

中日友好交流大会での演説（二〇一五年五月二十三日）

解説

仏教は西から東に伝えられている。後漢時代、明帝は使者を西域に送った。大月氏（現在のアフガニスタンから中央アジア一帯）に行き、ここで仏教を広めている天竺の高僧二人に会い、漢に仏教を伝えるよう招いた。西暦六七年、高僧は使者とともに白馬に経典を載せて洛陽に戻ってきたが、これがいわゆる「仏典を背負った白馬」である。明帝はさらに洛陽に白馬寺を建て、二人の高僧はここで有名な四十二章経を翻訳した。南北朝時代の仏教書籍の『洛陽伽藍記』には「白馬寺は漢の明帝が建てた中国における最初の仏教寺院である」と記されている。

仏典を背負った白馬に比べれば、玄奘の西域行きの知名度はより高いかもしれない。よく知られている四大名著の一つである『西遊記』は、玄奘が経典を取りに行った話を元に創作されたものである。文献の記載によれば唐の時代に高僧玄奘は長安を出発して西域に向かい、幾度も困難や危険に遭いながらインドに到着した。インドで学んだ後、玄奘は経典を携えて長安に戻り大慈恩寺、弘福寺、声明寺などで経典を翻訳した。玄奘は唐の太宗から役職に就いたり補佐をするように要請されたが、「翻訳に専念するので時間を無駄にしたくない」と断った。元のインドの梵語の原典が後に多く散逸したので、玄奘の訳本は「第二の梵本」「準梵本」とも見なされている。経典の翻訳以外に玄奘はインドでの経験を文字で記録し、『大唐西遊記』を書き上げた。

この本にはインドの風土や人情が生き生きと書かれており、中国西部の交通事情や文教の歴史を研究する重要な文献となっている。さらに価値があると言えるのは『旧唐書』の記載によれば玄奘は老子の『道徳経』を梵語に翻訳してインドに伝えたことだ。

阿倍仲麻呂は日本の奈良時代の遣唐使の留学生だった。彼は開元年間に科挙の試験に合格した。阿倍仲麻呂は学識が広く深く、優れた才能がある上に感情は豊か、性格は豪放で天才的な詩人であり、詩人の李白や王維と親しかった。彼は帰国する前に「銜命還国作」という漢詩を書き友人に贈った。後にこの詩は宋の時代に編纂された優秀な詩文集『文苑英華』に収録されており、また収録された中で唯一の外国人の作品でもある。王維はさらに「送秘書晁監還日本国」を書き、「別離方異域　音信若爲通」（別れては、まさに異郷となってしまうが便りをどのようにして通じることができるだろうか）と、二人の間の深い友情を表した。

　歴史上において、そのような行き来や互いに通じ合うことや互いに学び合うエピソードはそれぞれまさに中国と周辺諸国の関係を結ぶ懸け橋でもある。習近平国家主席は仏典を背負った白馬、玄奘の西域への旅、阿倍仲麻呂と中国の大詩人と結んだ深い友情のエピソードを述べる目的は、まさに中国と周辺国家には絶えず文化の根源と歴史的な関係を有しているからだと説明する。

　隣国に対し習主席は明晰な話し方をしている。すなわち、隣同士の家は引っ越すことはできないが人は住まいを選ぶことができる一方、国家は動くことができないので一つの選択しかない。それは隣国との和睦である。中国と周辺の隣国は古くからお互いに見習おうという気持ちがあり、近代では艱難を共にする交流があり、現代では共に復興の事業を行っており、地理上で隣り合い、文化的に近く、歴史的な関係が深いので、隣国との友好は最も良い選択である。まさに習主席が強調しているとおり、中国は「誠意をもって隣国と対し、一心に共に発展を求め、手を携えて協力というケーキを大きくし、発展の成果を共に享受する」ということである。

国際編③
文化交流を語る

タゴールの中国の故郷

九十年前、中国人から愛されているインドの偉大な詩人タゴールが中国を訪問し、人々から熱い歓迎を受けました。中国の地を踏んだタゴールは言いました、「私はなぜかわからないが中国に着くと故郷に帰ってきたような気がする」と。中国を離れるとき、彼は悲しげに「私の心はここにある」と言いました。

「手を携えて民族復興の夢を追う」――インド世界問題評議会における演説（二〇一四年九月十八日）

インドの文明に対し私は幼い頃から強い関心がありました。インドの起伏に富んだ歴史に大変惹きつけられ、ガンジス文明、ヴェーダ文化、マウリヤ王朝、クシャン朝、グプタ王朝、ムガール帝国についての本を読むと、私は深く魅了され、特に、私はインドの植民地時代の歴史について関心を持ち、インドの人々が国家の独立のために激しく戦った歴史、またマハトマ・ガンジーの思想と一生にも関心を持ち、私はこの偉大な国家の発展の歴史と精神的な世界を十分に理解することを望みました。私は、『ギタンジャリ』『迷い鳥たち』『園丁』『新月』などのタゴールの詩を読んだことがありますが、彼が書いた「あなたが太陽を失ったからと涙を流したら、あなたは星も失うだろう」「謙虚なときには、偉大なときに一番近い」「過ちは失敗に耐えられないが、真理は失敗を恐れない」「われわれは世界を誤解しているが、世界は私たちを騙しているのである」「夏の花のように美しく生き、秋の葉のように静かに死ぬ」など、これらの美しく哲学的な言葉は私の人生に啓発を与えてくれました。

「手を携えて民族復興の夢を追う」――インド世界問題評議会における演説（二〇一四年九月十八日）

解説

タゴールはアジアで最初のノーベル文学賞受賞者であり、インド文明の国際的な「代弁者」である。彼は六十年あまりの長きに渡る文学的な生涯において、『ギダンジャリ』『新月』『園丁』『迷い鳥たち』などの名作を含む五十あまりの詩集、十二の中長編小説、百近くの短編小説、二十あまりの戯曲を発表した。インドにおけるタゴールの影響は絶大で、同じ時代のインドの偉人ガンジーとインドの文学と政治の領域における二大聖人と称されており、ガンジーの「マハトマ（「偉大なる魂」の意）」という尊称はタゴールが贈ったものであり、一方タゴールはガンジーから「詩聖」と呼ばれていた。

タゴールと中国との繋がりは長い。中国の新文化運動の期間、タゴールの多くの著書が中国に紹介され、何代にも渡り中国の読者に影響を与え続けている。一九二四年三月、梁啓超、蔡元培の招きに応じて、タゴール一行六人は訪中団を結成して中国にやってきた。杭州見学に訪れた際、タゴールは浙江教育ホールで「友愛から明るい道を尋ねる」という演説を行い、聴衆は三千人を超えていた。タゴールは杭州の美しさに感動し、その場で詩を読んだ。

「山はそこにあり、雲は高く、水は足元にあり、風で波立つ、まるで彼にお願いしているようだが、彼は強情で動かない」

タゴールが中国を訪れている間にちょうど六十四歳の誕生日を迎え、梁啓超はそのお祝いにタゴールに中国でのインドの古い呼び名である天竺とインドでの中国の古い呼び名の震旦を合わせた「竺震旦」という中国名を贈り、タゴールは喜んで受け取った。一つに重ね合わせた名前はタゴールに対する中国人の友人の中国とインドの間の文化交流において大きな活躍をする願いを表してもいる。

その後タゴールはたゆまぬ努力でこの美しい名前に応えた。一九三七年、彼はインド国際大学に中国学院を設立し、インドにおける中国研究の先駆けとなった。中国の作家・許地山、画家の徐悲鴻、教育学者の陶行知などが講義を行った。われわれが現在よく見るタゴールの肖像は、徐悲鴻がインドで授業をしているときに書いたものである。また、一九四一年のタゴールの最後の誕生日に、「私がかつて踏んだ中国の地」という詩を口述し、中国で過ごした美しい時間のことを気持ちを込めて振り返った。

文学の古典は民族の文化的な宝であり、さらに外部との交流の友好な手段である。古典の文章や哲学思想の言葉は、異なる文化背景の人間の間で往々にして感情的な共鳴を産むことができる。二〇一四年九月十八日、インドにおける習近平国家主席の世界問題評議会でのスピーチの中で、自分が読んだタゴールの作品の話をし、またタゴールの名言を引用し、精神的な距離を縮めた。人々にインド文明に対する「幼い頃からの熱い気持ち」のことを話すところからインドの歴史を熟知しているように述べるところまで、さらにタゴールの名言を朗々と読み上げるなど習近平主席の弁舌は冴え、まるで古くからの友人と対話しているかのように切々としたものだった。

一九九〇年、習主席が福州市の共産党委員会書記に就任し、二年近く執務した寧徳を離れる際、タゴールが訪中後帰国した時のエピソードを引用し、寧徳の幹部への別れの言葉とした。友人がタゴールに、あなたは中国に行って何を失ったか、と聞いたところ、何も失ってはいない、ただ心を残してきたと答えたという。習近平主席はこれになぞらえてこう言った。「私はこの閩東（福建省東部）をもうすぐ去るが、閩東を愛する誠実な心を残していく」と。人は皆同じである、なぜなら互いに知り合えばこそ互いに惜しみ合うのだし、気持ちが通ってこそ親切にするからだ。心で人を温め、誠意で人を動かせば、感情の水温はゆっくりと上昇するだろう。

国際編③
文化交流を語る

法門寺の瑠璃の器

一九八七年、中国陝西省の法門寺で、地下宮殿から豪華な二十の琉璃の器が出土しましたが、これは唐の時代に中国に伝わった東ローマ帝国とイスラムの琉璃の器です。私はこれらの中国の外の文物を鑑賞するとき、ある問題をずっと考えています。すなわち異なる文明に対してそれらが産み出した美しいものを鑑賞して満足するだけではなく、さらにそれが含む文化的な精神を味わうべきではないか。昔の人々の生活に対するそれらの芸術的な表現を鑑賞することだけに満足するだけではなく、さらにその中に隠されている精神を際立たせるべきではないか。

「ユネスコ本部における講演」（二〇一四年三月二十七日）

解説

法門寺は陝西省宝鶏市の扶風県の中心から北に十キロの法門鎮にあり、後漢の終わりに創建され「漢中の塔寺の祖」と呼ばれている。境内の法門寺塔には釈迦の指の舎利があるため、「真身宝塔」とよばれている。唐の貞観年間に、法門寺は塔を四層の木造に改めたが、明の隆慶三年（一五六九年）に地震で崩れてしまった。その後十三層の煉瓦造りの塔に改め、高さは四十七メートルあり、極めて壮観である。

塔が大きいため、塔の基礎の下にも地下宮殿があるが、上が重く下が軽いために建てられてから五十四年後、地震により塔が西南の方向に傾きだした。一九八一年、雨で法門寺の塔の西半分が突然倒れ、塔も直ちに崩れた。一九八七年、新しく塔を再建するのに塔の基礎を整理したときに偶然地下宮殿が発見された。四枚の舎利の他に金銀の器が百二十一、秘色の瓦が十四、さらに琉璃の器が二十あまり地下宮殿から出土した。

琉璃の器は三世紀に我が国に伝来して以来、長きにわたり、金銀の器よりも貴重な物とされてきた。これらの出土した琉璃の器は瓶だけでなく皿や湯飲み茶わんや茶托もあり、イスラムの形式が多くを占め、東ローマ帝国製、西アジア製、中国製に分けられるが、中国と西洋の交通と文化交流の重要な証拠であり、文化的な価値は極めて高い。

琉璃の器や皿は外から伝わったものだが早くからすでに唐の時代の人々の日常生活に溶け込んでおり、物質文化の重要な部分になっていた。唐の時代の韋応物《いおうぶつ》は「咏琉璃」という題の詩で、琉璃を「冬の氷のように透明で不純物はない」と賛美した。また古くから「詩鬼」と称される李賀も「琉璃の鐘 琥珀濃し、小槽酒滴って真珠の紅」と書いている。

文明間の交流は、中国文化を遠方に伝播し、さらに各国の文化や物産を中国に伝えることを促進した。習近平国家主席は法門寺で琉璃の器を鑑賞したエピソードを述べ、「文明は交流するから多彩であり、文明は互いに参考にするから豊富になる」というこの道理を説明したのである。

これは中国の指導者が初めて国連の壇上で、世界の文明の伝播と発展の規律に対して全面的に述べて明らかにした深い認識である。初めて系統的に提出した「文明間の交流と相互参考」は、世界各国民間の友情を強化する懸け橋、人類社会の進歩を促す原動力、世界平和を維持する紐帯である。この演説の中で習主席は「文明間の交流と相互参考」の思想を示したが、それには三つの内容が含まれている。すなわち、文明は多彩なものであり、人類文明は多様であるからこそ、交流と相互参考の価値がある。また、文明は平等なものであり、人類文明が平等であるからこそ、交流と相互参考の前提条件を備える。さらに文明は包容力のあるものであり、人類文明が包容力あるものであるからこそ、交流と相互参考の原動力を持つ。習近平主席はかつて絶妙な比喩を用いた。「中国人がお茶を好むのと同様にベルギー人はビールを好むが、お茶の含蓄した控えめさと酒の熱い情熱は、品質や風味や生命や世界を解読する二種類の異なる方式を代表しているのである。しかし茶や酒は包容力がないというわけではない。親友と飲む酒は千杯あっても足りないくらいだし、お茶を楽しみ味わい人生を味わうこともできるのである」。この演説の中でまさに強調していたとおり、包容力ある精神を堅持さえしていればいかなる「文明の衝突」も存在しないということである。

国際編③
文化交流を語る

シルクロードの東西交流史

紀元前百有余年、中国は西域に通じるシルクロードの開拓を始めました。漢代には張騫《ちょうけん》が紀元前一三八年と紀元前一一九年の二回、西域に使節として赴き、西域に中国文化を伝え、西域からはブドウ、うまごやし、ザクロ、アマ、ゴマなどの西域文化を持ち帰りました。

前漢期、中国の船団はインド、スリランカまで達し、中国のシルクとガラスや真珠などと交換していました。唐代は中国史上対外交流が盛んであった時代です。史料の記載によると、当時中国と使節を交換し友好関係を結んでいた国は、七十カ国以上あり、当時の長安の都には、各国からの外交使節や商人、留学生が数多く集まっていました。こういった太い交流が中国文化が世界に伝わり、各国の文化や物産が中国に入ってくるよう促しました。十五世紀初め、明代の名高い航海家の鄭和は、七回にわたる遠洋航海を行い、東南アジアの多くの国を訪れ、遠くアフリカ東海岸のケニアに達し、中国と航海先の各国人民との友好的交流の美談を残しました。明末から清初にかけて、中国人は現代科学技術の知識を積極的に取り入れました。ヨーロッパの天文学、医学、数学、幾何学、地理学などの知識が次々と中国に伝わり、中国人の知識を豊かにし、視野を広げました。その後も中国と外国との文明の交流は絶えることなく続きました。その過程には衝突や矛盾、猜疑、拒絶などもありましたが、総じて学習、消化、融合、創造が主流だったのです。

「ユネスコ本部における講演」（二〇一四年三月二十七日）

解説

「駝鈴古道絲綢路、胡馬猶聞唐漢風」（駱駝の鈴の音が聞こえる古のシルクロード。胡馬のいななきを聞けば、漢唐の盛んなりしころの声が聞こえる）。前漢の時代より、中国、中央アジア、西アジアおよびヨーロッパを結ぶ貿易の大動脈が、ユーラシア大陸を東西に走っていた。シルクや磁器が西に運ばれ、良馬、宝石が東にもたらされた。このルートの開通によって、中国とヨーロッパの交流史におけるすばらしい一章が開かれたのである。十九世紀末、ドイツの地理学者フェルディナント・フォン・リヒトホーフェンは『中国』という著書の中で、このルートを「シルクロード」と命名し、のちにそれが広く使われるようになった。

「雲帆高張、昼夜星馳、渉彼狂瀾、若履通衢」（雲を覆う帆を高く張り、昼夜流星のように走る。怒涛の荒波を超えるのも、街をそぞろ歩きするようなものだ）。経済貿易と文化交流のもう一本の大動脈が海上を走っている。中国東南の沿岸から、インドシナ半島や南シナ海諸国を経て、インド洋を横切り、紅海に入り、東アフリカやヨーロッパに至るルートであり、フランスの中国学者シャバンヌによって「海のシルクロード」と名付けられた。宋代以降、シルクに替わって磁器が中国から輸出される主力商品になったため、海のシルクロードは「陶磁器の道」とも呼ばれる。

シルクロードと海のシルクロードでは、二人の中国人が際立って大きな貢献をしている。一人は前漢の張騫である。漢の武帝は、紀元前一三八年と紀元前一一九年の二回張騫を西域に派遣し、長安（現在の西安）を起点に、河西回廊を経て、西域諸国に至るルートを開き、陸のシルクロードの基本形を作りあげた。張騫は西域に中国文化を伝え、西域からはブドウ、うまごやし、ザクロ、アマ、ゴマなどの西域文化を持ち帰った。張騫が足を踏み入れたところは、中国人にとって全く未踏の地であったため、歴史上「張騫鑿空《さくくう》」（張騫が未踏の地を切り開いた）と称される。

もう一人は明代の鄭和である。鄭和は君命を奉じ、二百隻あまりの船と二万七千余人の乗組員を率いて、西太平洋とインド洋を航海し、三十あまりの国と地域を訪れ、遠く東アフリカ、紅海に達した。鄭和の大航海は、船の数や乗組員数、航海期間のどれをとっても、中国史上最大規模の航海であり、ヨーロッパの大航海よりも半世紀以上早く、明の強盛を如実に示している。

人類文明史上における壮挙であるシルクロードと海のシルクロードは、古代の東西を結ぶ最長の国際交通路であり、沿線の数多くの民族が共に作り上げた真の交流と友情の道である。シルクロードと海のシルクロードは、経済を結ぶ懸け橋であるだけでなく、文明が溶け合う動脈でもある。また科学技術の進歩、文化の伝播、新種の導入、各民族の思想と心および政治的交流、人類の新しい文明の創造に対し、極めて大きな貢献をした。

千年の時をまたいで、シルクロードは有無相通じる道にとどまらず、民の心が相通ずる道であり、また文明同士が切磋琢磨しあう道であった。習近平国家主席がシルクロードを通じた中国と古代西域諸国との交流の話をしたのは「中国文明は中国の大地で生まれた文明である。同時にその他の文明と絶えず交流し、お互いに磨きあって出来上がってきた文明である」ということを伝えるだけではなく、「交流を通じて磨きあってこそ、生命力のあふれた文明になる」ということを強調したいためである。

歴史をふりかえることは、未来をより良いものにするためである。講演において、習主席はヨーロッパの二つの名言を引用した。一つはユゴーの「世界で最も広いものは海。海より広いものは空。空よりも広いもの、それは人の心」であり、もう一つは、ナポレオンの「社会には剣と精神という二つの力しかない。結局のところ、常に剣は精神によって打ち負かされる」である。習主席はこれらの言葉によって、世の人々に次のことを語りかけているのである。一つは、異なる文明に対するには、天空より広い心が必要なこと。もう一つは、異なる文明に知恵を求め、それを栄養にし、人々に精神的支えや魂の安らぎを与え、手を取りあって人類が直面しているさまざまな挑戦に立ち向かわなければならないことである。

国際編③ 文化交流を語る

ユドヨノ大統領の歌

ここまでお話ししてきて、ユドヨノ大統領が作ったある歌を思い出しました。歌の名前は「静寂」といいます。二〇〇六年十月、ユドヨノ大統領が中国に来られ、広西省で開催された中国・アセアン対話関係構築十五周年記念サミットに出席されたときのことです。会議の合間に、大統領は漓江で創作のインスピレーションが湧き、ペンをとって一編の優美な歌詞をしたためられました。「愉快な日々。命の中で絶えず回っている。友と一緒に素晴らしいときを過ごそう」。ユドヨノ大統領は中国の山水に触発され、自分の幼いころや故郷を思い出しました。これはわれわれ両国人民が心が通じ、情感も近いことを示しています。

「手を携えて中国・アセアン運命共同体を建設しよう——インドネシア国会での演説」
(二〇一三年十月三日)

解説

スシロ・バンバン・ユドヨノは第六代インドネシア大統領である。一九四九年、インドネシア東ジャワ州ジャワパチタン市の貧しい軍人の家に生まれ、二〇〇四年のインドネシア大統領直接選挙で勝利した。大統領在任中、ユドヨノ大統領は「親民」と「清廉」をスローガンに、インドネシア全土で大々的に反腐敗運動を展開し、大量の汚職官吏の処罰を行った。このため民衆から「清廉先生」ともてはやされた。

ユドヨノ大統領は政治面で大きな成果をあげただけでなく、音楽面でも大きな業績を残した。二〇〇七年から二〇一〇年にかけて、三枚の音楽アルバムを発表した。全て自らの創作によるものである。ユドヨノ大統領は次のように述べている。これらの歌曲を通じ、自ら国を愛する気持ちを表し、全国の人民に対し、団結することと祖国を愛することを呼びかけ、インドネシアに明るい未来をもたらしたい。

二〇〇六年十月二十九日、ユドヨノ大統領は中国とアセアン対話関係構築十五周年記念サミット出席の合間をぬって、桂林を訪れ、漓江《りこう》や蘆笛岩《ろてきいわ》を巡った。十月の桂林は、金木犀の香りが漂っていた。秋の漓江は、青い絹の帯が山々の間をまつわるように流れ、船を浮かべて遊べば、画廊の美しい景色の中に身を置いているようである。ユドヨノ大統領は漓江の美しさに深く魅入られ、詩のような言葉で称えた。「神は漓江にかくも美しい景色を与えた。世界にまたとない景色。その美しさに私は魅了された。いつか家族と共に来て、天下の美景を味わいたい」。漓江の山水風景は、ユドヨノ大統領に子どものころや故郷を思い起こさせた。美しい景色に触発され、創作インスピレーションがふつふつと湧きあがり、「静寂」という歌を作った。「静かな夜、かの美しい村のはずれで、ひとりあれこれと物思いに耽る。楽しい日々は命のなかで絶え間なく回り、仲間と共にうるわしき日々を過ごす。村は深いしじまに沈み、愛の花が何輪も開く。私は繰り返し田畑を耕し、機を織る。わが民族が永遠に安寧なるよう、心の中で黙々と神のご加護を祈る」

習近平国家主席はインドネシア国会での演説の中で、ユドヨノ大統領が歌詞を書いた話に基づき、次のように語った。「このような友好の使者 人一人によって、友好の懸け橋がかけられ、人々の心の扉を開いてゆく。こうして両国人民の友情が歴史の大河を渡り、広い海原を超え、より強固に、より新しくなっていく」

習主席はインドネシア国会における演説の中で、インドネシアのことわざを引用している。「お金を得ることはたやすいが、友達を求めることは難しい」。世界の文明史の相当な部分は、民間の交流史であり、融合史である。人の心を揺さぶる文化の交流は、国同士の関係を維持発展させる最も素朴で、最も固い心の絆である。国家間の友情も、互いに理解し支え合うこと、手を携えて協力することが必要であるし、さらに両国の有識者が参画し、しっかりと耕していくことが必要である。

国際編③

文化交流を語る

冼星海ロード

古代シルクロードの古い都市であるアルマトイには、冼星海ロードと呼ばれる通りがあり、人々の間で次のような物語が語り継がれています。一九四一年、偉大な大祖国戦争（ロシアの用語、独ソ戦のこと）が勃発したころ、中国の著名な音楽家の冼星海は、各地を転々としたのち、アルマトイにやって来ました。身よりのない見知らぬ土地で、貧しさと病にさいなまれているとき、カザフスタンの音楽家のバイカダノフに救われ、温かい家を提供されました。

冼星海はアルマトイで「民族解放」「神聖なる戦い」「満江紅」など有名な音楽作品を創作しました。カザフ人の民族英雄であるアマンゲルディの事績に基づき、交響詩「アマンゲルディ」を創作し、反ファシズムの闘争を激励し、当地の多くの人々に喜ばれました。

「人民の友好を高く掲げ、美しい未来を共に創ろう——ナザルバエフ大学における講演」
（二〇一三年九月七日）

解説

長い歳月の間、古のシルクロードでは、各国人民が一緒になって、悠久の友好の物語を書き継いできた。中国の音楽家冼星海の物語もその中の一つである。

一九四〇年、冼星海は大型記録映画「延安と八路軍」のアフレコと音楽挿入のために、延安からソ連に行くよう命じられた。しかし、一九四一年独ソ戦争の勃発によって、映画の制作が頓挫したばかりか、帰国の道も閉ざされてしまった。冼星海は各地を転々としたのち、アルマトイにたどり着いた。身寄りも住まいもない土地で、貧しさと病にさいなまれているとき、カザフスタンの音楽家バイカダノフに救われ、温かい家を提供された。二人の音楽家は苦しい日々においても音楽の理想を捨てず、絶えず励まし合いながら作曲を続け、深い友情を育んだのである。

バイカダノフは冼星海の音楽の才能を高く評価し、北部のコスタナイに初めて建設される音楽ホールで音楽の指導を行うよう推薦した。冼星海はコスタナイで労苦をいとわず、音楽で地域の人々を励まし続けた。彼の努力によって、音楽ホールは無事開業し、大祖国戦争勃発後初めての音楽会が開かれた。冼星海は指揮を行うとともに、みずから演奏も行った。冼星海には「黄什《ファンシー》」という現地の言葉で喜びという意味の名前がつけられた。彼は同業者と一緒に、しばしば山村の巡回公演に出かけ、しだいにカザフスタンの民間音楽を理解するようになっていった。ドンブラの弾き方を習得しただけでなく、カザフスタン情緒あふれる作品を収集改編し、創作も行った。冼星海はまた「民族の開放」「神聖なる戦い」および管弦楽組曲「満江紅」など有名な作品を残した。カザフ人の民族英雄であるアマンゲルディの事績に基づき創作した交響詩「アマンゲルディ」は、人々の反ファシズム闘争を励まし、当地の多くの人々から歓迎された。冼星海が亡くなってのち、アルマトイ市はバイカダノフの家の近くの道路を「冼星海ロード」と名づけ、記念碑を建てた。

シルクロード上で異なる文化が相互作用し、黙々と奉仕する心の絆が形作られ、沿線人民の心と心の相互理解を深めていく。振り返ればシルクロードの歴史は、沿線の国々が有無相通じ、お互いに学び合うことによって、人類の文明を共に進歩させてきた歴史である。習近平国家主席がナザルバエフ大学の講演で冼星海の物語を持ちだしたのは、この点を説明したいためである。

各国人民が共に紡いできた交流と学び合い、友好往来の悠久の物語の中で、冼星海の物語はほんの一ページに過ぎない。しかし、この一ページは異論の余地なく、次のことを証明している。「団結と相互信頼、平等と互恵、包容と学び合い、協力とウィンウィンの関係、これら原則を守りさえすれば、民族や信仰、文化的背景が異なる国同士であっても、平和を享受しながら、共に発展することが完全に可能である」。習主席のこの言葉は、まさに「冼星海ロード」がわれわれに与えた貴重な教えである。

国際編④

情感あふれる歴史を語る

「万里なお隣たり」

国際編④

情感あふれる歴史を語る

シンガポールの鄭和の宝船《ほうせん》

十五世紀初め、中国の有名な航海家の鄭和は帆を上げて遠洋大航海を行い、何度もシンガポールを訪れています。この偉大な出来事を記念するため、シンガポール海事博物館には原寸大に復元された鄭和の宝船が展示されています。明末清初、中国の広東省や福建省から多くの人たちが、生計を立てるためにはるばる海を越えて南洋にやってきました。彼らは中国文化と技術をもたらし、同時に中国とシンガポールの友好の種をまいたのです。

「協力パートナー関係を深めアジアの素晴らしいわが家を共に築こう——シンガポール国立大学での演説」

（二〇一五年十一月七日）

解説

今から六百年あまり前の十五世紀初め、明の「三宝太監」（鄭和は幼名を馬三宝といい、また宦官の最高位である「太監」まで昇ったため、このように呼ばれる）鄭和が率いる大船団が中国太倉の劉家港を出港した。合計七回、二十八年間にわたり、アジア・アフリカの三十あまりの国と地域を訪れた。これが世によく知られた「鄭和の大航海」である。鄭和のこの壮挙は、コロンブスが新大陸を発見するより半世紀以上早く、「大航海時代」の先ぶれといえる。

鄭和の七回に及ぶ大航海の歴史の中で「偉容を誇る」宝船（鄭和の船団の旗艦）が最も注目される。かつて「鄭和の後に鄭和なし」と称賛した近代の著名な学者、梁啓超は、鄭和の大航海について「とりわけ注目すべきは、二つの点である」と特に指摘している。その一つは明代の「航海道具の発達」である。史書の記載によると、鄭和の宝船は「長さ四十四丈四尺、幅十八丈」とあり、換算すると、長さは百二十五メートル、幅五十メートル、喫水九メートル、排水量一万七千トンである。このような「途方もなく大きい代物」の前では、コロンブスの艦隊の旗艦（長さ二五・九メートル）など「木の葉のような小舟」に過ぎない。四世紀後、イギリスが国力をあげ、六年間の財政予算を使って建造した木造の戦艦「ビクトリア」号でさえ、少々見劣りがする。当時の明の国力がいかに強盛であったかその一端が伺える。

当時世界最大の船団であっても、鄭和の大航海の目的は、他国を侵略し、略奪を行うものではなく、ましてや「海上の覇者」になろうというものでもなかった。それとは全く逆に、鄭和は一貫して東西交流における「平和の使者」であった。他国に着いたとき、まずやることは皇帝の詔《みことのり》を宣《の》べ、天下泰平の幸せを分かち合えることへの期待を表明することであった。次にやることは、国王や官員に贈り物をし、友好関係を樹立発展させる意思を伝えることであった。三つめにやることは貿易の話し合いであった。鄭和の七回にわたる大航海は、他国の一片の土地をも占拠せず、財物も一切奪わず、あらゆる国の民族に対し、礼をもって接し、対等なつきあいを行った。それだけでなく、行く先々の国の人民に絹や磁器などの優れた物品を数多く持参した。このため多くの国と地域で、鄭和の宝船は、今でも「平和」「友好」「交流」の象徴であると見なされている。

シンガポールのセントーサ島にあるシンガポール海事博物館に、原寸大に復元された鄭和の宝船が展示されている。宝船はゆうに三階建てのビルの高さがあり、偉容を誇っている。宝船の頭部は博物館のオープンシアターになっており、見学者は大スクリーン上で動画をみて、鄭和の大航海の物語に思いをはせるのである。

習近平国家主席がシンガポールを訪問したさい、「親」と「新」の二文字がしばしば両国の新聞紙上で踊った。習主席は講演において、シンガポールが鄭和の宝船を復元した物語を話すことによって、両国が「人縁相親」(人の縁が親しいこと)のよしみを有することを述べるとともに、それに託して「歴史の新しいページ」を共に開くことへの期待を表明したのだ。

習主席のシンガポール訪問は、シンガポール各界にとって「親戚」が家を訪ねてきたような感覚であった。人々は感慨深げに語った。習主席は福建省での仕事が長く、一方ほとんどのシンガポール人が福建省か広東省の出身であり、習主席に対し格別の親近感を抱いている。実は習主席は一九八〇、九〇年代に三度シンガポールを訪れ、トニー・タン・ケン・ヤム大統領やリー・シェンロン首相とは何度も会っており、古い友人である。中国とシンガポールの友好関係では、習主席は経験者でもあり、推進者でもある。習主席のシンガポールにおける講演は次のような熱く奥深い言葉で締めくくられている。「未来を展望した場合、アジアは再び歴史の発展をリードする先頭に立っている。われわれはここに生まれ、ここに育ち、将来の命運はここにかかっている」。心の底から発せられた言葉が、往々にしてより深く人の心に入り込むものだ。習主席が訪問先でしばしば「中国旋風」を巻き起こす主な理由がここにある。

国際編④

情感あふれる歴史を語る

中米友好の歴史的出来事

二百三十年あまり前、アメリカの商船「中国皇后号」(The Empress of China) は、太平洋を越えて中国に初航海を行いました。百五十年前、数万人の中国人労働者はアメリカ人と共に、アメリカ大陸を東西に横断する鉄道の敷設を行いました。七十年前、中米両国は第二次世界大戦の同盟国として、肩を並べて戦い、世界の平和と正義を守りました。戦争中、数千人のアメリカ人将兵が中国人民の正義の事業のために、尊い命を犠牲にされました。侵略に抗し、自由と独立を勝ち取る中国人民の戦いに対して、アメリカ人民が注いでくれた道義的支援と貴重な援助をわれわれは決して忘れることはありません。

「ワシントン州にて当地の政府とアメリカの友好団体共催の歓迎レセプションにおける演説」

(二〇一五年九月二十二日)

一七八四年二月二十二日、三百六十トンの積荷を載せた一艘の貨物船が、アメリカのニューヨーク港を出港し、中国の広州に向かっていた。当時独立したばかりで、イギリスの貿易封鎖にいやと言うほど苦しめられていたアメリカは、外の世界との取引を切に望んでいた。アメリカの商人たちの目は太平洋の向こう側の中国に向けられており、この船は耳に快い「中国皇后号」と名づけられていた。一七八五年五月十一日、「中国皇后号」は中米間の処女航海を終え、収穫を満載して帰ってきた。船には大量の陶器、磁器、絹、ビャクダンの扇子など中国商品が積まれていた。アメリカの国父であり初代大統領のワシントンは「中国皇后号」が仕入れてきた磁器の評判を聞き、まとめて三百個あまり購入した。これら二世紀以上前の骨董品は、いまでもワシントンの旧居のバーノン山荘とペンシルバニア州博物館に収蔵されている。アメリカのある中国通は、かつて次のように評した。「あてもなく航行する船にとって、全ての風は逆風である。しかし、喜ばしいことに『中国皇后号』には明確な目的があった。持ち帰った輝かしい中国文化はアメリカにとって非常に有益であった」

アメリカ大陸を東西に貫く大動脈のアメリカ大陸横断鉄道にも、中国の姿が深く刻まれている。一八六三年、大陸横断鉄道の建設が始まった。平原が多い東部に対し、西部の地形は複雑であり、施工条件も劣悪であった。しかし、中国人労働者は「他の人では不可能なことをやってのけた」。当時のカリフォルニア市長は、ジョンソン大統領への報告の中で、次のような感慨を漏らしている。「彼らは穏やかで静かである。同時に非常に勤勉であり、平和を愛し、忍耐力も他の民族より格段に強い。また、中国人の学習能力には驚くべきものがある。これからの鉄道建設の仕事に必要な専門技術を素早く身に付けただけでなく、どんな仕事でも最短の時間で習熟する能力がある」。有能な中国人労働者は、たちまち大陸横断鉄道の西部側建設の主力となり、最も多い時で六千人が大陸横断鉄道建設の第一線で奮闘した。

七十年あまり前、中国とアメリカの人民は肩を並べて共にファシズムと戦った。これこそが「消し去ることができない国家の記憶」である。アメリカ人パイロットのシェンノートによって結成された「フライング・タイガース」は、中国の戦場に八十万トンの戦備物資を送りこみ、敵機二千六百機を撃墜破壊するなど次々と輝かしい戦果を挙げた。ハンプルート（ヒマラヤ山脈越えの空路）

の開設は、雲南・ビルマルート（ビルマ公路）が切断された危急のときに、中国への戦略物資輸送を保障した。共に戦った歳月に、中国にやって来たアメリカ人パイロットは「中国を助けるために来たアメリカ人である。軍民一体となって救護しよう」と記した「ブラッドチット」（認証）を常に身に着けていた。この「ブラッドチット」を着けた負傷したパイロットを発見すると、中国の民衆は全力で救護活動を行った。

二〇一五年、習近平国家主席はアメリカを公式訪問した。最初の訪問地はワシントン州のシアトル市であった。集まった新旧の友人に対して、習主席はアメリカの商船「中国皇后号」、中米両国人民が力を合わせて建設した大陸横断鉄道、および両国が共に戦った反ファシズム戦争の三つの物語によって、一部の人の疑問に回答した。広い太平洋には中国とアメリカの二つの大国を容れるのに十分な空間がある。新型大国関係の樹立には、しっかりとした民意の基礎と歴史的な根拠があるのだ。

この演説の中で、習主席は新たなスタートラインに立ち、中国とアメリカの新たな大国関係を推進していくには、いくつかのことに特にしっかりと取り組まなければならないと指摘している。すなわち、お互いの戦略的意図を正確に判断すること、協力・ウィンウィンの関係を信念をもって推進すること、意見の相違を適切かつ効果的にコントロールすること、人民同士の友情を広く育んでいくこと、などである。「中国皇后号」など三つの話の主旨は、習主席が取り組まなければならないこととして最後に挙げたものと同じで、次のことを強調している。「中米両国は遠く離れているが、両国人民の友好往来の歴史は長い」

国際編④ 情感あふれる歴史を語る

抗日戦場での「外国人八路軍」

抗日戦争の際、平和と正義を愛する世界中の国家、人民、国際組織が行った中国に対する貴重な支援をわれわれは永遠に忘れることはできません。例えば、ソ連（現ロシア）の有益な物資支援、アメリカの「フライング・タイガース」が危険を冒して切り開いたハンプルート（ヒマラヤ山脈越えの空路による支援ルート）、北朝鮮・ベトナム・カナダ・インド・ニュージーランド・ポーランド・デンマーク・ドイツ・オーストリア・ルーマニア・ブルガリア・日本など多くの国々の反ファシズム戦士が直接参加した中国国内での戦闘などです。カナダ人医師ベチューン氏、インド人医師コトニス氏は、はるばる中国を訪れて瀕死の者を救助し負傷者の手当てを行い、フランス人医師ビュシエール氏は自転車で薬品を輸送する「ハンプコース」を開拓してくれました。ドイツのラーベ氏、デンマークのシンドバーグ氏は南京大虐殺の最中、あらゆる手を尽くして中国の難民を保護しました。イギリスのリンゼー氏、国際主義戦士のハンス・シップ氏などの記者は中国の抗戦の快挙を積極的に報道しました。戦争後期には、ソ連の赤軍が中国東北部の戦場へ赴き、中国軍の対日作戦に加わったため日本軍を徹底的に打ち負かすことができました。これらの功績は今なお中国で広く伝えられ称賛されています。

「中国人民抗日戦争・世界反ファシズム戦争勝利七十周年を記念したレセプションでの演説」

（二〇一五年九月三日）

解説

七十余年前、かの戦場では正義感ある者たちが手を取り合い同じ塹壕に突入した。今日に至るまでその感動的な物語は伝えられている。

ベチューン氏はカナダの医師である。一九三八年一月、彼は医療チームを率いて遠く海を渡り中国へ到着する。その後二年近くの間、彼は前線へ赴き瀕死の者を救助し負傷者の手当てを行った。有名な斉会戦闘では、彼は手術台を前線から三・五キロメートルの場所に置く。敵の砲弾により塀が倒壊しても、救助を続け、百十五名の負傷兵に手術を行い、その時間は六十九時間に及んだ。この時、彼はすでに五十近い年齢であったが、三百ミリリットルの輸血を二回も行ったという。彼はいつもこう話していた。「あなた方は私を機関銃使いだと思ってほしい」と。彼は負傷兵の救急手術の際に感染したことが原因で、一九三九年十一月十二日、河北省唐県黄石口村にて死去する。四十九歳だった。

コトニス（柯棣華）氏はインドの医師である。柯棣が彼の姓だが、中国へ渡った後に、この地で尽力すると心に決め、姓の最後に「華」の一字を付け加えた。彼は第二次世界大戦勃発後、五人の救援医療チームの一員として中国を訪れる。一九三九年二月、延安（陝西省延安市）にて八路軍医療チームに参加し、一九四二年七月に中国共産党へ入党する。晋察冀辺区（山西省、河北省、遼寧省、内モンゴル自治区にまたがる地域で抗日根拠地）での二年あまりの間、始終ベチューン氏を手本として対日本戦の負傷兵を救助し、自身が重病の時でさえ、「一分でも戦闘の持ち場を離れたくはない」と話していた。一九四二年十二月、てんかんの発作により彼は前線で死去する。わずか三十二歳であった。

ビュシエール氏はフランスの医師である。抗戦の際、八路軍の抗日根拠地は医者と薬が不足しており、彼は自身の外国人医師という身分を利用して、日本軍の封鎖線を突破し、八路軍のために薬品や包帯などの医療用品を輸送する役割を担った。彼が車で輸送を始めると、日本軍はすぐさまガソリンの割当額供給政策を行ったため、輸送手段を自転車に切り替えて、医療用品を輸送する自転車の「ハンプコース」を開拓したのである。

イギリス人のリンゼー氏は、八路軍の通信技術顧問を務めていた間に、革命根拠地で無線通信の人材育成を行っただけでなく、八路軍のためにアンテナや送信機を設計・建設し、「延安音声」を海外へ発信した。

ドイツのハンス・シップ氏は抗日戦争勃発後、相次ぐ困難や危険を顧みず、延安・皖南（安徽省南部）・蘇北（江蘇省北部）へ赴き八路軍や新四軍の取材を行い、多くの報道記事を書き、中国軍が勇敢に抗戦する様子を全世界へと発信したことから「外国人八路軍」と称された。

九月三日は、世界的にも永遠に記念すべき日である。一九四五年のこの日は、中国国民が十四年もの間、想像を絶する艱難辛苦の闘争の末、抗日戦争に偉大なる勝利を収め、世界反ファシズム戦争への完全勝利を宣言して平和の陽光が再び大地を広く照らした日である。このような特別の日に、習近平国家主席は、平和は得難く、守らねばならないことを強調するために、外国の友人と中国国民が肩を並べて戦った物語を心を込めて述べた。

歴史を正確に認識してこそ、より良い未来が開かれる。演説の中で、習主席は表と裏の両面から中国国民の歴史観を詳しく説明した。裏の面から解釈すると、謀反を意味する歴史を忘れ、侵略の歴史を否定することは、歴史を愚弄し、人類の良識を侮辱することとなり、必然的に世界の人々から信用を失うことになる。反対に、表の面から解釈すると、歴史の教えや教訓は人類共通の精神的財産であり、そこから知恵や力を吸収すべきである。また、平和的な発展を堅持することで、希望的未来に満ち溢れた世界平和を共に切り開かなければならない。同日に開催された中国人民抗日戦争・世界反ファシズム戦争勝利七十周年を記念した式典で、習主席は中国の「永遠に覇を唱えることはなく、永遠に領土を拡張しない」という外交理念を重ねて表明したばかりでなく、中国人民解放軍の人員を三十万人削減することを宣言し、実際の行動によって中国が平和を維持する揺るぎない決心を示した。

国際編④ 情感あふれる歴史を語る

強制収容所の元帥の娘

中国・ベラルーシ両国国民は、共通の敵に一致団結して敵愾心を燃やし、肩を並べて戦ったことにより、世界反ファシズム戦争の最終的な勝利のために多大な犠牲をはらったものの、輝かしく歴史的に偉大な貢献をしました。ミンスクのナチス強制収容所において、新中国建国の元勲である朱徳元帥の娘、朱敏さんは、当時ベラルーシの仲間たちと共にドイツのファシズムに対抗しました。また、唐鋒将軍は自ら飛行機を操縦してミンスクを開放する戦争に参加しました。ソ連（現ロシア）の赤軍のベラルーシ出身の兵士は、遠く中国へ赴き、日本の侵略軍を攻撃する空中戦や中国の東北地方を開放する重要な戦いに加わりました。「ソ連の英雄」のブラゴヴェシェンスキー空軍中将、ニコラエンコ空軍中将、ジャノヴィチ少将は、その中でも目覚ましい活躍をした代表的な兵士たちです。

ベラルーシのメディアに発表した署名入り文章

「中国とベラルーシの友好的協力の楽章を激しく高揚させよう」

（二〇一五年五月八日）

朱敏さんは朱徳元帥の一人娘である。

一九四二年二月、彼女はソ連・モスクワ第一国際児童院へ留学し、身分がわからないよう、「赤英」という偽名を名乗った。姓の「赤」は本名の「朱」を意味している。彼女は子どもの頃から喘息を患っていたため、モスクワの寒冷な気候が災いし持病が再発してしまう。児童院は彼女をベラルーシの首都ミンスクの郊外にあるピオネールのサマーキャンプで療養させることにしたが、不運なことに、彼女が宿営地に到着したその晩、ソ連とドイツの戦争が勃発する。サマーキャンプの子どもたちは避難が間に合わず、敵軍はミンスクを占領し、彼女らはナチスの強制収容所へ送られた。強制収容所で、彼女たちはあらゆる虐待を受けたが、ファシズムとの「戦争」を忘れることはなく、敵の隙を見計らい、銃弾の箱に水をかけて弾を湿らせたり、弾を装填する際、火薬に唾を吐きかけたり、砂を混ぜたりした。一九四五年初頭、ソ連の赤軍により解放されるまでの間、彼女たちはナチスの強制収容所から出ることはできなかった。

「飛将軍」の唐鋒氏は、ソ連・ポーランド・ドイツ国内でナチスドイツの空軍と大空で戦闘した唯一の中国人である。大祖国戦争中、彼は空軍突撃連隊に所属し、空中射撃見習いの副団長を任され、四機の攻撃機を率いて超低空で出撃し、数十の敵機を爆破したことから名声を博し、ソ連では「中国の雄鷹」と称えられた。また、一九四五年春、彼は東プロイセン解放戦争において、一日に六回も離陸を行った記録を持つ。その卓越した戦功により、彼はソ連政府からレーニン勲章、紅旗勲章、紅星勲章、ソ連大祖国戦争勲章などの栄誉を授かった。

中国国民はみな「旧友」の援助を忘れるはずがない。抗日戦争勃発後、ソ連は多数のパイロットで編成されたソ連中国援助志願航空隊を中国へと派遣した。ブラゴヴェシェンスキー空軍中将は、一九三七〜一九三八年に、中ソのパイロットで編成された戦闘機大隊を指揮し、幾度も空中戦を行った。一九三八年五月、武漢が日本軍機の空襲に見舞われた折、大隊は敵機を三十六機撃墜したが、そのうち七機は彼が撃ち落とした。ニコラエンコ空軍中将は、日本軍の方が三倍の兵力を有するという劣勢な状況下で、パイロットたちを率い、漢口での敵軍の集中爆撃計画を打ち砕くことに成功する。四年あまりの戦争中に、志願航空隊の十四人には「ソ連の英雄」の称号が贈られた。

習近平国家主席は、ベラルーシのメディアに発表した署名入り文章の中で、朱徳元帥の娘、朱敏さんの物語や両国パイロットが共に戦った物語を用いることで、中国とベラルーシの友情を回顧した。その文中には中国とベラルーシの歴史的友情が余すことなく表現されており、印象深く、一度目にしたら忘れられない内容であった。

中国の読者は朱敏さんが朱徳元帥の娘であることを知っているかもしれないが、彼女とベラルーシの子どもたちが共にドイツのファシズムと戦ったことを必ずしも知っているとは限らない。一方、ベラルーシの読者はブラゴヴェシェンスキー空軍中将のことを知っているかもしれないが、彼が遠く中国へ赴き日本軍と空中で戦闘したことや、中国人が親しみを込めて「張飛大隊長」と呼んでいることを知らないかもしれない。ベラルーシの大祖国戦争史博物館のスコベレフ館長は感慨深げに「習主席が文中でベラルーシと中国両国民が第二次世界大戦中、共に戦い、固い友情を築いた物語を取り上げたことは、ベラルーシ国民が中国の抗日戦争の歴史を理解する上で、大変有益である」と述べた。

国際編④

情感あふれる歴史を語る

暗黒を照らす人道の光

一九三七年七月七日、日本軍が全面的な中国侵略戦争を強硬に引き起こし、中国国民に未曾有の被害をもたらしたため、中国の都市や農村は戦火に見舞われ、硝煙が四方から立ち上り、民衆は塗炭の苦しみをなめ、深刻な苦難をしいられて、大地は一面が荒れ果て、多くの餓死者が出ました。

一九三七年十二月十三日、日本軍は乱暴にも南京へ侵入し、この世のものとは思えないほど悲惨な南京大虐殺事件を起こして、三十万人の同胞が惨殺されました。無数の女性が暴行され、多数の子どもたちがむごたらしい死を遂げ、三分の一の建物は倒壊し、多くの財産が略奪されたのです。中国に侵略した日本軍は、非人道的な大虐殺事件を起こしましたが、これは第二次世界大戦史上「三大惨殺事件」の一つに挙げられるほどショッキングな反人道的犯罪であり、人類史上でもきわめて暗い一ページと言えます。

大虐殺という血なまぐさい事件が起きた状況下でも、南京の民衆は互いに助け合い、支え合っていました。その傍らで、多くの海外の友人が危険を顧みずに、さまざまな方法で彼らを保護し、日本軍の残忍な行為を記録するという、感動的なエピソードも生まれました。それらの友人には、ドイツのジョン・ラーべ氏、デンマークのベルンハルト・シンドバーグ氏、アメリカのジョン・マギー氏などが挙げられます。彼らの人道的精神や恐れを知らない義挙を中国国民は永遠に忘れることはありません。

「南京大虐殺犠牲者国家追悼式典での演説」（二〇一四年十二月十三日）

解説

たとえどんなに深い闇夜だとしても光を遮ることはできない。一九三七年十二月十三日、日本軍は南京を陥落し、この世のものとは思えないほど悲惨な南京大虐殺事件を起こす。金陵の街は「血の海」と化し、危急存亡の状態であったが、ドイツのジョン・ラーベ氏は他の在中外国人に声を掛けて「南京安全区」を設立し、二十万あまりの中国人のために「命の防御線」を引いたのである。このため、彼を「中国のシンドラー」と称する人もいる。日本軍による爆撃の音が響く中、彼は毅然と南京に留まり、丸腰の中国人たちを保護して、二千四百ページ以上の長きに及ぶ『ラーベ日記』を執筆し、日本軍のさまざまな暴行を偽りなく記録しており、これは南京大虐殺における最も重要で詳細かつ確実な資料の一つとなっている。

また、南京陥落中、デンマークのベルンハルト・シンドバーグ氏は南京・江南のセメント工場を中国民衆のために避難場所として提供する。日本軍の工場侵入を防ぐため、彼はわざわざ江南セメント工場の周囲にデンマークとドイツの国旗を立て、工場の屋上には、千三百五十平方メートル近くのデンマーク国旗をペンキで描いて「中国最大のデンマーク国旗」を掲げた。一九三八年二月中旬から三月中旬の間に彼が保護した民衆は一万五千人を超える。

中国では「私の家」と称される、アメリカのジョン・マギー氏は、南京滞在中、自家用撮影機で、日本軍が南京で振るった暴行を隠れて撮影する。彼は日本軍の暴挙を記録しようと、相次いでフィルム四本分、合計百五分もの撮影を行った。一九四六年、東京での極東国際軍事裁判の国際法廷において、彼は勇敢にも目撃証人として出廷し、日本軍が南京で行った血なまぐさい暴行を告発した。現在、日本軍による南京大虐殺に遭った中国民衆の記念館では、彼が撮影したこの貴重な映像資料が現在も毎日繰り返し放映されている。

正義は永遠に忘れられることはない。人間性の光は暗闇によって消えるはずはなく、これは人類の永久不変の希望となる。習近平主席は第一回南京大虐殺犠牲者国家追悼日において、中国国民と海外の友人とが互いに助け合い、侵略へ共に対抗した物語を用いて当時を回顧し、世界の人々にこのように宣言した。中国国民は、平和と正義を愛する世界中の国家と人民、国際組織から抗日戦争中に受けた貴重な支援を永遠に忘れるはずはない。さらには、彼らの体から溢れ出る人間性の輝きも忘れられるわけはない。

国家追悼式典において、習主席は、南京大虐殺の生存者代表である八十五才の夏淑琴さんを脇で支えながら、犠牲者の子孫で十三才の袁沢宇さんと揃って追悼台に並び、南京大虐殺犠牲者国家追悼の除幕を行った。そこに託された意味は、まさに「昭昭前事、惕惕後人」（過去のことを明らかにし後世の人を戒める）、「永矢弗諼、祈願和平」（永遠に忘れないことを誓い平和を祈る）という願いを世界に宣言することに他ならない。歴史的瞬間を深く心に刻み込むことは決して憎しみ続けるためではなく、善良な人々が平和を守り続けるようにと喚起するためなのである。

国際編④
情感あふれる歴史を語る

ブラジルの「中国茶の縁」

「海内存知己、天涯若比隣」（心の知れた友がいれば世界のどこにいても近しく感じる）。中国とブラジルの関係を形容するにあたり、この中国の古詩ほど適切なものはないでしょう。両国は海のかなた遠く隔たってはいますが、広大な太平洋でさえも両国国民の友好関係を阻止することはできませんでした。二百年前に初めて中国茶農家が千山万水を越えてブラジルへと渡り栽培技術を伝えたそうです。それにより一八七三年ウィーン世界博覧会では、ブラジルが生産した茶葉が多方面より称賛を受けました。中国とブラジルの国民が長い歳月をかけて築いた誠実な友情は、まるで中国茶農家がまじめに働く様子そのものです。種を蒔くことは希望であり、収穫は喜びであり、それを味わうことは友情といえます。また、中国画の大家・張大千は十七年間ブラジルに滞在し、彼の住まいである八徳園で「長江万里図」「黄山図」「思郷図」などの後世に伝わる貴重な芸術作品を描きました。

「伝統的な友好関係を強化し 協力の新たな楽章を共に奏でよう――ブラジルの国会での演説」
（二〇一四年七月十六日）

「サンバの国」ブラジルというと、コーヒーを連想する人も少なくない。しかし、あまり広くは知られていないが、「世界最大のコーヒー生産国」では早くからコーヒー同様、舶来品の中国茶が国民的飲料とされてきたのだ。

ブラジルと茶葉の縁が結ばれた時期は非常に早い。一八一二年から一八一九年の間に、中国内地から豊富な茶栽培の経験を持つ農家がマカオを経由してブラジル・リオデジャネイロへと渡り、茶葉栽培を始めた。彼らはリオデジャネイロのチジュカで特別に土地の権利を与えられ、中国茶葉を丹念に栽培した。彼らはブラジルで茶葉の試験栽培に成功したばかりか、茶栽培と製茶の技術をブラジル国民に伝えたことにより、当時ブラジルは世界において、中国と日本に次ぐ第三の茶大国となった。二〇一六年のリオデジャネイロオリンピックの開会式で、中国の茶人がブラジルに訪れたことを示すパフォーマンスがあったが、背景にはこのような歴史がある。

中国茶農家の協力により、ブラジルの茶栽培業は大いに発展し、栽培地域もリオデジャネイロから広く拡大されていき、生産された茶葉はブラジル国内の消費だけにとどまらず、国際市場へも参入する。当時、ブラジルの上流社会では飲茶が流行していたため、茶もブラジルの国民的飲料となったのである。一八七三年のウィーン世界博覧会では、ブラジル産の茶が中国茶にわずか及ばず第二位となった。

現在、リオデジャネイロのチジュカ国立森林公園内に、現地では有名な景観が臨める「中国亭」という名の展望台があるが、これはかつてこの場所で茶葉を栽培した中国茶農家を記念して建設されたものである。世界的にヒットした映画『ブルー　初めての空へ』の中にも「中国亭」は登場する。

中国の著名な画家・張大千はブラジルに十七年間滞在し、サンパウロ郊外に名園――八徳園を建設する。一九五三年に初めてブラジルを訪れた際、張氏は仮住まいをしていた友人宅付近の山腹を散策中、目の前の景色が故郷成都の平原に大変似ていることに気づき、この土地を買い、三年をかけ総面積十四万五千二百平方メートルの中国庭園構造の園林を建設した。「八徳園」と名付けられたのは園内に柿の樹が多いことと関係がある。唐代の段成式は著書『酉陽雑俎』の中で「柿有七徳」（柿の樹には長所が七つある）と述べている。一長寿、二多陰、三無鳥巣、四無虫、五霜葉可玩、六可娯嘉賓、七落葉肥大（一は寿命が長い、二は日蔭が多い、三は鳥の巣がない、四は虫がつかない、五は霜葉が鑑賞できる、六は果実が良い、七は落ちた葉が肥えていて大きい）と記し、さらに、柿の葉を煎じた水は胃の病に効く（また絵の墨としても使える）ので合わせて八徳となることから、この園を「八徳園」と称した。

ブラジルには次のような諺がある「友情はワインと同じ。時が経てば経つほど素晴らしい」。このフレーズほど中国とブラジルの友好関係を表しているものはないだろう。習近平国家主席は両国国民の良好な友好関係の歴史を振り返るとともに、中国茶農家が農作業に勤しむ様子を両国国民が長い年月をかけて築いた誠実な友情に例えて「志合者、不以山海為遠」（志を同じくする者は、たとえ山海を隔てていてもそれを遠いと思わない）と述べたが、まさにその通りである。

歴史を回顧することは、より良い未来のために大切なことである。中国とブラジル両国の「ホット」な関係が続いていることを物語るようなできごとがあった。習主席がブラジルに到着した折、ブラジルの騎兵隊が習主席の出席する歓迎式典の会場まで護衛したが、このようなことをブラジルではあまり見かけたことはない。習主席の二〇一四年のラテンアメリカ訪問は、主席就任後、二回目となる「ラテンアメリカ・カリブ諸国の親戚友人」を訪ねるものであった。最初の訪問国がブラジルであったことからも、中国がブラジルを重要視していることがわかる。演説での心を打つ物語と真心を込めて接するひたむきさから、習主席はブラジル国会で今までに「最も盛大な拍手」を受けた外国人指導者となった。

国際編 ⑤

自らの体験を語る

変わらない「初心」

国際編⑤

自らの体験を語る

「最も記憶に残る杭州」

杭州は中国における歴史・文化の要衝かつ商業・貿易の中心都市です。千百年来、白居易から蘇東坡、西湖から大運河まで、杭州の悠久の歴史や文化・伝統は人々を魅了しています。杭州は活力を生み出す都市であり、インターネットビジネスが大いに発展し、杭州でマウスをクリックするだけで世界中とつながることができます。杭州は環境と文明の都であり、風光明媚、晴天でも雨天でも景色は素晴らしく、江南の情緒が浸透し、長年の創意が凝縮しています。

私は浙江省で六年働いていたため、杭州の風景、風土・人情をよく知っており、杭州の発展にも関わり、目の当たりにしてきました。中国には杭州のような都市は多数ありますが、過去数十年の間に大いに発展し、大きな変化を遂げ、また多くの一般家庭では一生懸命働くことで自らの生活を大きく変えてきました。このような少しずつの変化が積み重なることでみなぎる力が中国の発展を推進し、改革開放の偉大なプロセスに反映されるのです。

「中国発展への新たな出発点　グローバル成長への新たな青写真

――G20ビジネスサミット開幕式での基調講演」

（二〇一六年九月三日）

解説

「東南形勝、三呉都会、銭塘自古繁華」（中国東南の杭州は景勝の地、呉の国の都会であり、銭塘は昔から賑やかな街である）。杭州は中国の六大古都の一つであり、五代十国時代には呉越国の都であった。良渚文化（紀元前三三〇〇～前二二〇〇年頃）、呉越文化、南宋文化、明清文化と、杭州では素晴らしい文化が脈々と発展し形成され、無数の名所旧跡が残されただけでなく、多くの文人墨客が輩出された。白居易は生涯に三千六百首あまりの詩を残したが、そのうち西湖の風景を詠んだものは二百首以上ある。彼は湖に堤防を築き浚渫し、六つの井戸を幾度も修理することで、市民が湖の付近でも居住することを可能にし、安定した生活を送り仕事ができるようになった。また、西湖に「三面雲山一面城」（三面を山に囲まれ一面は開かれた街）の構造を築く。蘇東坡は名物料理の「東坡肉《トンポーロー》」を考案したばかりでなく、「欲把西湖比西子、淡粧濃抹総相宜」（西湖を西施に例えてみれば薄化粧でも厚化粧でもいずれもよく似合う）という名句を残し、さらには西湖の浚渫泥土を利用して南北に貫く堤防を築いた。堤防には六つの橋と九つのあずまやが建設され、至る所に桃、柳、芙蓉が植えられ、西湖は全てを一度には見ることができないほど美しい場所へと変わったのである。杭州の歴史には、西湖が名声を博したことによるものと、京杭大運河が栄えたことによるものとの両面がある。海運と河川運搬に便利な土地であったことから、杭州は昔から商業と貿易の取引が盛んで、南宋時代にはすでに人口百万人を超える大都市であった。現在では長江デルタの中心都市の一つであり、浙江省の経済・文化・科学教育の中心でもある。

二〇〇二年より習近平国家主席は浙江省で政を執ることとなった。その後五年間、彼と杭州の間には切っても切れないほどの縁が結ばれる。彼は杭州のわずかな変化も見逃さない目撃者であるとともに、杭州の大発展の立役者でもあるからである。二〇〇三年、習主席が浙江省党委員会書記に就任後間もなく杭州を訪れ、この土地に特有のテーマについて調査・研究し、文化省設置の推進を要求した。続けて、「哲欣」のペンネームで発表した「浙江日報」の特別コラム――「之江新語」に寄せた「湖文化保護の強化」という一文では、「西湖の周囲には至る所に歴史があり、歩みを進めるたびに文化に接することができる」ことを挙げ、「杭州は文化遺跡の保護、街の成り立ちの継承、歴史・文化の発揚といった分野において、先頭に立ちより良い方向へと導くべきである」と強調した。西湖を無料で開放した後、習主席は西湖の管理部門へ三回も提案を行う。一つ目は、西湖周辺の公共トイレを二十四時間無料で開放すること。二つ目は、遊覧船の船首にゴムタイヤを設置して遊覧船が通過する際に橋の下のアーチ部分を傷つけないようにすること。三つ目は観光地のベンチを一定の間隔を空けてレイアウトすること。「西湖周辺にはカップルが多いが、ベンチの距離があまり近いと恋人たちはくつろげないのではないだろうか」と考えたのである。習主席がいかにきめ細かいリサーチをしたか、こうしたことからも察することができよう。

「善治病者、必医其受病之処——善救弊者、必塞其起弊之源」（病を治すことに長けた者は病の箇所を治療するが、弊害を除くことに長けた者はその根源を取り除く）。現在、世界経済は「新平凡」時代へ突入したが、どのような力がこの「一池春水」（静かな水面）を再び活性化させる（さざ波をたてる）のだろうか？　G20ビジネスサミット開幕式において、習主席は杭州を例に挙げて中国の大いなる発展、大きな変化について述べ、世界に「鎮静剤」を飲ませるだけでなく、G20の国々へ「少しずつの変化の積み重ねによりみなぎる力」という言葉を贈り、手を取り合ってこそ成長や発展の恩恵が国や国民に施されることを伝えた。

二〇一五年、トルコ・アンタルヤで開催されたG20サミットでは、世界経済には非常に正確な調査と分析が必要と提議されたため、二〇一六年の杭州サミットでは、世界の病を治療するとともに病原も治療し、総合的な施策となる処方箋を出さねばならなかった。これに対して、習主席は、革新、開放、連動、包容という四つのキーワードを提起する。これらは中国の改革開放が実践する「中国構想」に根ざしたものだが、これにより世界経済が自信を高めることができるだろうし、国際社会の普遍的なコンセンサスも得られるだろう。というのも、まさに習主席が示しているとおり「自分だけの秘密の花園を作るのではなく、各国が分かち合える百花園を作る」という、中国が提唱する新構造、新提案にほかならないからである。

国際編⑤

自らの体験を語る

梁家河の変化

一九六〇年代末、私は十代半ばで北京市から中国陝西省延安市郊外の、梁家河という小さな村落の生産隊に入って農民となり、そこで七年の歳月を過ごしました。この時、私は村人たちと一緒に窰洞《ヤオトン》（横穴式の洞穴住居）で生活し、オンドルの上で話し合いました。村人の生活はとても貧しく、何カ月も一片の肉も口にすることがないこともしばしばでした。この時に私は、村人にとって一番必要なことが何かわかったのです。その後、私は幾つかの村の党支部で書記を務め、村民の生産発展を指揮してきましたので、普通の人たちが何を必要としているか、理解することができました。私には切望することが一つありました。それは村民に肉をお腹いっぱい食べさせること、しかもいつも肉が食べられるようにすることでした。しかし、この願いは、当時にあっては実現が難しいことでした。

今年（二〇一五年）の春節、この小さな村を再び訪れました。当時と違って、梁家河村にはアスファルトの道ができ、村民はレンガ作りの家に住んでインターネットを利用し、老人たちは基本的な介護制度を享受し、村民たちは皆医療保険に加入し、子どもたちは良い教育を受けることができるようになっていて、肉を食べることなど、もはや問題ではなくなっていました。このことは、中国の夢は人民の夢であり、人民がよりよい生活を目指す方向に一致させてこそ、成功を収めることができるのだということを、私により一層はっきりと認識させてくれました。

「ワシントン州にて当地の政府とアメリカの友好団体共催の歓迎レセプションにおける演説」

（二〇一五年九月二十二日）

解説

陝西省延安市から六十キロあまり離れた、陝北高原の尾根の麓に、梁家河という小さな村がある。一九六九年初頭、この小さな村は特別な一隊を迎えた。十六歳にもなっていない習近平少年が、十四名の北京第八中学の知識青年と一緒に徒歩で梁家河村にやって来て、この地での七年間の人民公社生産隊生活をスタートさせたのだ。

黄土高原の生活は困難を極めた。当時梁家河村の夜には電気がなく、習少年は他の五人の知識青年と一緒に窰洞に住み、オンドルで寝た。窰洞の中にはノミが非常に多く、全身ノミに噛まれて腫れあがってしまった。仕方なくオンドルの下に薬剤を撒き、ノミ退治をするのだった。

村での作業が始まると、土地を耕すことも、トウモロコシを植えることも、麦を刈り入れることもできず、農民たちに教えてもらわなければならなかった。村の農民たちがやることを見習って、彼も同じことをやった。耕作から石炭運びまで、土手作りから肥やし担ぎまで、この人民公社生産隊での何年かを、習少年はほとんど休みなく過ごし、ほとんど全ての活動をこなした。村民の張衛龐は当時を思い起こしてこう言った。「習近平少年は苦労をした、われわれと同じ苦労をしたよ」

黄色い大地での生活は、しかしまた非常に充実していた。梁家河村での生産隊生活は、習少年を、「一、二百斤（五十～百キログラム）の麦を担いで五キロメートルの山道を、長い間肩を替えずに歩き続ける」までに鍛えたばかりでなく、「麺を打ち、団子を作り、白菜を漬け、その他何でも作る」ことを学ばせ、更には、彼に才能を発揮させる舞台をも用意した。

梁家河村で習近平青年は何をするにも骨惜しみをせず、「知識が豊かで、アイデア豊富な人」と目され、この忍耐力のある将来性豊かな青年は、次第に村人たちの信頼を得ていった。このころ前後して共産主義青年団に入団し、共産党に入党して、更に生産大隊党支部の書記を務めた。

ある時、習青年は新聞紙上で四川省の一部農村ではメタンガスを作り利用しているとの記事を読むと、すぐさま自費で四川省へ赴き、知識を得て村に帰ってから、陝北で初めてのメタンガス池（タンク）を建設し、村民たちの炊事や照明の悩みを解決した。

耕地面積を拡大するために、冬の厳寒期に村人を率いて土留堰建設に赴き、率先してはだしで冷たい水の中に入り、氷を砕いて堰の基礎整備に当たった。この他、習青年は村に製粉所・縫製所・鉄工所などを設置して、村人の生活改善を図った。

一九七五年、習青年は梁家河村を離れ、清華大学に進学した。出発に際し、大勢の村人が長い列を作り彼を送りに来て、沢山の人が別れを惜しんで涙を流していた。村人たちは、更に「貧農下層農民に尽くしてくれた指導者」と彫り込んだ額縁を習青年に贈り、彼らの敬意を表した。

二〇一五年二月、春節の前夜、すでに十三億の中国人民を導く立場になった習近平国家主席は再び梁家河村を訪れた。かつて一緒に生活し、奮闘した村人たちに会って、習近平主席は興奮して話した。「あの時、身体はここを立ち去ったけれど、心はここに残して行きました」

大国の一国家元首が、世界の舞台の中央に立ち、人々に中国の今を説明するのに、大げさな場面描写もなく、どんな有効な統計数字も使わず、彼個人にとって最も意味のある村落を選んだということだ。このような選択は、習主席自身の変わらぬ「初心」を示すものであり、梁家河村の変化はまた、人々に中国の発展の変化を見せることともなった。

終始一貫、初心を貫く。七年間農村生活を送り、七年間農民と苦楽を共にすることで、習主席は大きく成長し、信念をさらに強固なものにした。彼はある文章の中で昔日を回想して書いている。

「十五歳で黄色い大地へやって来た時、私は困惑し、さまよっていた。二十二歳でこの地を去る時、私はすでに人生の目標を定め、自信に満ちていた。困惑から決断へ、さまよいから自信へ。このような転換は、陝北高原で培われた固い信念によるものだ。私は人々のために具体的なことを行い、人々に心を寄せ、共に苦しみ、共に働こうと決心した」

彼が「人民」という二文字を最初に会得したのは梁家河村であり、習主席がいつも心の中で気にかけているのは梁家河村の村民たちのことなのだ。

国際編⑤

自らの体験を語る

瀛台《えいだい》夜話

今日の中国を理解し、明日の中国を予測するためには必ず、中国の過去を理解し、中国の文化を理解しなければなりません。現代中国人の思考、中国政府の政治方策の中には、中国伝統文化の遺伝子がしみ込んでいるのです。中国人民は昔から、国家の独立、統一および尊厳を大事にしてきました。中国政府は、民意に沿って、国家主権を堅持し、安全と領土の保全に努め、民族の団結と社会の安定を守り、平和発展の道筋を維持しなければならないのです。中国とアメリカ両国は、国情、歴史文化、発展の道筋、発展の段階、それぞれの違いを乗り越えて、お互いを理解し、尊重し、和して同ぜずの態度を貫かなければなりません。両国は、一部相容れない部分の存在は否めませんが、それは両国関係の主要な部分ではありません。両国政府は、世界平和の安定装置として作動し、関連する相違点を適切に処理しなければならないのです。

「中南海におけるオバマ大統領との会見での談話」（二〇一四年十一月十一日）

解説

初冬の北京市中南海、水面が波立ち、樹影が揺れ動く。習近平国家主席は瀛台（中南海に浮かぶ仙島皇宮）の前で、当時のアメリカ大統領オバマ氏を迎え、両国の元首は親しく握手をして、挨拶を交わし、しばし橋の欄干にもたれて遠景を眺めた。

楼閣の配置にも趣があり、夕暮れ時に明るくきらめく由緒ある瀛台は、見る人に中国の数百年にわたる変遷の歴史を語りかける。習近平主席はオバマ大統領に瀛台の歴史を紹介しながら、中国近代の歴史を理解することは、中国人の現在の理想と進む道筋を理解するのに、とても重要であると語った。

習主席の説明は続く。瀛台は明代に建てられ、清代には皇帝が政治を行い、避暑や賓客の接待に使用された場所である。清代の康熙帝の時代には、ここで内乱平定や台湾奪回などの国家方針を討議し決定した。

その後、光緒帝の時代には国家が衰退し、帝自らが「百日維新」を企てたが失敗し、西太后によってここに監禁された。この話を受けてオバマ大統領はすかさず、「中国とアメリカの歴史は、この点で共通点がある。改革はいつも障害に出合う。しかしこれは今も変わらない規律であり、われわれは勇気を出して取り組まなければならない」と返した。

なんとも忘れ難い夜だった。月が明るく照らす中を、二人は歩きながら、打ち解けて細部までも話し合った。予定の一つずつが大幅に遅れ、元々九十分に予定されていた宴会は二時間近く続き、三十分と予定されていた茶話会は一時間近く続いた。

習主席は、賓客が空腹ではいけないと思い食事にしようと声を掛けた。しかしオバマ大統領は、さらにいくつかの問題を話し合いたいと答えた。すばらしい対談に、アメリカ側の公式カメラマン、ピーターは、寒さに鼻水をすすりながらも、室内に入ってしまうのが惜しくてひたすら撮影を続けた。

瞬く間に五時間が過ぎ去り、時計が十一時を回った頃、二人の大国の指導者はやっと握手をして別れを告げた。別れ際に、オバマ大統領は感動した様子で感想を述べ、「今晩、私は生まれて初めて、全面的に、深く掘り下げて中国共産党の歴史と政権の理念、それにあなたの考え方を理解することができた」。こう語った。

アネンバーグ別荘会談に次いで、瀛台夜話は、米中両国家元首による二回目の非公式会談であった。寒風の中、厳寒を冒してまで、習主席はどうしてオバマ大統領に歴史を語る必要があったのだろうか？

その理由は、中国が近代の立ち後れから何度も打ちのめされ、抗争に力を注ぎ、最終的に「立ち上がった」運命を理解してこそ、中華民族がなぜ民族復興の実現を百年の夢としているか理解できる。中国が近代になってから、中華民族を世界の多くの民族の中で際立たせるために模索し、奮闘し、選択してきたことを理解してこそ、中国人民がなぜマルクス主義を選択し、中国共産党を選んで、中国独自の社会主義路線を選択したのかを理解することができる、そう考えるからである。つまり、「中国の近代以降の歴史を理解することは、中国人民の現在の理想と今後の進む道を理解するのに、非常に重要である」ということなのだ。

瀛台夜話は、決して歴史を語る場ではなかったはずだったが、敢えて歴史が語られた。その意味するところは、すなわち、中国とアメリカの新しい大国関係が構築されつつあるということである。「別荘会談」から「瀛台夜話」へ、そして再び「ホワイトハウス会談」へ。両国の元首が絶え間なく対話をし、相互信頼を構築する中で、国際関係史の真新しい一ページが書き加えられていくのである。

国際編⑤ 自らの体験を語る

APECブルー

ここ何日か、毎日朝早く起きて第一にすることは、遠来のお客の皆さんが北京に来た時に、快適に過ごせるよう、北京の空を見上げて大気の状態を調べ、スモッグが少しでも少なくなるようにと期待することです。幸いなことに、人々の努力に天の助けが加わって、ここ数日の北京の空気は総体的にかなり良好で、少し気が早いかもしれませんが、明日の天気はもっと良くなると信じています。ここ数日、北京の空気の質が良いのは、われわれの関係各所および部門が共同で努力した結果であり、容易なことではありません。協力してくださった皆さんに感謝し、今回の会議にも感謝します。この会議が、われわれに一大決心を促し、生態環境保護を決意させたので、今後われわれが生態保護作業を更に進めるのに、有利に作用すると期待できます。現在の北京の青空は「ＡＰＥＣブルー」で、美しいけれど短期間のものだ、会期がすぎれば無くなってしまうものだという人もいますが、私は努力を怠らなければＡＰＥＣブルーを維持し続けることができると希望もしていますし、また信じてもいます。

「ＡＰＥＣ歓迎レセプションでの挨拶」（二〇一四年十一月十日）

解説

「時間は何処へ行ったのだろう」から、「非常に努力をした」まで、更には「APECブルー」など、ここ数年、習近平国家主席は多くの新語を使って話をしている。しかも、これらの新語は、一つ一つが密接につながっているように見え、その中のどれをクリックしても、みな生き生きとした物語が飛び出してくるようだ。

二〇一四年十一月、十月に何回もの「スモッグ襲来」を受けた後、北京市の上空に深く澄み切った青い空が訪れた。モニタリング・データによると、十一月一日から十二日まで、十一月四日に少々の汚染はあったものの、それ以外の日々、北京市の大気質は、全て優良ランクを記録した。しかもこの時期、北京ではちょうどAPEC会議が開催されていた。人々は、この青空を多少の皮肉を込めて、「APECブルー」と呼んだが、実はこのような青空の出現を心から望んでいたのだ。

実際には、APEC会議の順調な開催を保証するために、十一月はじめから河北省および周辺地区の工場は操業停止または制限、工事現場は作業中止、一部都市の自動車は登録番号の偶奇数による日替わり運行制限、北京市内の役所・事業所は休暇を実施して、厳しい監督と査察が行われた。これは、特殊な時期に、特殊な措置を講じて達成された北京市の「APECブルー」である。これに対して、ネットユーザーから疑問が提示された。工場操業停止、ボイラー運転停止、さらには休暇の設定など、あまりに表面的、対症療法的に過ぎないか、と。

習近平主席は、しかし、とても深く考えを巡らせていた。「実際、これはAPECの威力を借りて、協同予防措置遂行を試したものである。幾つかの省・市が連合して行動した結果、汚染物排出は最終的に三割以上削減された。このことは、われわれが今後実施する産業構造調整および産業配置に対して、有益な経験が得られたことになる。これは一種の実際的な努力であり、決して会議のためだけに実施したものではない」

APEC会議の後、習主席は休む間もなく、ブリスベーンに赴き、G20サミットに出席した。ブリスベーンへ向かう機内で、随行記者が「APECブルー」ということのキーワードを口にすると、習主席は非常に弁証法的な話をした。悪いことを良いことに変えたのだ。「みんながスモッグは良くないと意識し、コンセンサスが形成されたからと、自主的にスモッグ処理に乗り出し、環境意識に目覚め、それを高めていったのですよ。良いことじゃありませんか?」

魯迅が言っている。「物事をしっかり見ることが必要だ。そうして初めてしっかり考え、しっかり意見を言い、しっかり実行し、しっかり責任を取ることができるのだ」

習主席は、APECのような重要な場で、主体的に

「APECブルー」を演出し、「矛盾を回避せず、しっかり問題解決に取り組む」という彼の政治姿勢を鮮明にしたばかりでなく、人々の期待に積極的に応える姿勢を明らかにし、党の意識を民意と同調させることで、人々に中国政府の環境汚染防止への決意を示した。

実際、二〇一四年初頭に北京市を視察した時、習主席は特にスモッグ改善を打ちだしてこう指摘した。「大気汚染管理に力を入れる必要があり、スモッグ汚染、大気質改善のための主要な任務は、PM二・五の規制である。石炭燃料削減、自動車規制の厳格化、産業の調整、管理の強化、連携した予防監督、法による管理などの面で重大な政策を実施し、重要な分野に焦点を絞り、環境に対する法による監督管理の強化を図り、真剣に責務追及を実施する」

国際編⑤

自らの体験を語る

懐かしき鼓嶺《クーリン》

一九九二年春、中国福建省福州市で仕事をしていた時、新聞紙上で「ああ、鼓嶺（福州市普安区にある避暑地）！」という文章を見つけました。そこには、あるアメリカ人夫妻が、中国の「Kuling」という場所に対して、なつかしさと憧れを胸に再びその地を訪れたいと思いながらも、いまだその思いを遂げていない、という話が語られていました。夫のミルトン・ガードナー氏は生前、アメリカ・カリフォルニア大学の物理学教授で、一九〇一年に両親と一緒に中国へやって来て、福州市で幼児期を過ごしましたが、福州の鼓嶺が彼に忘れ難い印象を与えたのでした。一九一一年、一家はそろってアメリカ・カリフォルニア州へ帰って行きました。

それから何十年もの間、彼がいつも夢見ていたのは、子どもの頃を過ごした中国の故郷をもう一度訪れることでした。残念なことに、ガードナー氏は亡くなるまでその思いを遂げることはできませんでした。臨終のとき、彼は繰り返し「Kuling, Kuling」と呟いていました。

ガードナー夫人は、夫が言った「Kuling」がどこにあるのか知りませんでしたが、夫が生涯恋恋と抱き続けた願望を実現させたいと、何度も中国を訪れましたが、成果を得られないままでした。しかし、その後一人の中国人留学生に助けられて、とうとうガードナー氏が言っていた場所が、福建省福州市の鼓嶺であることがわかったのです。

私はこの記事を読むとすぐ、関係部門を通じてガードナー夫人と連絡を取り、特別に彼女を鼓嶺に招待しました。一九九二年八月、私はガードナー夫人と会い、ガードナー氏が在世中ずっと思い焦がれて果たせなかった鼓嶺を訪れる旅の一切を手配したのでした。

その日は九名の九十才近いガードナー氏の幼少時代の友達も同伴し、ガードナー夫人を囲んで心ゆくまで思い出話をして、彼女を喜ばせました。ガードナー夫人は終に夫の遺志を遂げ、美しい鼓嶺と親切な中国の人たちのお陰で、夫がどうしてあんなに深く中国を懐かしがっていたのかより深く理解できたと、感激した様子で話しました。彼女は、この縁を末永く伝えていきたいとも言いました。

このような人に深い感銘を与える話は、中米両国の人々の間に数えきれないほどあると思います。われわれは、中米両国の人民の交流をさらに進めて、中米が互いに協力して、民意の堅実な基礎を大いに育てなければなりません。


「中米パートナーシップの素晴らしい明日を共につくろう――米国の友好団体の歓迎昼食会での演説」

（二〇一二年二月十五日）

解説

一九九二年四月八日、「人民日報」第七版に、「ああ、鼓峰！」という文章が掲載された。筆者の鍾翰氏はアメリカ留学中の中国人学生である。鍾翰氏がガードナー夫人と知り合った時、ガードナー氏はすでにこの世を去って、二年が経っていた。夫人の話によると、ガードナー氏の両親は以前中国に駐在したアメリカ人で、彼が生後十カ月にも満たないうちに一家で中国へやって来た。彼は長い間中国で生活し、「民国の建国まで滞在し、それから帰国した」のだった。幼少時代の生活は、ガードナー氏の心に「中国の印象」を深く刻み込んだ。彼は文章の中で「ガードナー家の客間には、非常に多くの中国的要素が詰まっていた。唐寅（明代画家）の「美人画」、極く小さい木彫りの城郭、鉄で鋳た昭烈帝劉備玄徳の全身像……」と書いている。さらにはガードナー氏がずっと抱き続けた「中国の心」があり、彼の最大の願望は、中国の故郷を一目見ることだったが、いかんせん当時中国とアメリカは未だ国交を樹立していなかった。中米関係が好転するのを待っているうちに、老人は不運にも中風になり、さらに癌に罹ってしまった。臨終の床でも老人は口の中でもごもごと、「Kuling, Kuling」と呟き続けたという。

亡き夫の願望を叶えるため、ガードナー夫人は一九八八年初夏に中国を訪れたが、何の成果も得られなかった。一九九〇年春になって、彼女は夫の遺品を整理している時に、子ども時代の蔵書と宿題の中から、十一枚の郵便切手を発見したが、切手には皆「福州・鼓嶺」の文字が印刷されていて、ここで初めてあの「Kuling」がすなわち「鼓嶺」であると知れたのだった。

一九九二年の春、福建省福州市で市委員会書記の任にあった習近平国家主席は、この記事を見ると、すぐさま関連部門にガードナー夫人と連絡を取るよう指示し、心を込めて彼女を鼓嶺へ招待した。こうして、ガードナー夫人はサンフランシスコから北京経由で福州市に到着した。習主席の手配によって、ガードナー夫人は夫が生前思い続けた鼓嶺にやって来て、その目で美しい景色を眺め、夫が子ども時代に歩き回った雲と霧が立ち込める空間や緑滴る山々に触れることができた。訪中の期間中に、ガードナー夫人は、夫が生前収集した脱胎漆器の花瓶一対を福州人民に寄贈し、今その花瓶は福州市博物館に収蔵されている。

心に刻まれた一つの地名を巡って、一つの友好の逸話が出来上がった。鼓嶺とマスカティン、万里を隔てた土地が、あの春に海を越えて関わりをもったのだ。習主席が鼓嶺の縁を話す時は、しっかり根付いて広がりを見せる中米民間交流の歴史を概観する時である。二〇年以上にわたって、この感動的な話を語ることで、習主席は世界に語りかけている。「人々の参加と支持が、一貫して国家間の友好の根源である」と。

これにはさらに二つの話が続き、習主席が中国とアメリカの人的交流と地域的協力を切望していることを示している。一つは、ガードナー夫人の鼓嶺訪問が成功した後、習主席は夫人にお祝いの手紙を送った。その中で述べている。「『人民日報』に掲載された鍾翰氏の『ああ、鼓嶺！』から生まれた感動的な話が、福州市からさらに大きな地域へと感動の輪を広げ、さらに多くの人々に、中米両国人民の友好が継続するよう努力することを促しています」

そしてもう一つ、習主席は二〇一二年にマスカティンを訪れたあと、古くからの友人に語っている。「中米関係の発展は、両国民の熱心な参加と力一杯の努力がなくしては成り立たず、中米両国十六億人の相互理解と友情をさらに高めることが、両国関係の将来を決定づけることになるでしょう」

あとがき――中国故事の「語り手」として

人民日報社副総編集長　盧新寧

ある学者によると、政治は感性による政治と理性による政治に分けられるという。海外との交流であれ、著作や講演の執筆であれ、「故事を語ること」は、単に観念を明らかにし、思考を促すだけでなく、大衆に馴染みやすくし、距離を近づけて、最終的に大衆の頭と心の中に受け入れられ、双方で共鳴し合うこととなるから、これは正に理性と感性の結合だといえるでしょう。

「深みのある道理は故事を語ることを通してこそ、人の心を打ち、納得させられるものだ」。習近平総書記（国家主席）の一連の重要講話を聞いて私たちが鮮明な印象を受けるのは、話される故事が「載道」であること、すなわち、深い思想や抽象的な道理が、生き生きとした故事や例えに変換され、大地や空気に触れているかのように文章に勢いがあり、また視野が広くすっきり鮮明になるからです。

正にそれがために、私たちは習近平主席が語る故事の奥義を知りたいと思うのでしょう。私は人民日報社の楊振武社長より、評論部を率いて『習近平はかく語りき』を編集・出版するよう命を受けましたが、社長自らがその序文を執筆し、習主席が故事を語る手法や意義、さらには思考の要諦となる「改革・発展の道」「大国外交の道」「修身をもって人と為す道」について見事に整理して陳述しました。

中国故事の「最高の語り手」として、習近平主席が語る故事には実に豊かな含蓄と、さらに高度なテクニックが内包されています。われわれは本書を編集するに際して、それぞれの故事ごとに「解説」を設けました。一つは、故事にまつわる情報をより豊かにすることで、それぞれの故事について細部にわたって補足説明し、習主席が語る人や事柄を詳しく説明できること。第二に、故事本来の文脈まで遡ることにより、一体いつ、誰に向けて語られた故事なのかに注目することで、上下二編（国内編、国際編）の中で、あるいは書かれた時代背景の中で、故事を解読できること。この二つの側面を通して、読者諸氏が『習近平はかく語りき』という本を、より全面的、立体的に、より深く理解されることをわれわれは期待しております。

ハーバード大学のジョセフ・ナイ（Joseph Samuel Nye）教授はかつて「中国のリーダーは故事を語るのがうまい（秀れたストーリー・テラーだ）」と言いました。故事を語るということは重要なソフトパワーだとも言えましょう。習近平主席が語る故事をしっかり読み込むことで、より多くの人たちが中国故事の「語り手」とならんことを願っています。このネット社会においては一人ひとりが「価値の発信源」であり、また「地球村」の時代にあっては一人ひとりが「国家の名刺」でもある。しかしながらより大切なことは、大きな時代や変遷が中国人に比類なく豊かな生命の可能性と多彩な生活体験をもたらしていることです。夢と闘い、成功と挫折、笑いと涙――こうした故事こそが最も強く人の心を打つものでしょう。故事を見つけては発信することを習得し、また自分自身や自分の身近にある故事を語りかけることで、私たちは世界に向けて中国の真の姿、立体的で生き生きとした中国の現実をしっかり伝えることができるのです。

「人の心を打ち、しっかり納得してもらうこと」――これもまた党機関紙の評論員たる私たちの仕事です。故事を語ることができること、さらに故事を巧妙に語りかけることは、本書の編者たちが学ぼうとした技であり、目指してきた目標でもあります。人民日報評論部の張鉄、範正偉、曹鵬程、李拯、李斌、陳凌をはじめとする各氏には、各故事の「解説」を執筆していただきました。人民出版社の李春生副社長には陣頭に立って本書の企画・編集にあたっていただきました。本書が思想や表現の上で読者に啓発を促し、さらに「相互理解と交流」がとりわけ必要とされる今の時代にあって、国内外で心や感情を通い合わせることができる「金の鍵」とならんことを心より希望する次第です。

■編者　人民日報評論部

「人民日報」は1948年6月15日、河北省の党地方支部（平山県西柏坡華北局）において創刊。翌1949年3月に本部を北京へ移転し、同年8月に中国共産党の公式機関紙となる。一面の題字「人民日報」は毛沢東の揮毫による。その評論部は、編集局の一部門である。

■監訳者　武吉次朗（たけよし じろう）

1932年生まれ。1958年中国から帰国。日本国際貿易促進協会事務局勤務。1980年同協会常務理事。1990年摂南大学国際言語文化学部教授。2003年退職。2008年より日中翻訳学院にて中文和訳講座「武吉塾」を主宰。

主な訳書・著書（小社刊）に『新中国に貢献した日本人たち』2003年、『続・新中国に貢献した日本人たち』2005年、『日中中日翻訳必携』シリーズ2007年〜、最新刊『日中中日翻訳必携 実戦編Ⅳ』2018年。

■訳者　日中翻訳学院

日中翻訳学院は、日本僑報社が2008年9月に設立した、よりハイレベルな日本語・中国語人材を育成するための出版翻訳プロ養成スクール。
統　括：小林さゆり
校　正：栃原広幸
参加者：相原郁子、荒川聖崇、安藤聡子、有為楠君代、江端真澄、上遠野真理子、金穎、佐々木惠司、杉﨑廣子、田中紀子、谷垣道代、鄭春愛、栃原広幸、中村邦子、西岡一人、林訑孝、番場真由美、平松宏子、福田裕香、正光聖子、桝矢薫、三浦雅也　（五十音順、敬称略）

The Duan Press 僑
おかげさまで22周年
since1996

習近平はかく語りき　中国国家主席 珠玉のスピーチ集

2018年12月25日　初版第1刷発行
編　者　人民日報評論部
監訳者　武吉次朗（たけよし じろう）
訳　者　日中翻訳学院
発行者　段 景子
発行所　株式会社 日本僑報社
〒171-0021 東京都豊島区西池袋3-17-15
TEL03-5956-2808　FAX03-5956-2809
info@duan.jp　http://jp.duan.jp
中国研究書店 http://duan.jp

Printed in Japan.　ISBN 978-4-86185-255-8

日本僑報社　書籍のご案内

中国の人口変動　人口経済学の視点から　李仲生

日本華僑華人社会の変遷（第二版）　朱慧玲

近代中国における物理学者集団の形成　楊艦

日本流通企業の戦略的革新　陳海権

近代の闇を拓いた日中文学　康鴻音

大川周明と近代中国　呉懐中

早期毛沢東の教育思想と実践　鄭萍

現代中国の人口移動とジェンダー　陸小媛

中国の財政調整制度の新展開　徐一睿

現代中国農村の高齢者と福祉　劉燦

中国における医療保障制度の改革と再構築　羅小娟

中国農村における包括的医療保障体系の構築　王崢

日本における新聞連載　子ども漫画の戦前史　徐園

中国都市部における中年期男女の夫婦関係に関する質的研究　于建明

中国東南地域の民俗誌的研究　何彬

現代中国における農民出稼ぎと社会構造変動に関する研究　江秋鳳

東アジアの繊維・アパレル産業研究　康上賢淑

中国工業化の歴史　―化学の視点から―　峰毅

二階俊博　―全身政治家―　石川好

中国はなぜ「海洋大国」を目指すのか　胡波

中国人の価値観　宇文利

尖閣諸島をめぐる「誤解」を解く　笘米地真理

二千年の歴史を鑑として（日中対訳版）　笹川陽平

若者が考える「日中の未来」シリーズ　監修 宮本雄二

日中間の多面的な相互理解を求めて

日中経済交流の次世代構想

日中外交関係の改善における環境協力の役割

日中経済とシェアリングエコノミー

対中外交の蹉跌—上海と日本人外交官— 片山和之

SUPER CHINA～超大国中国の未来予測～ 胡鞍鋼

中国の百年目標を実現する**第13次五カ年計画** 胡鞍鋼

2050年の中国 データで中国の未来を予測 胡鞍鋼他

中国の発展の道と中国共産党 胡鞍鋼他

日本人論説委員が見つめ続けた**激動中国** 加藤直人

日中友好会館の歩み 村上立躬

日本人の中国語作文コンクール受賞作品集

① 我們永遠是朋友（日中対訳） 段躍中編

② 女児陪我去留学（日中対訳） 段躍中編

③ 寄語奥運 寄語中国（日中対訳） 段躍中編

④ 我所知道的中国人（日中対訳） 段躍中編

⑤ 中国人旅行者のみなさまへ（日中対訳） 段躍中編

⑥ Made in Chinaと日本人の生活（日中対訳） 段躍中編

中国人の日本語作文コンクール受賞作品集

① 日中友好への提言2005 段躍中編

② 壁を取り除きたい 段躍中編

③ 国という枠を越えて 段躍中編

④ 私の知っている日本人 段躍中編

⑤ 中国への日本人の貢献 段躍中編

⑥ メイドインジャパンと中国人の生活 段躍中編

⑦ 甦る日本！ 今こそ示す日本の底力 段躍中編

⑧ 中国人がいつも大声で喋るのはなんでなのか？ 段躍中編

⑨ 中国人の心を動かした「日本力」 段躍中編

⑩ 「御宅」と呼ばれても 段躍中編

⑪ なんでそうなるの？ 段躍中編

⑫ 訪日中国人「爆買い」以外にできること 段躍中編

⑬ 日本人に伝えたい中国の新しい魅力 段躍中編

⑭ 中国の若者が見つけた日本の新しい魅力 段躍中編